绿典之路

“绿典之路”丛书编委会

各国环境法典译丛

法国环境法典

Code de l'environnement

第一至三卷

译者 莫 菲 刘 彤 葛苏聃

校者 安意诗 周 迪

法律出版社
LAW PRESS · CHINA

图书在版编目(CIP)数据

法国环境法典. 第一至三卷 / 莫菲, 刘彤, 葛苏聃译. -- 北京 : 法律出版社, 2018
ISBN 978-7-5197-2915-8

Ⅰ. ①法… Ⅱ. ①莫… ②刘… ③葛… Ⅲ. ①环境保护法-法典-法国 Ⅳ. ①D956.526

中国版本图书馆 CIP 数据核字(2018)第 275818 号

法国环境法典(第一至三卷)
FAGUO HUANJING FADIAN
(DI YI ZHI SAN JUAN)

莫菲　刘彤　葛苏聃 译

责任编辑 吴　昉
装帧设计 凌点工作室

编辑统筹 法律教育出版分社
出版 法律出版社
开本 710 毫米×1000 毫米　1/16
总发行 中国法律图书有限公司
印张 25
经销 新华书店
字数 418 千
印刷 中煤(北京)印务有限公司
版本 2018 年 12 月第 1 版
责任印制 沙　磊
印次 2018 年 12 月第 1 次印刷

法律出版社/北京市丰台区莲花池西里 7 号(100073)
网址/www.lawpress.com.cn
投稿邮箱/info@lawpress.com.cn
销售热线/010-83938336
举报维权邮箱/jbwq@lawpress.com.cn
咨询电话/010-63939796

中国法律图书有限公司/北京市丰台区莲花池西里 7 号(100073)
全国各地中法图分、子公司销售电话:
统一销售客服/400-660-6393
第一法律书店/010-83938334/8335　西安分公司/029-85330678　重庆分公司/023-67453036
上海分公司/021-62071639/1636　深圳分公司/0755-83072995

书号:ISBN 978-7-5197-2915-8　**定价:**78.00 元
(如有缺页或倒装,中国法律图书有限公司负责退换)

感谢以下单位为“各国环境法典译丛”提供的大力支持！

中国法学会
阿里巴巴公益基金会
北京大学教育基金会

标示“绿典”之路(代总序)

对法律人而言,“法典”似乎是一个不可抵挡的诱惑。在我的阅读范围内,什么是法典,没有答案;但我知道,法典化是学术与实践紧密结合的过程,法学理论是法典的基础,法典是法学理论的规范性表达,没有法学和法学家,就没有法典!正因为有法学和法学家的存在,世界上从来不缺少推动法典化的力量,也未消失过反对的声音。不可否认,法典化运动是近代以来一个普遍的法律现象,在法典的制定上,法学家发挥着不可替代的作用。

十二表法是法典,抑或民法大全是法典?真的很难回答。在最宽泛的意义上,法典是一种成文的法律作品,主要是对某一法律领域最根本的原则和基础性的规范作出规定。法典是整体的、系统的,不是单一的法律,也不是对多部法律的简单汇编;法典是科学系统编纂的成果,是对法学和法律的提炼和结合,需要由法学家和法律家共同参与才能完成。法典化作为一种理想的立法模式和方法,各类法律不断地完善、补充以及体系化,最终都是以制定法典作为目标的。

即便如此,环境法人对环境法典依然有太多的疑问。从形式上看,大陆法系的一些国家制定了环境法典,更多国家没有环境法典;有的国家环境法律冠有“法典”之名,但学者们却认为其不是一部法典;有的国家环境法典连续多达数本,有的国家环境法典只有可怜的几十条。从内容上看,不同国家的环境法典更是千差万别,与具有基本相同体例的各国民法典相比,简直是“冰火两重天”。从法典化的过程看,有的国家经过三十多年的争论,多次启动环境法典制定,始终不得其果;有的国家几乎还没有开始环境保护,就在国外专家的帮助下,出台了环境法典;还有的国家环境法典已经制定完成,却因为种种原因不能或者不敢颁行……到底什么时候需要环境法典?环境法典是社会变革的必然结果吗?特定的个人或政治家对环境法典有怎样的作用?应如何认识环境法典与环境法学的关系?剪不断、理还乱,直叫人爱也法典,恨也法典!

在中国,环境法典同样是环境法人的不变“初心”,也始终走在坎坷崎岖的道路上。20世纪70年代,中国环境保护立法起步之始,就设定了法典化目标。1979年,在时任城乡建设环境保护部部长李伯超代表国务院向全国人大常委会所作的《关于〈中华人民共和国环境保护法(草案)〉的说明》中,就明确指出这部法律主要是规定国家在环境保护方面的基本方针和基本政策,应成为环境保护领域的基本法。虽然这部法律因种种原因以《中华人民共和国环境保护法(试行)》的方式颁布,但以基本法为龙头、单行法为骨干的环境立法体系一直延续至今,“体系化”这个法典的核心要素始终存在。在环境法理论研究中,法典化是一个永恒的课题,三十多年的中国环境法发展史上,不断有学者推出有价值的环境法典研究成果。2011年年底,全国人大常委会讨论启动《环境保护法》的修订时,将修订后的《环境保护法》作为环境法典总则加以考虑并为进行环境法典编纂奠定基础的建议再次提出,遗憾的是没有得到采纳。2014年,十二届全国人大第八次常委会审议通过的《环境保护法修订案》只是进一步明确了其在环境保护领域的综合法定位。在学者们看来,这是《环境保护法》地位的提升,但由此带来的立法实践“困扰”日显,随着《大气污染防治法》《海洋环境保护法》《水污染防治法》等环境保护单行法修订工作的展开,如何处理与《环境保护法》的关系,成为一个现实的问题。或者高度重复立法或者法律支离破碎的困境,使立法者开始关注并思考环境法典编纂的必要性及可行性;人大代表、政协委员关于环境法典编纂的议案、建议逐渐增多,将编纂环境法典纳入第十三届全国人大常委会立法计划的呼声也日益高涨。

不得不承认,我们这一辈环境法人赶上了最好的时代!过去四十年经济社会高速发展所积累的生态环境问题成为制约中国未来的“瓶颈”成为社会共识,用法治手段推进生态文明建设、打赢污染防治攻坚战的举措彰显坚定的政治意志,中国自己的立法、执法、司法经验和理论成果奠定了环境法体系化、整体化的基础。种种现象表明,展开法典化研究和推进环境法典编纂的一些必要条件已经具备;但是,这些客观现实均不能构成中国必须编纂环境法典的充分理由。中国是否需要环境法典,是否存在环境法典的替代方案?如果我们认为中国应该有环境法典,也必须回答中国需要怎样的环境法典、如何构建适应环境法典需求的环境法知识体系、如何在现有环境立法与资源立法的基础上进行建构、如何处理环境法典与民法典等传统法典的关系……别有滋味在心头,真让人喜也法典,忧也法典!

一个时代的学者有一个时代的使命,回答环境法典编纂的基本理论问题,是今天的中国环境法学者必须直面的时代课题。这需要学者们有时不我待的担当和舍我其谁的勇气,以严肃的学术态度、坚毅的学术精神、科学的学术方法、理性的学术论证,提出能够让立法决策者接受、让社会接受的成果。至于最后的结论,无论是圆梦环境法典还是梦碎环境法典,都具有同等的非凡价值。我们要做的,仅仅是忠实记录所走过的道路,并留下一个又一个路标,昭示后来人。

在我的心目中,"绿典之路"丛书就是这样一个树立路标的系统工程。之所以将环境法典称为"绿典",是希望为我们的路标涂上最鲜明的底色,为每个行路人提供更高辨识度。面对可能前行、可能转折、可能返回的环境法典之路,希望既提供国外先行者的路线图,鼓励研究参照系、重走经典线,为可行或不可行之路插上绿色路标;也总结中国的经验,鼓励漫漫长路上下求索,逢山开路、遇水搭桥,为开辟康庄大道设定绿色标识。为此,"绿典之路"丛书设计了"各国环境法典译丛""外国环境法典研究文丛""中国环境法典研究文丛""环境法典相关研究文丛"等若干子系列,从构建环境法典研究"生态系统"的角度,探索环境法典化的"生态平衡"。出现在"绿典之路"上的每一本论著,都应该既有独立的功能与作用,也能为提升生态系统的服务能力贡献智慧与力量。

我知道,任何国家制定法典,都有很多既偶然又必然的因素发挥着作用,结果不可预测。在中国,环境法典的出台,也许很快,也许很慢,甚至慢到我们这一代人都无缘相见。但是,我更明白,学者对法典的追求,从来不是以被命名为法典的某个法律文件为直接目的。在法典化的进程中,创新和创造环境法知识体系、合理解释环境法社会现象、准确把握环境法运行规律、教授和传承环境法思维方式、巩固和提升环境法学术品质,都是学者为环境法典所做的最好准备和最大贡献。因此,"绿典之路"丛书是否可以在当下直接为中国环境法典编纂做出贡献,可遇而不可求。但是,记录环境法学的思维过程,记载环境法学人的心路历程,记忆环境法学科的品格养成,为后人标示中国环境法典化之路,一定可以实现。

2014年的今天,全国人大常委会高票通过《环境保护法修订案》,这部“长出了牙齿”的法律,凝聚了几代环境法人的心血,是环境法理论成果与立法决策的有机结合,值得环境法人骄傲和自豪!2018年春天,我们托起心中的向往,满怀信心再出发!期待在“绿典之路”上,环境法学者不断成长,环境法成果不断涌现,环境法学科不断完善,环境法品格不断成熟!

吕忠梅

2018年4月24日

于北京太平桥大街23号

译者序

法国有着法典化的传统。自19世纪初拿破仑颁布《法国民法典》以来，法国在法典化的道路上不断前行。其法典化的范围从传统的民事和刑事领域一直延伸到环境、教育、货币金融等现代新兴领域。历经十余载、几经波折并于2000年获得通过的《法国环境法典》(Code de l' environnement)，是法国通过法典化解决环境问题的创举，在大陆法系国家环境法法典化探索中极具代表性。法国环境法典化历程中的经验教训甚多，对我国环境立法的发展具有借鉴意义。

一、法国环境法法典化的主要历程

基于历史原因和环境问题跨学科的特点，法国环境法由大量分散而混杂的规定组成。其渊源各异，形成于不同的历史时期，遵循不同的逻辑，缺乏对管理对象的同质化分类，很难构成思考和解决环境问题的统一体系。最初主要出于经济平等的考量而形成的国际法和欧盟法中的环境规范加入后，使法国环境法的要素更为复杂。

法国对环境法体系化的尝试始自20世纪70年代。1980年非官方的"小法典"(petit code)试图将当时已有的环境法律文件进行汇编，但并不涉及环境法的法典化。[1] 法国官方的环境法法典化尝试开始于1989年。法国政府于当年成立了法典编纂高级委员会，指导相关的政府部门开展各部门法的法典编纂工作。1991年，受法国环境部委托，法国环境法学会向环境部提交了法典化可行性报告。当时，法国环境法呈现碎片化的特点，并因此表现出多方面的问题，包

---

〔1〕 参见法国利摩日大学杰西卡·马克维亚克(Jessica Makowiak)教授于2017年10月21日至22日在北京召开的"各国环境法典翻译出版国际研讨会"所作题为《法国环境法典的构建——背景、路径和历程》(*The Building of the French Environmental Code*: *Context*, *Method*, *Evolution*)的主题报告内容。

括:立法膨胀,即多个不同法律规范规制同一环境事项,造成环境法律规范数目大量增加且多有冗余;规范冲突,即对同一环境事项的不同法律规范之间存在不一致和矛盾之处,且缺乏解决此类冲突的内在机制;权力扩张,即环境法律规范的冲突导致行政自由裁量权增加,容易使环境治理脱离法治轨道,滋生专断和腐败等。法国环境法学会的可行性报告认为,从法制发展和社会需要来看,有编纂环境法典的必要。

1990 年 10 月,法国环境部通过国家环境计划公布了环境法典化的计划。1992 年,法国环境部落实了法典化的工作机构和机制安排:在法国环境部内部责成环境部法律小组跟进法典化工作,任命专家委员会负责法典起草工作,专家委员会向环境部法律小组汇报工作。自此,法国环境法典化工作正式启动。

法国的法典化工作包括对法律的编纂和对法规的编纂,分别构成法典的法律部分和法规部分,而法规部分往往晚于法律部分推出。1996 年,在整合了分散于多部法律中的环境法规范的基础上,形成了环境法典草案。其后,法典草案两次提交国民议会(法国议会下议院)审议。然而,由于政治和法律技术方面的问题,直到 1998 年,环境法典草案仍迟迟未能获得法国议会通过。1999 年 12 月 16 日,法国议会采取委任立法的方式,通过法律授权法国政府以法令(ordonnance)形式通过包括环境法典在内的九部法典的法律部分。2000 年 9 月 18 日,法国政府通过法令,宣告政府依据授权通过了环境法典的法律部分。法律部分获得通过时只有六卷。2003 年,议会通过法律,在法律部分中增加了关于南极环境保护的第七卷,形成了如今《法国环境法典》法律部分分为七卷的形式。

环境法典的法律部分获得通过后,法国环境部继续开展环境法规的编纂工作。2007 年,法规部分最后提交审议的一卷获得通过,标志着法国环境法典化工作完成。

二、法国环境法典的体例与主要内容

《法国环境法典》由法律部分(Partie Législative)、法规部分(Partie Réglementaire)和附录(Annexes)三部分构成。法律部分又分为七卷(Livre),每卷下设编(Titre)、章(Chapitre)、节(Section)、分节(Sous - section)、段(Paragraphe)等层级和具体的条文(Article)。法律部分条文的前标为 L,法规部分条文的前标为 R 或 D。

环境法典法律部分的七卷总体呈“总—分”结构：第一卷为总则，第二至七卷为分则。七卷的主要内容如下：

第一卷“共同规定”(Dispositions communes)，开宗明义地规定了环境法的基本概念、基本程序和基本制度。第一编“总则”，开篇第L110－1条说明了环境法典的立法目的，即“陆地和海洋的自然空间、自然资源和自然环境，遗迹，昼夜景观，空气质量，生物及生物多样性”是属于法国全民族共同的遗产，对此遗产的认知、保护、开发利用、修复、恢复原状和管理，对其进化能力及其提供的服务的维护均具有公益性质，有助于实现旨在“满足当代人发展和健康需求的同时，不损害子孙后代回应其发展和健康需求的能力”的可持续发展目标。该条同时提出了实现可持续发展目标的九项原则，即谨慎原则，预防行动与纠正原则，污染者付费原则，所有人都有权获取公共机关所掌握的环境信息原则，参与原则，生态互助原则，可持续利用原则，环境、农业、水产业和森林可持续管理之间的互补性原则和不退化原则。第L110－2条是基本权利和义务条款，规定“任何人都享有拥有有益健康的环境的权利”，同时每个人(包括所有公法人与私法人)都有保护环境的义务。第一卷接下来规定了公众听证、环境评价、公众调查、地方咨询等环境法的信息公开和公众参与程序(第二编“信息与公民参与”)，环境法相关的各类机构(第三编“机构”)和社会组织(第四编“环境保护协会与地方政府”)，环境法相关基本财务制度(第五编“财务规定”)，环境损害的预防与补救(第六编“预防与补救对环境造成的部分损害”)，与环境相关的行政和刑事程序和规定(第七编“与检查和处罚相关的共同规定”)，以及环境许可程序(第八编“行政程序”)等。

第二卷“自然环境”(Milieux physiques)，包括与水、海洋和大气环境相关的管理规定。与水、水环境与海洋环境有关的第一编，包括水和海洋治理的一般制度和管理原则(第一章)，该领域最重要的水体整治与管理指导大纲和水体整治与管理纲要两类规划的制定(第二章)以及行政和财务机构设置(第三章)，水和海洋有关活动、设施与用途(第四章)，非公有河流的相关规定(第五章)，相关行政与刑事检查与处罚的规定(第六章)，相关国防问题(第七章)，海洋环境污染防治(第八章)以及海洋环境政策(第九章)。与空气和大气层有关的第二编，包括空气质量检测和信息公开制度(第一章)，低碳、大气保护、城市迁移、污染物排放等相关规划(第二章)，应急措施(第三章)，大气污染防治和合理利用能源的技术措施(第四章)，相关财税规定(第五章)，相关检查与处罚(第六章)，放射性物质相关规定（第七章）以及温室效应问题（第九章）等。

第三卷“自然空间”（Espaces naturels），规定了对海岸带（第二编“海岸带”），国家公园、自然保护区、大区自然公园、海洋保护区、群落生境保护区和具有国际重要性的湿地（第三编“公园和保护区”），遗迹（第四编“遗迹”）以及景观（第五编“景观”）等自然空间的创建和分级（对公园、保护区和遗迹而言）、相关机构的设置、整治和管理、保护和刑事处罚等。此外，本卷也规定了人类在自然空间中活动时应遵循的原则（第六编“接触自然”），涉及机动车交通、户外运动和事故处理等问题。

第四卷“自然遗产”（Patrimoine naturel），包含与动植物等自然遗产有关的三编。第四卷开篇阐明了“自然遗产”的内涵，即生态资源、野生动植物资源、地质资源、土壤资源、矿产资源和古生物资源构成的整体。第一编包括自然遗产的保护和监测（第一章）、自然遗产的使用（第二章）、非家养动物的圈养（第三章）、自然栖息地和野生动植物群保护（第四章）及刑事处罚规定（第五章）等。由于狩猎和渔业活动涉及比较专门的法律制度，本卷第二编和第三编分别为狩猎法和渔业法的相关规定。

第五卷“污染、风险和损害的预防”（Prévention des pollutions, des risques et des nuisances），内容最为丰富，包括为环保分类设施制度（第一编），化学、除生物剂和纳米颗粒态物质的管控、市场准入及健康和环境风险防范（第二编），转基因生物的有限使用、扩散、监测以及相关的行政和刑事处罚规定（第三编），废弃物的预防和管理（第四编第一章），放射性物质和废物的可持续管理（第四编第二章），地下、空中或水下工程的安全（第五编第四章），天然气或类似气体、碳氢化合物和化学品运输的管道（第五编第五章），被污染地点和土壤（第五编第六章），危险产品和设备管理（第五编第七章），自然风险预防（第六编），噪声污染预防（第七编），广告和标牌管理（第八编第一章），视觉污染防治（第八编第二章），光污染防治（第八编第三章），核安全和基础核设施（第九编）等。

第六卷“适用于新喀里多尼亚、法属波利尼西亚、瓦利斯和富图纳、法属南方和南极洲领地和马约特岛的规定”（Dispositions applicables en Nouvelle – Calédonie, en Polynésie Française, à Wallis et Futuna, dans les terres australes et antarctiques françaises et à Mayotte），是适用于自治程度较高的法国海外行政区域和海外属地的环境法规定，包括涉及环境保护协会、海洋水域和海路、废水废物、噪声污染、大气污染等方面的特别规定。

第七卷“南极环境保护”(Protection de l'environnement en Antarctique),规定了为实施1991年《关于环境保护的南极条约议定书》,南极活动应遵循的原则和要求以及相关的行政和刑事检查和处罚规定等。

三、法国环境法典的特点及启示

第一,法典化是生态环境法制建设进入规范化、体系化、精细化阶段的理性选择。法国制定环境法典的初衷,是要解决20世纪80年代末法国环境法面临的系列问题:环境立法迅速增加的同时,环境法规范出现规定模糊、难以理解、重复规定甚至相互冲突等问题,无法形成一个有机整体发挥作用;与之相伴的则是行政机关各自为政、行为缺乏监督且易导致公权力过度扩张和行政效率低下的治理难题。透过法典化工作,法国环境法规范被纳入统一的体系,环境法的基本原则、概念、制度和程序重新被梳理、简化和明确,各个具体规范找准了各自的位置和适用条件,相关的义务和责任条款得到进一步增强和落实,法国环境法也因此变得更简单、更易被公众了解,对于环境相关行政机关的行政行为起到更好的指引和监督作用。法国的经验表明,法典化是可行路径和重要抓手之一。

第二,在法典制定之初选择确定法典化的模式至关重要。目前,世界范围内主要有两种法典化模式:一为形式编纂,即对现行法律作系统整合但不对其作实质性变更,也即部分消除法典的内在矛盾;二为实质编纂,即在整合现行法律的同时,可根据需要对法律进行实质性变动和革新,也即基本消除法典的内在矛盾。与尝试实质编纂的德国、瑞典等国不同,从着手开展法典编纂工作开始,法国法典编纂高级委员会就确立了以现有法律,即“常法”的方式进行编纂(称为codification à droit constant)的原则,即选择了形式编纂的道路。与此同时,法国法典化相关机构并未完全放弃创新因素,对环境法的基本原则和一些环境刑法的规定进行了改进与革新。尽管法国政界和学术界对于引入了创新元素的形式编纂是否构成实质编纂的问题有过争论,但2000年法国议会以法律明确了法国法典化采用形式编纂的模式,同时也规定了法典编纂中可进行必要修改的三种情形,给予了法典编纂机关改进法典文本的空间。通过比较简捷和务实的形式编纂之路,《法国环境法典》终于诞生,并对法国环境法的普及、传播和正确适用产生了比较及时和积极的影响。法国的经验表明,在开展法典化工作之初便明确法典化将要采用的模式及该模式的内涵,并澄清法典化工作的权限范围、内容和原则，可大大推动法典化工作的顺利进行和法典化的最终完成。同时，确定对现行法律规定的整合以及革新工作的比重和其中的重点，是法典化工作需要考虑的关键问题。

第三，确定环境法典化范围时应打破部门壁垒，要有跨部门的全局视野。在《法国环境法典》的编纂过程中，很多属于环境法范畴、应纳入环境法典的法律却不在环境法典内。例如，与森林相关的法律主要被规定在森林法典中，与机场噪声相关的法律被规定在城市规划法典和民用航空法典中。究其原因，是环境法典的范围局限在环境部的行政管理权限内，只整合了环境部权限范围内的法律。这种按照环境行政部门一家的权限来确定法典化范围的方式并不可取。环境问题往往非常复杂，涉及多个行政部门的职能、职权和职责，需要彼此联动与配合。在确定环境法典化的范围时，应有跨部门的全局视野，将属于环境法范畴的规定悉数纳入环境法典的范围内，同时明确各行政部门的职权和职责，建立部门间的合作和联动机制，也在必要时阐明环境法典与其他部门法之间共同适用和发挥作用的方式。这样，不仅能避免环境法典陷入"名不副实"的尴尬，也能借此打破部门壁垒，推动环境行政部门与其他行政部门的合作，最终有助于妥善处理当前面临的诸多严峻环境问题。

四、法国环境法典翻译工作始末

本书翻译的《法国环境法典》的法文版，来自法国政府的官方法律公布网站，其网址为 www. legifrance. gouv. fr。本书所翻译的版本是2018 年1 月1 日该网站公布的《法国环境法典》版本。

《法国环境法典》篇幅较长，其中既包括法律，也包括法规和附录。经讨论，翻译工作组决定将翻译范围确定为对中国环境立法更具参考价值的法律部分。又因为仅法律部分便有近三十万法语词，为便于开展工作，翻译工作组与出版社讨论决定，将《法国环境法典》分为上、下两部进行翻译和出版：上部包括《法国环境法典》法律部分的第一卷至第三卷；下部包括《法国环境法典》法律部分的第四卷至第七卷。此次首先与读者见面的是法典上部的内容，即《法国环境法典》法律部分第一卷至第三卷。

《法国环境法典》翻译工作组成立于2017 年4 月。在完成资料收集工作后，于2017 年6 月正式开始《法国环境法典》（第一至三卷）翻译工作，并于2017 年9 月完成初稿。2017 年10 月21 日至22 日在北京成功召开的"各国环境法典翻译出版国际研讨会”上，来自法国利摩日大学的杰西卡·马克维亚克（Jessica Makowiak）教授作了题为《法国环境法典的构建——背景、路径和历程》的主题报告。在22日下午的各法典翻译研讨的分会场上，《法国环境法典》翻译工作组有幸与杰西卡·马克维亚克教授进行了面对面的交流。教授对翻译工作组成员们整理提出的法典翻译问题进行了耐心细致的解答。会后，马克维亚克教授还通过邮件将未能于会议上充分解决的问题进行了进一步阐释，并联系到法国环境法学家吉尔·马丁（Gilles Martin）教授，对法国环境法典化的历史进行了介绍。与法国专家们的深入交流和讨论使翻译工作组加深了对《法国环境法典》重难点概念和词汇的理解。对于法国专家们的热忱帮助，我们表示衷心感谢！

在整理法国专家们反馈信息的基础上，《法国环境法典》翻译工作组对初译稿进行了初步校对。其后，留法环境法学者安意诗博士和周迪博士对初校稿进行了外部校对。最终，审定的译稿于2018年9月提交法律出版社。

在此，对法典翻译中的两个重要问题进行说明。一是法典的编号规则。《法国环境法典》的原文编号层级较多，且编号的使用与中文习惯不尽相同。经与出版社讨论，决定按照以下规则统一对译文进行编号：

对原文中的卷（Livre）到条（Article）的编号，除“条”外，凡涉及数字，统一使用中文数字表示，如下例所示：

法文	中文
Livre I	第一卷
Titre I	第一编
Chapitre I	第一章
Section 1	第一节
Sous – section 1	第一分节
Paragraphe 1	第一段
Article L100 – 1	第 L100 – 1 条

当编号中有字母出现时，对字母予以保留，如 Article L123 – 1 – A 翻译为第 L123 – 1 – A 条。当编号中有“bis”等出现时，则翻译为“（乙）”等，如 Chapitre I bis 翻译为“第一（乙）章”、Chapitre I ter 翻译为“第一（丙）章”，以此类推。

对原文中条以内的编号，凡涉及数字时统一使用阿拉伯数字表示，如下例所示：

法文	中文
Article L100 – 1	第 L100 – 1 条
I. –（前后文提及时为“I de l' Article L100 – 1”）	1.（前后文提及时翻译为“第 L100 – 1 条第 1 款”）
alinéa premier（仅出现在前后文提及时）	第1 段（与款不同，指自然段；某一款可以由多个自然段组成）
1°	(1)［前后文提及时翻译为“第(1)项”］
a)	(a)［前后文提及时翻译为“第(a)项”］
–或 #等符号	—

当编号中有“bis”等出现时，则翻译为“ –1”等，如 I bis 翻译为 1 – 1、I ter 翻译为 1 – 2，以此类推。有时，某些条内在编号后会出现额外的“#”符号，对此统一不予翻译。

二是对原文中存在的特殊情况的相应处理。《法国环境法典》原文中存在着编号不连续的情况，如第三卷没有第一编。对此问题，译文尊重了原文的编号方式。此外，原文中有标点符号使用与中文习惯不一致的地方，如第 L121 – 8 条第二自然段段尾的标点符号为分号而非句号。对此问题，译文按照中文的使用习惯进行了调整。在此统一说明，译文中将不再一一说明，敬请读者知悉。

《法国环境法典》（第一至三卷）的翻译和校对团队成员有国内外多所著名高校的法律和法语专业的学习研究经历。其中，翻译工作由本人和北京外国语大学法语专业 2018 届硕士葛苏聃和刘彤共同完成，具体分工如下：

莫　菲　第一卷、第三卷

刘　彤　第二卷第一编第一章、第二章第 L212 – 1 条、第八章第 L218 – 59 条至第 L218 – 86 条、第九章，第二卷第二编

葛苏聃　第二卷第一编第二章第 L212 – 2 条至第 L212 – 11 条、第三章至第七章、第八章第 L218 – 1 条至第 L218 – 58 条

统稿由本人完成，美国维思大学历史与法语专业在读本科生王依宁提供了协助。

初步校对工作由本人和北京外国语大学法国语言文学专业学士、国际法学专业在读硕士林倩因共同完成，具体分工如下：

莫　菲　第一卷、第二卷第一编第一章至第七章、第三卷

林倩因　第二卷第一编第八章、第九章，第二卷第二编

《法国环境法典》（第一至三卷）的校对工作由法国巴黎第十一大学环境法硕士、法国巴黎萨克雷大学环境法学专业在读博士安意诗和法国巴黎第十一大学环境法硕士、武汉大学环境法学博士、武汉大学马克思主义学院在站博士后周迪共同完成，具体分工如下：

安意诗　第一卷

周　迪　第二卷、第三卷

全书由本人审定译稿，并在译稿基础上统一整理了《法国环境法典》（第一至三卷）附录部分的法律名称对照表、专业术语对照表和法国地名对照表。

最后，特别感谢对此次翻译工作提供大力支持的阿里巴巴慈善基金会，以及为法典翻译作出贡献的北京大学教育基金会。对领导和推动此项法典翻译工作的吕忠梅教授、汪劲教授、张梓太教授、竺效教授等国内外学者，为本书翻译提供帮助的法国驻华使馆法律参赞满安（Anthony Manwaring）先生、法律参赞助理洪迅女士，为本书出版提供帮助的法律出版社吴昉编辑、北京大学法学院王社坤副教授，对本书译稿的校对提出意见和建议的兰州大学法学院张莉讲师等，谨在此一并表示衷心感谢。

经过一年多的多方努力，《法国环境法典》（第一至三卷）中译本终于要与读者见面了。能够为中国生态环境法制建设提供借镜、予以助力，促进中法法律文化交流，作为译者，既感兴奋激动，也不免内心忐忑。环境法典的翻译涉及对多个学科和部门法的理解。作为译者，我们深知自己能力有限，翻译中难免存在错误和不足。希望各位读者和专家不吝赐教，多提出宝贵意见，在完善本书翻译的同时，也为后续将要出版的《法国环境法典》（第四至七卷）提供借鉴指导。

莫　菲

2018 年 11 月于北京世纪城

译者简介

莫　菲　1987年6月出生于重庆。北京大学法国语言文学专业学士、中国人民大学法学硕士、美国哥伦比亚大学法律博士，曾于法国巴黎政治学院交流学习。美国纽约州注册律师，曾在国际著名律师事务所的香港办公室和北京办公室工作。现为中国人民大学法学院环境与资源保护法学专业博士后研究人员，兼任最高人民法院环境资源司法理论研究基地助理研究员。主要从事生态环境资源法研究和法语国家地区法律翻译工作。其从法文译为中文的《比利时联邦宪法》和《安道尔公国宪法》收录于《世界各国宪法》一书（孙谦、韩大元主编，中国检察出版社2012年版）。

刘　彤　1993年10月出生于新疆乌鲁木齐。西安外国语大学法语学院法语语言文学专业学士，北京外国语大学法语口译专业硕士。现就职于华为技术有限公司。

葛苏聃　1994年12月出生于江苏宿迁。北京第二外国语学院法语语言文学学士，北京外国语大学法语翻译硕士笔译专业硕士。现就职于外交部。

校者简介

安意诗　1987年3月出生于吉林白城。法国巴黎萨克雷大学法学博士在读，法国巴黎第十一大学环境法硕士，法国巴黎萨克雷大学企业环境、健康与质量管理法硕士，南京大学法学学士。现任全法中国法律与经济工作者协会秘书长，法中环境协会常务理事；兼任中国水利水电出版社与法国水资源研究院合作项目（驻法）专员；曾任巴黎中国学者学生联合会副主席。

周　迪　1989年7月出生于湖北洪湖。武汉大学法学博士，法国巴黎第十一大学环境法硕士，武汉大学马克思主义学院在站博士后；富布莱特学者（2016～2017年）。发表中文、英语和法语学术论文数篇；出版译著一部，参与著作两部；获2018年中达环境法优秀学位论文奖、2018年德国国际绿色精英（Green Talents Award）奖。

目　录

第一卷　共同规定

第二卷 自 然 环 境

第三卷 自 然 空 间

第一卷

共 同 规 定

第一编　总　则

第 L110－1 条

1. 陆地和海洋的自然空间、自然资源和自然环境，遗迹，昼夜景观，空气质量，生物及生物多样性属于全民族共同的遗产。该遗产产生生态系统服务和使用价值。

生物过程、土壤和地质多样性共同促进该遗产的形成。

生物多样性指各种活生物体的多样性，包括陆地生态系统、海洋生态系统和其他水生生态系统，以及由这些生态系统所构成的生态复合体。生物多样性包括物种内及物种间的多样性、生态系统的多样性及各生物体之间的相互作用。

2. 对该遗产的认知、保护、开发利用、修复、恢复原状和管理，以及对其进化能力及其提供的服务的维护均具有公益性质，有助于实现旨在“满足当代人发展和健康需求的同时，不损害子孙后代回应其发展和健康需求的能力”的可持续发展目标。对该遗产的认知、保护、开发利用、修复、恢复原状和管理，对其进化能力及其提供的服务的维护，应当在确定其意义范围的法律框架内遵循以下原则：

(1) 谨慎原则。据此原则，即使按照当前的科学和技术知识尚无确定性，仍不得推迟采取有效及适当的措施，以经济上可以承受的代价预防对环境造成不可挽回的严重损害的危险。

(2) 预防行动与纠正原则，即以经济上可以承受的代价、利用最佳可用技术，优先从源头上采取预防及纠正环境损害的行动。此原则要求防止对生物多样性及其服务的损害；无法防止损害的，应当减轻其影响；最后，在考虑到受影响的物种、自然栖息地和生态功能的情况下，对无法防止或减轻的损害进行补偿。

此原则应当努力达到不造成生物多样性净损失的目标，甚至尽可能产生生物多样性收益。

(3) 污染者付费原则。据此原则，由于采取预防、减少和治理污染的各种措施而引起的费用应由污染者承担。

(4) 所有人都有权获取公共机关所掌握的环境信息的原则。

(5)参与原则。据此原则,每一个人都有权了解对环境产生影响的公共决策项目的情况,并可对此发表意见,有权机关对该等意见予以听取。

(6)生态互助原则,即要求在作出对相关领土的环境产生显要影响的公共决策时,考虑生态系统、生物和自然或人工环境的相互作用。

(7)可持续利用原则。据此原则,利用的实践活动可以作为促进生物多样性的手段。

(8)环境、农业、水产业和森林可持续管理之间的互补性原则。据此原则,农业、水产业和林业所覆盖的表面承载着特定的和多样化的生物多样性,且农业、水产业和林业活动可成为生态系统相互作用的媒介:一方面,该等活动可以加强对生态连续性的保护;另一方面,该等活动可以保障那些利用生态系统的生态功能而修复、保持和创造生物多样性的环境服务。

(9)不退化原则。据此原则,环境保护由环境相关的法律和法规规定予以保障,并应当在参照当前科学和技术知识的情况下实现持续性的改善。

3. 追求上述第 2 款所指的可持续发展目标,应当同时紧密结合以下五个方面的承诺:

(1)为防止气候变化而努力;

(2)对生物多样性、环境与资源及其产生的服务和相关使用实施保护;

(3)实现社会凝聚力和各地方与各代人之间的互助;

(4)使所有人都能得到充分发展;

(5)实现向循环经济的转型。

4.《21 世纪议程》是一项关于可持续发展的领土规划。

第 L110 –1 –1 条

向循环经济转型,旨在通过号召对自然资源和初级原材料进行适度和负责任的消费,超越由获取、制造、消费和抛弃构成的线性经济模式;同时,旨在按照优先次序,尤其通过重复利用产品的方式首先预防废弃物的产生,其次根据废弃物分级处理方式重新使用、回收利用或者在无法重新使用与回收利用的情况下开发废弃物的价值。促进工业生态学、领土生态学和产品的生态理念,使用来源于被可持续地管理与回收利用的可再生自然资源的材料,实行可持续的公共采购,延伸产品的生命周期,预防废弃物的产生,预防、减少或控制污染物和有毒物质的抛弃、散发、流出或排放,遵照分级处理废弃物的模式,在遵守就近原则的基础上加强经济参与方在相关地方层面的合作,并发展使用价值、分享价值以及对其价值的生态、经济和社会成本的知情,共同致力于达到新的繁荣状态。

第 L110－1－2 条

本法典的规定旨在以预防资源的使用为优先目标,其次推动对资源的适度和负责任消费,再确保资源的分级使用,即在考虑资源生命周期的综合情况下、优先使用被回收利用的资源或可再生资源,其次使用可回收利用的资源,最后再使用其他资源。

第 L110－2 条

法律和法规规定任何人都享有拥有有益健康的环境的权利。法律和法规致力于保障城市地区和农村地区之间的和谐平衡,并对生态连续性进行保护和可持续利用。

每个人都有义务监督环境保护,并对环境保护做出贡献,此处的环境包括晚间的环境。

公法人与私法人应在其活动中遵循同样的要求。

第 L110－3 条

为确保对于生物多样性的保护及可持续利用,根据 1992 年 5 月 22 日在内罗毕通过的《生物多样性公约》第 6 条,经与地方政府和地方政府联合体代表、社会经济参与方(尤其是中小企业)代表、环境保护协会(尤其是自然主义者协会)代表以及科学界成员协商,国家制定生物多样性国家战略。

各大区根据国家战略方向制定并实施生物多样性大区战略,该等战略在同样的协商条件下制定。地方政府和地方政府联合体参与制定该战略,并参与其在所在辖区的实施。

第 L131－8 条规定的法国生物多样性署的地方代表团协助各大区制定其战略,并确保跟踪其实施情况。

生物多样性国家战略和大区战略致力于将保护和可持续利用生物多样性的目标纳入公共政策中,以及实现该等政策在相关事项上的一致性。

第二编　信息与公民参与

预备章　原则与一般规定

第 L120－1 条

1. 公众参与制定对环境产生影响的公共决策，以期：

(1)提高公共决策质量，并促进其民主正当性；

(2)确保当代人和子孙后代保有健康的环境；

(3)提高公众对环境保护的认识，并对公众进行环境保护教育；

(4)改善环境知情，并使其多样化。

2. 参与赋予公众以下权利：

(1)获取相关信息，使其有效参与；

(2)要求在第一章规定的条件下实施参与程序；

(3)设置合理的期限以供公众提出意见和建议；

(4)在许可或批准决定中，就其意见和建议得到考虑的方式获得通知。

3. 依照《城市规划法典》组织的事先协商程序应尊重本条第 2 款第(1)项、第(3)项和第(4)项提及的权利。

4. 在本编所规定的条件下实施上述规定。

应当在尊重国防和公共安全利益、工商业秘密及所有受到法律保护的秘密的情况下，适用上述规定。公众参与的过程及其操作形式可予相应调整。

第一章　公众参与制定对环境有影响的规划、计划与项目

第 L121－1－A 条

本编第一章适用于提交第 L122－1 条定义的项目许可申请之前的公众参与或第 L122－4 条定义的规划或计划制定阶段的公众参与，直至本编第三章规定的公众调查或任何其他形式的公众参与开始为止。

事先参与涉及以下程序：

(1)依据第 L121－8 条属于国家公众听证委员会的职权范围的公众听证和事先协商程序；

(2)依据第 L121－17 条第 1 款由业主或对规划或计划负责的公法人实施的事先协商程序；

(3)依据第 L121－17 条第 2 款，按照有权机关的要求，为批准规划、计划或许可项目而实施的事先协商程序；

(4)依据第 L121－17 条第 3 款由国家代表运用提议权决定的事先协商程序。

第一节　国家公众听证委员会的使命

第 L121－1 条

1. 国家公众听证委员会为独立行政机关，负责确保公众能够参与具有国家利益的国家、地方政府、公共机构及私法人的整治项目或设施项目的制定过程。该等项目属于第 L121－8 条提及的项目类别，且具有重大的社会经济利害关系，或对环境或领土整治产生重大影响。上述项目类别的清单由最高行政法院提出

资政意见后颁布的政令进行规定。

该委员会还负责确保公众参与到第 L121 – 8 条第 4 款提及的国家级规划或计划中。

国家公众听证委员会可决定组织公众听证或事先协商，讨论项目的时机、目标和主要特征，规划或计划的目标和主要方向，项目、规划或计划相关的社会经济利害关系，以及该等项目、规划或计划对环境和领土整治的重大影响。必要时，该听证或协商允许讨论替代解决方案，其中包括对项目的不予实施。听证或协商还涉及在听证或事先协商之后的公众知情方式及公众参与方式。

公众参与应在项目、规划或计划的整个制定阶段得到保证，即从初步研究阶段开始，到依据本编第三章或《公用征收法典》第一卷实施的公众调查阶段开始为止；在不进行公众调查的情况下，直至预定的参与方式开始为止。

2. 国家公众听证委员会在其受理的项目整个实施阶段确保公众知情的良好条件得到遵守，直至设施与施工验收为止；对于第 1 款提及的规划和计划，则直至其被通过或批准为止。

依职权或者依 1 名公众听证专门委员会主席或 1 名由第 L121 – 1 – 1 条提及的保证人申请，国家公众听证委员会可要求进行补充鉴定。国家公众听证委员会的决定应当公开。

在规划、计划或项目制定的全过程，应有权机关请求，国家公众听证委员会可向有权机关和任何业主就公众参与相关的任何问题提出建议。

国家公众听证委员会也负有提出具有一般性或方法论性质的、可从根本上促进和发展公众参与的意见和建议的使命。

国家公众听证委员会和各专门委员会不得对向其提交的规划、计划或项目的内容发表意见。

第 L121 – 1 – 1 条

1. 国家公众听证委员会确立并公布全国保证人名单。

国家公众听证委员会可从名单中删除任何违反其义务的保证人。

2. 保证人在第 1 款提及的名单成员中指定，并在法规规定的条件下从国家公众听证委员会获得补贴。

3. 保证人有保持中立和公正的义务，并特别监督向公众传播的信息的质量、真实性与易理解性，事先协商的顺利开展，以及公众提出问题和意见及建议的可能性。

以个人名义或因其职能而与项目利益相关的人，特别是在负责工程管理、工作管理或对须经事先协商的活动进行检查的政府、机构或部门中的人员，不得被指定为保证人。如果保证人无法开展工作，国家公众听证委员会应指定替代保证人，确定继续进行事先协商程序的日期并通知公众。

第 L121－2 条

1. 如果存在冲突或争议的风险，在明确相关方的情况下，国家公众听证委员会可受理相关方提出的与第 L122－1 条规定的任何项目有关的调解申请，以便促成各方重新对话，并就公众参与决策进程的方式达成一致；调解申请应为各方共同提出，且应当说明理由。

相关方应至少包括：

—业主；

——一个国家级的经认可的协会，或者在领土方面相关的行政大区或省的范围内依据第 L141－1 条经认可的两个协会或一个协会联合会。

该受理行为不具有中止正在进行的诉讼程序的性质。

第二节　国家公众听证委员会的组成与运行方式

第 L121－3 条

国家公众听证委员会由 25 名成员组成，任期 5 年，或者按照特定委任期限任职。除委员会主席和 2 名副主席外，国家公众听证委员会的组成成员如下：

(1)分别由国民议会主席和参议院主席任命的国民议会议员 1 名和参议员 1 名；

(2)地方当选人 6 名，由相关当选人的代表协会提名并经政令任命；

(3)最高行政法院成员 1 名，由最高行政法院全体大会选举产生；

(4)最高法院成员 1 名，由最高法院全体大会选举产生；

(5)审计法院成员 1 名，由审计法院全体大会选举产生；

(6)行政法院与行政上诉法院的成员 1 名，由行政法院与行政上诉法院高级委员会提名并经政令任命；

(7)在全国领土内开展活动、依据第 L141－1 条经认可的环境保护协会的代表 2 名，由负责环境事务的部长提名并经总理令任命；

(8)消费者与用户代表 2 名，分别由负责经济事务的部长与负责交通运输事务的部长提名并经总理令任命；

(9)合资格人士2名，其中1人应担任过委任调查员职务，分别由负责工业事务的部长与负责设备事务的部长提名并经总理令任命；

(10)雇员代表工会组织的代表2名及企业和商会的代表2名，其中1名应为农业企业的代表，上述代表均由最具代表性的相应行业组织提名并经总理令任命。

2名副主席由1名女性和1名男性组成。依据第(2)项由同一机关提名任命的成员，以及依据第(7)项、第(8)项和第(9)项提名的所有成员，均应由同等数量的女性和男性组成。依据第(1)项、第(3)项至第(6)项及第(10)项被要求任命、提名、或选举公众听证委员会成员的每一机关，应保证在任命、提名或选举后公众听证委员会所有成员中女性成员与男性成员的人数差额不超过1人，或者在人数差额超过2人的情况下，对其进行缩减。

国家公众听证委员会主席和副主席由政令任命。

在保留本条第12段规定的前提下，委员会成员可连任一届。

国家公众听证委员会主席与副主席全职任职并享有报酬。当国家公众听证委员会主席与副主席由公务员担任时，国家公众听证委员会主席与副主席的职位可享受根据《民事与军事退休金法典》发放的退休金。

国家公众听证委员会其他成员的职务享有补贴。

第L121-4条

国家公众听证委员会可使用借调公务员或相关在职公务员。因工作需要，国家公众听证委员会可聘用合同制工作人员。为履行其使命，国家公众听证委员会可在每一大区指定代表。国家公众听证委员会对大区代表的职务给予补贴。

第L121-5条

根据2013年10月11日《关于公共生活透明度的第2013-907号法》，全国委员会和专门委员会的成员中以个人名义或者因其职务而与某一活动利益相关的，不得参与与该活动相关的听证或事先协商程序。

第L121-6条

国家公众听证委员会运行所需的必要经费经总理提议纳入国家总预算。国家公众听证委员会主席为开支拨款审核人，并对所有部门享有权力。

1922年8月10日《关于组织对预算支出进行检查的法》的规定不适用于国家公众听证委员会的开支。

为此目的，设立符合2001年8月1日《与财政法相关的第2001-692号组织法》第17条第2款规定的互助资金，以资助公众听证的相关开支。该资金旨在接收财政资助。

如果公众听证时业主尚未确定，根据情况由国家、某一国家公共机构或一个或数个地方政府为公众听证预先出资。业主确定后，业主应当立即清偿预先出资人。当预先出资人为国家时，通过2001年8月1日《与财政法相关的第2001-692号组织法》第17条第3款规定的产品分配途径进行清偿。

国家公众听证委员会指定的事先协商保证人的补贴及补充鉴定的费用由国家公众听证委员会承担。

第三节 国家公众听证委员会的公众听证与事先协商

第L121-8条

1. 凡从其性质、技术特点或者按照项目制定阶段评估的预算成本来看符合最高行政法院提出资政意见后颁布的政令确定的标准或者超过其规定限额的整治项目或设施项目，均应提交国家公众听证委员会审议。

对该等项目，由业主向国家公众听证委员会报送案卷材料，该案卷内容说明在第L122-1条规定中被听取项目的目标和其主要特点，以及为项目服务而创建或管理的设施情况。该案卷也介绍项目的社会经济利害关系、概算成本、针对规划或计划对环境与领土整治所带来的重大影响的认定以及对不同的替代解决方案的说明，其中包括对项目不予实施的可能。如果同一项目涉及多个业主，该等业主共同提请国家公众听证委员会受理。

2. 凡属于上述第1款规定的类型但预算成本总额低于按照第1款的规定确定的限额，并且符合最高行政法院提出资政意见后颁布的政令中就每一种性质的项目所确定的技术标准或超过其就每一种性质的项目所规定的限额的项目，均由业主或者负责项目的公法人进行公示。公示内容包括项目的目标及主要特点，并且业主或公法人应说明其将此项目提交或不提交国家公众听证委员会的决定。业主或公法人还应具体说明，在假定不将项目提交国家公众听证委员会的情况下，其承诺采取何种协商方式，并应将此情况通报国家公众听证委员会。业主据此采取的事先协商遵守第L121-16条和第L121-16-1条规定的条件。

对该等项目，国家公众听证委员会可以受理以下机构和人士提出的听证申请：

(1)10000 名居住在法国的成年欧盟侨民;

(2)10 名议会议员;

(3)1 个在领土方面相关的、具有空间整治权限的大区议会、省议会、市议会或跨市镇公共机构;

(4)1 个依据第 L141－1 条经认可的国家级协会。

听证申请应包含申请理由,并应在业主对该等项目进行公示后 2 个月内提出。

业主向国家公众听证委员会提交符合上述第 1 款第 2 段规定的案卷材料。

3. 最迟至公众调查开始时,如果业主发现项目的技术特点或预算成本超过了上述第 1 款规定的限额,业主应向国家公众听证委员会提出听证申请。国家公众听证委员会应在第 L121－9 条规定的条件下审查此项请求。

4. 国家公众听证委员会也受理依据第 L122－4 条应进行环境评价的国家级规划和计划的听证申请。

对于该等规划和计划,负责制定规划和计划的公法人向国家公众听证委员会报送案卷材料,说明其目标和主要特点,社会经济利害关系,针对规划或计划对环境与领土整治所带来的重大影响的认定以及不同的替代解决方案。

5. 本节规定不适用于城市规划文件及根据《城市规划法典》第 L103－2 条应当进行义务协商的项目,也不适用于根据 2010 年 6 月 3 日《关于大巴黎的第 2010－597 号法》的规定、应当适用公众听证程序的大巴黎公共交通网络规划。

《城市规划法典》第 L103－2 条的规定不适用于属于本节规定的项目。

第 L121－9 条

当国家公众听证委员会受理听证申请时,根据如下条件确定公众参与决策程序的方式:

(1)国家公众听证委员会评判每一个项目、规划或计划在领土范围内的影响,社会经济利害关系以及其对环境与领土整治带来的影响,以决定是否组织公众听证。

如果国家公众听证委员会认为有必要举行公众听证,国家公众听证委员会组织听证,并委托其设立的专门委员会主持。

如果国家公众听证委员会认为没有必要举行公众听证,国家公众听证委员会可以决定组织事先协商。国家公众听证委员会决定事先协商的方式,委托业主或负责的公法人组织事先协商,并指定一名保证人。该事先协商在本章第四节规定的条件下进行。

如果一个项目近5年内在制定规划或批准计划的阶段已举行过听证且处于被许可和批准实施的范围内，则免于公众听证和事先协商。但国家公众听证委员会如认为有必要，仍可决定组织听证或协商，并说明理由。

（2）如果国家公众听证委员会依据第L121－8条受理能源线性基础设施项目，国家公众听证委员会应在本章第四节规定的条件下组织事先协商。

（3）国家公众听证委员会在2个月内就其依据第L121－8条第1款、第2款与第4款的规定受理听证申请作出回复决定。国家公众听证委员会的决定应说明理由。国家公众听证委员会可决定既不进行公众听证，也不进行事先协商。

如果国家公众听证委员会未在上述期限作出明确决定，视为其已经放弃组织公众听证或事先协商。

第L121－10条

当中央政府希望就对环境或领土整治产生重要影响的公共政策相关的某一改革项目组织全国公众听证，其可向国家公众听证委员会提交申请，要求组织公众听证。国家公众听证委员会也可受理由60名国民议会议员、60名参议员或500名居住在法国的欧盟成年侨民提出的组织听证的申请。

国家公众听证委员会在其网站公布所受理的申请，并依据本节规定的条件组织公众听证。

一位或多位主要相关部长、国民议会主席、参议院主席或对政策、规划或计划负责的公法人公布公众听证的信息及进展情况。

第L121－11条

国家公众听证委员会制定并公布进行公众听证的时间表，其中项目的公众听证时间不超过4个月，第L121－8条第4款提及的规划和计划的公众听证时间不超过6个月。经国家公众听证委员会作出决定并说明理由的，听证时间可延长2个月。

国家公众听证委员会可要求业主或者负责的公法人补充其计划提交的公众听证案卷材料。只有在国家公众听证委员会认定案卷完整后，才可开始听证。

自公众听证结束之日起2个月内，国家公众听证委员会主席公布听证报告和总结。

第L121－12条

涉及第L121－8条所指的项目、规划或计划时，只有从不可能再组织第L121－8条规定的公众听证或事先协商之日起，或者从发布听证总结或者国家公众听证委员会主席发表总结的规定期限终止之日起，才能决定开始第 L123－1 条规定的公众调查或第 L123－19 条规定的公众参与，且此决定最迟应在上述日期之后 8 年内作出。超过上述期限的，只有作为项目、规划或计划依据的事实或法律情形发生实质性改变的情况下，国家公众听证委员会才能决定重启公众事先协商程序。

第 L121－13 条

如果就某一规划、计划或项目已经组织公众听证，项目的业主或者负责制定规划或计划的公法人在公众听证总结发表后 3 个月内，通过文书的形式公布后续规划、计划或项目的原则和条件。必要时，该文件应明确说明对提交公众听证的规划、计划或项目的主要修改事项，还应指出为回应公众听证中的相关信息，其认为有必要采取的措施。该文书应报送国家公众听证委员会。

如果业主或者负责规划、计划或项目的公法人是地方政府或跨市镇合作性公共机构，应当对该文书进行审议。

第 L121－14 条

在国家公众听证委员会决定进行公众听证或事先协商之后，国家公众听证委员会指定 1 名保证人，负责保障公众调查开始前良好的公众知情和公众参与。国家公众听证委员会确定有关通知保证人和业主的各项条件。如有必要，国家公众听证委员会确保发表中期报告。保证人的最终报告应予公开。

第 L121－15 条

当国家公众听证委员会作出放弃组织公众听证或事先协商的决定的公告文书或者第 L121－13 条提及的公告文书已最终确定时，不得以本章规定为依据针对国家公众听证委员会提出违法性主张。

第四节　事 先 协 商

第一分节　事先协商的范围

第 L121－15－1 条

事先协商可涉及如下事项：

(1)第 L121－8 条提及并由国家公众听证委员会依据第 L121－9 条要求进行事先协商的项目、规划和计划；

(2)依据第 L122－1 条应当进行环境评价且依据第 L121－8 条无须提交国家公众听证委员会的项目；

(3)依据第 L122－4 条应当进行环境评价且依据第 L121－8 条无须提交国家公众听证委员会的规划和计划。

但是，根据《城市规划法典》第 L103－2 条应当进行义务协商的城市规划项目和文件，以及以下应当进行特别程序的规划和计划，不进行事先协商：

—技术风险预防规划；

—洪水风险管理规划；

—水体整治与管理指导大纲；

—海洋环境行动规划；

—根据 2010 年 6 月 3 日《关于大巴黎的第 2010－597 号法》第 3 条的规定应当适用公共听证程序的大巴黎公共交通网络规划。

第二分节　事先协商的方式

第 L121－16 条

事先协商在本节规定的条件下吸收公众参与项目、规划或计划的制订。事先协商最短为 15 日，最长至 3 个月。在协商开始前 15 日，应当以电子途径和在协商相关地点张贴告示的途径告知公众协商的方式和持续的时间。协商的总结文件应当予以公示。业主应说明为回应协商中的相关信息，其认为有必要采取的措施。

因事先协商而产生的相关物质支出，由业主或负责项目、规划或计划的公法人承担。

第 L121－16－1 条

1. 根据第 L121－8 条和第 L121－17 条的规定、需要在保证人的支持下组织事先协商时，由国家公众听证委员会根据负责的公法人或业主的要求指定保证人。

2. 保证人可要求国家公众听证委员会进行技术考察或补充鉴定，并由国家公众听证委员会承担费用。国家公众听证委员会的决定通过事先协商的特定网站告知公众。

在不影响适用《公众与行政机关关系法典》第三卷第一编第一章的规定的前提下，保证人在该法典第 L311－5 条规定的限度内决定是否继续推进向具有业主性质的人提出的或者向有权许可项目或批准规划或计划的公共机关提出的沟通请求。保证人可向规划负责人或项目业主提出任何请求，以确保良好的公众知情和公众参与。

3. 公众可以通过电子或邮寄途径向保证人提出意见和建议，以便在网站上公开。

在必须咨询由有关决定的相关类别的人的代表组成的咨询机构、且于事先协商后咨询的情况下，公众意见和建议的摘要应事先传送给该咨询机构，由咨询机构发表意见。

4. 保证人应在事先协商结束后 1 个月内起草协商总结文件，说明协商开展的方式。总结包含对提出的意见和建议的摘要；必要时，总结也应提及由事先协商引起的项目发展情况。

保证人应当将事先协商的开展情况和总结通知业主、国家公众听证委员会和国家代表。

事先协商的总结报告由保证人在协商结束后公开。

第三分节　开展事先协商

第 L121－17 条

1. 对于第 L121－15－1 条第（2）项和第（3）项提及的规划、计划或项目，规划或计划负责人或项目业主可按照自行确定的方式或选择依据第 L121－16－1 条定义的方式主动组织事先协商。在这两种情况下，事先协商均应遵守第 L121－16 条规定的条件。

2. 在未依据第 1 款决定进行事先协商的情况下，有权限许可开展第 L121－15－1 条第（2）项提及的项目的行政机关可作出决定并说明理由，要求项目业主组织事先协商，并且事先协商应遵守第 L121－16 条和第 L121－16－1 条所定义的方式。

对于第 L121－15－1 条第（2）项提及且无须按照第 L121－18 条进行意向申报的项目，决定最迟应在许可申请提交后 15 日内作出。在此情况下，有权机关可延长审议期限，但延长的期间不得超过进行事先协商所必需的时间。当一个项目需要连续取得多个许可时，有权机关只有在项目首个许可期间才能要求进行事先协商。

对于应当按照第 L121－18 条进行意向申报的项目，要求进行事先协商的决定应当在该申报公示后 2 个月内作出。

对于规划和计划，该决定应当自规定制定该种规划或计划的文书作出起 2 个月内进行作出。

3. 在未进行任何根据上述第 1 款或第 2 款规定且遵循第 L121－16 条和第 L121－16－1 条规定方式的事先协商的情况下，公众享有提议权，可要求相关的国家代表组织遵循该等方式的事先协商。

第四分节　提　议　权

第 L121－17－1 条

第 L121－17 条第(3)款规定的提议权适用于：

(1)第 L121－15－1 条第(2)项提及的项目，且在公共工程管理下进行该项目的预算开支金额超过了最高行政法院提出资政意见后颁布的政令所规定的限额，或者以向私人项目工程业主提供的净财务资助形式给予的投资公共补助金的总金额已超过该金额；

(2)第 L121－15－1 条第(3)项提及的规划和计划。

本分节不适用于业主组织事先协商的项目、计划和方案，也不适用于《城市规划法典》第 L143－34 条和第 L143－37 条规定的领土一致性纲要的修订程序以及该法典第 L153－41 条和第 L153－45 条规定的地方城市规划的修订程序；事先协商应符合第 L121－16 条和第 L121－16－1 条规定的方式。

第 L121－18 条

1. 对于第 L121－17－1 条第(1)项提及的项目，应由项目所有人在提交许可申请前公示意向申报。

如无此公示，不得进行如第三章规定的公众参与程序。

该意向申报在网站上公示，并应包含以下要素：

(1)项目的理由及其存在的目的；

(2)在相应的情况下，其包含的规划或计划；

(3)可能受到项目影响的相应市镇清单；

(4)对潜在环境影响的预估；

(5)必要时，对替代解决方案的说明；

(6)如已确定，对项目预计采取的公众事先协商方式的说明。

2. 对于第 L121－17－1 条第(2)项提及的规划和计划，规定制定规划和计划的文件自其公开于网站开始即构成意向申报。作出意向申报前未曾进行过公众事先协商的，应在意向申报中注明预计采取的公众事先协商方式。

3. 需要进行意向申报的情况包括：

(1)第 L121－17－1 条第(1)项中提及的项目中，个案决定认为应制作第 L122－1 条提及的环境影响评价文件且尚未进行的，应根据第 1 款的规定的条件在网站上公开该个案决定，并附申请表以及对第 1 款第(6)项规定的事先协商方式的说明；

(2)第 L121－17－1 条第(2)项提及的规划和计划中，个案决定认为应依据第 L122－4 条进行环境评价且尚未进行的，在附有第 1 款第(6)项中对事先协商方式的说明的情况下，应根据第 1 款的规定在网站上公开该决定。

4. 第 L121－17－1 条第(1)项提及的项目的业主向有权行政机关提交意向申报，以取得项目许可。如有必要，有权行政机关可在 1 个月内要求业主提交补充材料。

第 L121－19 条

1. 第 L121－17 条第 3 款提及的提议权可由以下人士对国家代表行使：

(1)居住在意向申报相关范围内的欧盟成年侨民，人数达到意向申报中涉及的市镇居民人口的 20%，或达到意向申报中涉及的一个或数个大区范围内一个或数个省中居民人口的 10%；

(2)一个大区议会、省议会、市镇议会或一个在意向申报中被明确的部分或全部领土范围内的跨市镇合作性公共机构的议事机关；

(3)一个依据第 L141－1 条经认可的国家级协会，或者两个在由意向申报中所确定的部分或全部领土范围内的大区或省内的、依据第 L141－1 条经认可的协会或协会联合会。

提议权最迟应当于项目的意向申报公示后 2 个月内行使，对于规划或计划则应于第 L121－18 条第 1 款所规定的相应文件公示后 2 个月内行使。在此期间内或者在国家代表对事先协商申请给予肯定前，不得进行任何根据自行确定的方式组织的事先协商。在此期间内，只可以进行由业主根据第 L121－16 条和第 L121 – 16 – 1 条规定的方式组织的事先协商。

2. 国家代表应立即通知业主或负责制定规划或计划的公法人；另有有权机关的，还应通报有权机关，以便对项目进行许可，或对计划或规划进行批准。国家代表评价该申请的可受理性，特别从可能受到项目、规划或计划影响的领土的角度考虑其对环境产生的主要影响及其社会经济后果。

国家代表决定是否根据第 L121 – 16 条和第 L121 – 16 – 1 条规定的方式组织事先协商，如果决定进行协商，应确定参与的期限和领土范围，并应从可以预见的主要环境影响和社会经济后果的角度进行参与。

国家代表的决定应当说明理由并公示，并应在收到申请后 1 个月内作出。未在此期限内作出明示决定的，视为驳回申请。

第五分节 最终规定

第 L121 – 20 条

1. 只有在满足下列条件的情况下，才可受理意向申报中的项目许可申请：

(1)已作出意向申报；

(2)行使提议权的时效已过或已超过国家代表的法定回复期限；

(3)已遵守意向申报中提出的事先协商方式，或者在相应情况下已遵守由第 L121 – 16 条和第 L121 – 16 – 1 条规定的方式。

2. 只有在行使提议权的时效已过及/或已超过国家代表的法定回复期限的情况下，才可将规划或计划提交批准，已遵守提出的事先协商方式或在相应情况下已遵守第 L121 – 16 条和第 L121 – 16 – 1 条规定的方式不在此限。

第 L121 – 21 条

当国家代表在行使提议权之后认为某一项目不适合组织事先协商时，该决定性文件代表其最终决定，不得以本节规定为依据提出违法性主张。

第五节 共同规定

第 L121 – 22 条

根据本章规定作出的决定自生效起超过 4 个月的，不得通过例外途径以该决定具有形式或程序瑕疵为由提出违法性主张。

第 L121－23 条

本章的适用条件由最高行政法院提出资政意见后颁布的政令进行具体规定。

第二章　环 境 评 价

第一节　工程、施工与整治项目的环境影响评价文件

第 L122 -1 条

1. 为适用本节规定,定义如下:

(1)项目:在自然环境或景观中实施建设、建造设施或进行工程施工,或进行其他干预活动,其中包括为利用土壤资源而进行的施工或干预;

(2)业主:私人项目的许可申请人或发起项目的公共机关;

(3)许可:由一个或数个有权机关作出的、赋予业主实施项目的权利的决定;

(4)有权机关:负责发放项目许可的一个或数个有权机关。

2. 因其性质、规模或地理位置而可能对环境或人体健康产生显要影响的项目,应按照法规确定的标准与限度进行环境评价,其中部分项目应在负责环境事务的机关进行个案审查之后进行环境评价。

为了确定上述标准与限度以及需要接受个案审查的项目,应当参照 2011 年 12 月 13 日经欧洲议会和欧盟理事会修订的《关于部分公共与私人项目对环境影响的评价的欧盟第 2011/92 号指令》附件三所提及的各项数据。

3. 环境评价包括以下程序:由业主起草一份项目对环境所造成的影响的评估报告(以下简称环境影响评价文件),实施本节规定的征求意见程序,以及有权机关的审查,审查对象包括环境影响评价文件中的所有信息,以及通过征求意见和业主获得的全部信息。

环境评价能够通过如下要素对各具体项目中产生的直接或间接的显要影响予以描述并作出适当评估:

（1）人口情况和人体健康；

（2）生物多样性，其中应对受到欧盟理事会1979年4月2日《关于保护野生鸟类的第79/409/CEE号指令》和欧洲议会与欧盟理事会2009年11月30日《关于保护野生鸟类的第2009/147/CE号指令》保护的物种和栖息地给予特别关注；

（3）土地、土壤、水、空气和气候；

（4）物质财产、文化遗产和景观；

（5）第（1）项至第（4）项中各要素间的相互作用。

上述要素的影响包括可能由项目易损性引起的重大事故风险和有关项目的相关灾害影响。

当一个项目在自然环境或景观中由多项施工、设施、工程或其他干预活动构成时，应当将其作为一个整体加以考虑，包括在各个时期和各个空间的情况以及存在不同业主的情况，以确保对环境影响进行整体评价。

4. 当某一项目受到个案审查时，由业主向负责环境事务的机关提交介绍该项目的案卷材料，以便负责环境事务的机关确定该项目是否应当提交环境评价。

5. 当某一项目应提交环境评价时，介绍该项目的案卷应当包含环境影响评价文件和已提交的许可申请，并将其递送给予该项目相关的负责环境事务的机关以及地方政府和地方政府联合体，以征求其意见。

地方政府和地方政府联合体的意见自其被通过起向公众公示，或者当在最高行政法院提出资政意见后颁布的政令规定的期限内地方政府和地方政府联合体未发表意见时，涉及未发表意见的相关信息应当向公众公示；有权机关拥有特定网站的，应在该网站上予以公示；有权机关无特定网站的，应在省政府网站上予以公示。

6. 被要求制作环境影响评价文件的业主应当最迟于第L123－2条规定的公众调查开始时，或者最迟于第L123－19条规定的通过电子途径的公共参与开始时，通过电子途径向公众公示环境影响评价文件。

第L122－1－1条

1. 对提交环境评价的项目发放许可的有权机关应考虑环境影响评价文件、第L122－1条第5款提及的行政机关意见以及公众意见征求结果；必要时，还应考虑跨境意见征求的结果。

有权机关的决定应当就项目对环境产生的显要影响说明理由。该决定应明确业主应当遵守的限制性规定，以及为避免、减少甚至在可能的情况下补救该显要负面影响的项目措施和特性。该决定也应当明确项目对环境或人类健康造成影响的监测方式。

拒绝发放许可时，应当在决定中说明拒绝理由，尤其针对该项目对环境造成潜在显要影响的情况。

2. 应进行环境评价的项目属于事先许可制度的情况，且该事先许可不符合上述第1款规定的条件时，有权机关应当完善许可，使其符合第1款规定的条件。

应进行环境评价的项目属于申报制度的情况下，应当由有权机关作出许可决定以出具包含上述第1款所规定要件的申报回执。

应进行环境评价的项目不属于任何一种特定的许可制度或申报制度的情况下，应当由省长通过包含上述第1款所规定的要件的决定对该项目予以许可。

3. 如果实施某一项目以取得多个许可为前提，在发放第一个许可时对该项目的环境影响进行评价。

当授予许可前未能完全识别或评价项目对环境的影响时，业主应在对该等影响进行评价的同时完成环境影响评价文件，文件应在项目许可的活动范围内对整个项目产生的后果进行评价。在对后果的显要性评价和制作环境影响评价文件的必要性存疑的情况下，业主可以咨询负责环境事务的机关的意见。在不影响其他程序的适用的情况下，第L122－1条第5款所提及的行政机关应对由此完成的环境影响评价文件提出新的意见。

当项目已进行公众调查时，环境影响评价文件应与该等意见一同通过第L123－19条规定的电子途径方式进行公众参与，另有特别规定的除外。

必要时，发放许可的有权机关通过新的决定确定由业主负担的、旨在避免、减少甚至在可能的情况下补救该等显要影响的措施以及有关的监测措施。

4. 当有权机关作出决定授予或拒绝某一应进行环境评价项目的许可时，应告知公众和第L122－1条第5款提及的行政机关。

除特别法律和法规规定以及国防秘密外，有权机关应公布其决定，下列信息未包含在该决定中的，也应一并予以公布：

(1)公众参与程序的相关信息；

(2)公众意见和其他咨询情况的概述，特别是对第L122－1条第5款提及的行政机关的意见的考量；

(3)环境影响评价文件的咨询地点。

第 L122－1－2 条

业主在提交许可申请前请求意见的,有权机关应当就环境影响评价文件中应当提交的信息范围和详细程度出具意见。有权机关应向第 L122－1 条第 5 款提及的机关咨询意见。

经业主申请,有权机关组织开展与该项目相关的地方参与方间的信息交流会议,以便各方对将要实施的项目的潜在影响提出意见。

有权机关出具的详细意见并不妨碍其要求对许可申请案卷材料或批准申请案卷材料进行补充,也不能据此预判其经过审理程序后将会作出的决定。

第 L122－2 条

针对第 L122－1 条第 1 款规定的项目的许可或批准决定,以无环境影响评价文件为由向行政法院提交诉状的,一经确认属实,紧急审理法官应支持其要求中止该决定的请求。

第 L122－3 条

1. 本节的实施细则由最高行政法院提出资政意见后颁布的政令进行具体规定。

2. 该政令特别规定如下事项:

(1)按照第 L122－1 条确定的标准与限度,且必要时经个案审查后,应当进行环境评价的项目类型。

(2)环境影响评价文件的内容,包括且不限于:

(a)项目描述,包括项目的地理位置、规划理念、规模和其他相关特点有关信息;

(b)项目对环境可能产生的显要影响的描述;

(c)对项目特点的描述,以及针对可能产生的显要负面环境影响预计采取的避免、减少甚至在可能情况下的补救措施;

(d)业主根据项目及其特殊性进行审查后作出的合理替代解决方案,并指明依据项目对环境的影响而作出这种选择的主要理由;

(e)对上述第(a)项到第(d)项提及的信息的非技术性总结概括;

(f)所有依据项目的特殊性和可能受到影响的环境因素的补充信息。

此外,对于交通基础设施,环境影响评价文件也应包含环境污染和危害所引起的公共成本分析以及项目开发带来的公共收益和能源消费评估,特别是对该项目引起的或者可以避免的交通流量的评估；环境影响评价文件还应包括对上述信息的非技术性总结概括。

(3)负责环境事务的部长可以依职权或依申请对任何环境影响评价文件发表意见的条件。

(4)依据第 L122－1 条第 5 款，向负责环境事务的机关、地方政府和地方政府联合体递送文件的方式，以及发表和公布其意见的期限和条件。

(5)第 L122－1－2 条第 1 段提及的意见的内容。

(6)第 L122－1 条第 6 款所规定的业主经电子途径公布环境影响评价文件的方式。

(7)因适用第 L122－1 条第 4 款而作出的个案审查决定的方式和内容。

(8)第 L122－1－1 条第 2 款所规定的许可的方式和程序。

(9)第 L122－3－4 条第 1 款所规定的例外情形的适用方式。

第 L122－3－1 条

业主未遵守第 L122－1－1 条第 1 款第 2 段中确定的限制性规定、特性和措施的，有权机关可提请省内国家代表行使第 L171－8 条规定的权力。

第 L122－3－2 条

为确保遵守第 L122－1－1 条第 1 款第 2 段中确定的限制性规定、特性和措施，因进行行政机关规定的检查、鉴定或分析而产生的费用，由申请人或业主承担。

第 L122－3－3 条

经过检查发现未遵守第 L122－1－1 条第 1 款第 2 段中确定的限制性规定、特性和措施的，由检查人员制定报告并提交行政机关，同时抄送副本至行政相对人；行政相对人可以在 1 个月内发表意见。

第 L122－3－4 条

1. 对于仅以国防为目的或以响应民事性质的紧急情况为目的的项目或项目参与方，可在最高行政法院提出资政意见后颁布的政令所规定的条件下，由国防部长和内政部长分别作出决定批准对适用本节规定的例外。

2. 业主在个案审查的过程中向负责环境事务的机关指明，以及在申请出具环境影响评价文件的意见过程中向有权机关指明，哪些信息在泄露后从性质上可能会损害第 L124－4 条第 1 款和第 L124－5 条第 2 款提及的相关利益。

依业主申请或依有权机关的职权，有权机关从提交公众调查或向公众公布并咨询的案卷材料中选出从性质上会引发泄露国防秘密或生产秘密、或者从性质上会助长可能影响公共健康、安全或卫生的行为的要素。

第二节　对环境造成显要影响的部分规划与文件的评价

第 L122－4 条

1. 为适用本节规定，定义如下：

（1）“规划和计划”：由法律或法规规定的，由国家、地方政府或地方政府联合体和隶属于国家、地方政府或地方政府联合体的公共机构制定或通过的规划、纲要、计划和其他规划文件及其修订文件，包括由欧盟共同出资的规划、纲要、计划和其他规划文件；

（2）“环境评价”：根据第 L122－6 条及其后各条的规定，由制定环境影响报告、实施意见征求的咨询活动、在通过或批准规划或计划的行政机关作出决定的过程中考虑该报告和该等咨询活动、对决定信息进行公示构成的程序。

2. 以下事项应当进行系统的环境评价：

（1）确定第 L122－1 条提及的项目可获得许可的框架，且在农业、林业、渔业、能源、工业、交通运输业、废弃物管理、水资源管理、通信、旅游或领土整治领域制定的规划和计划；

（2）依据第 L414－4 条的规定，被要求进行 Natura 2000 影响评价的规划和计划。

3. 以下事项应当进行系统的环境评价，或应先行由环境行政机关进行个案审查：

（1）可能对环境产生显要影响的，由上述第 2 款提及的规划和计划，且其中涉及的领土面积较小；

（2）可能对环境产生显要影响的，除上述第 2 款提及的规划和计划以外其他规划和计划，且其框架下的项目可以被许可实施；

（3）可能对环境产生显要影响的，对上述第 2 款第（1）项和第（2）项提及的规划和计划的修改文件。

4. 应当在考虑欧洲议会与欧盟理事会2001年6月27日《关于部分规划与计划的环境影响评价的第2001/42/CE号指令》附件二提及的标准的基础上，对某一规划或计划或其修改文件对环境的显要影响进行估计。

5. 仅为国防或民事保护为目的而建立的规划和计划，以及财政或预算的规划和计划，无须履行环境评价义务。

负责制定规划或计划的行政机关在个案审查的过程中向负责环境事务的机关指明，以及在申请出具对环境影响报告的意见过程中向有权机关指明，哪些信息在泄露后从性质上可能会损害第L124－4条第1款和第L124－5条第2款提及的相关利益。

依负责制定规划或计划的行政机关申请或依有权机关的职权，有权机关从提交公众调查或向公众公布并咨询的案卷中选出从性质上会引发泄露国防秘密、或者从性质上会助长可能影响公共健康、公共安全或公共卫生的行为的要素。

6. 作为本法典的例外，《城市规划法典》第L104－1条和第L104－2条涉及的规划和计划应在《城市规划法典》预备编第四章确定的条件下进行环境评价。

第L122－5条

最高行政法院提出资政意见后颁布的政令特别明确规定如下事项：

(1)依据第L122－4条第2款和第3款应当进行系统性环境评价或个案审查的规划和计划的清单，以及其年度实施条件。

(2)当某一规划或计划属于第L122－4条第2款或第3款的范畴但不在依据上述第(1)项而建立的清单上时，由负责环境事务的部长决定在不超过1年的期限内将该等规划或计划提交环境评价或个案审查。

该决定的效力在其生效后1年终止，如果在作出决定以前上述第(1)项提及的清单的最新年度修改已生效，则在最新年度修改生效时终止。

(3)第L122－4条第5款规定的例外的方式和条件。

(4)第L122－6条提及的环境影响报告的内容。

(5)对应当进行环境评价的规划和计划的修改文件可能导致环境行政机关在个案审查后进行环境评价的情形。

第L122－6条

环境评价包括制定一份报告。该报告识别、描述并评价规划或计划的实施对环境可能产生的显要影响,以及在规划或计划的目标与适用地理范围的基础上提出合理的替代解决方案。该报告提出为避免、减少甚至在可能的情况下补救该显要负面影响而预备采取的措施。报告说明其他预计实施的解决方案,特别是从保护环境的角度阐明支持项目的理由。报告规定为监测该规划或计划对环境产生的效果而采取的标准、指标与方式,以便在较早阶段特别识别那些原本未预计到的负面影响,并在必要时预计采取的适当措施。

根据制定或修改规划或计划之日的认识水平与评价方法、规划或计划的内容及其详细程度,以及必要时根据部分或全部同一地理区域的其他规划或计划或后续阶段规定的环境评价程序,环境影响报告可以包含合理的要求性信息。

第 L122 -7 条

依据第 L122 -4 条需进行环境评价的规划或计划,制定规划和计划的负责人将环境影响报告随规划或计划草案一并报送环境行政机关以征求意见。

意见自通过时公布于网站;规定期间内未发表意见的,其相关信息也应公布于网站。

如有必要,可以就环境影响报告应当包含的信息的详细程度向环境行政机关咨询。

第 L122 -8 条

当规划或计划方案的实施有可能对欧盟的另一成员国环境产生显要影响时,依该成员国请求或者法国可主动将该规划或计划草案递送该成员国。相关国家受邀在法国最高行政法院提出资政意见后颁布的政令确定的期限内提出意见。在期限内未予以答复的,视为其已提出意见。

在某一规划或计划方案的实施可能对法国国家领土产生显要影响并且该规划或计划草案由别国递送法国以征求法国意见时,法国可就该方案决定进行公众咨询。

第 L122 -9 条

1. 规划或计划获得通过的,制定该规划或计划的行政机关应当通知公众、环境行政机关,相应情况下通知曾征求过意见的欧盟其他成员国。制定该规划或计划的行政机关应向公众、环境行政机关和欧盟成员国提供下列信息:

(1)规划或计划的文本;

(2)关于以下内容的总结申报:

—如何依据第 L122 -6 条制定报告以及如何进行咨询程序;

—在预计采取的不同解决方案的基础上，对规划或文件作出各种选择的依据；

—对实施规划或文件对环境产生的影响进行评价的措施。

2. 规划或计划方案依据第 L122－4 条第 3 款进行个案审查后未进行环境评价的，环境行政机关应将决定告知公众并说明理由。

第 L122－10 条

如有必要，由最高行政法院提出资政意见后颁布的政令对本节规定中各种类型的规划或计划的适用条件作出详细规定。

第 L122－11 条

针对第 L122－4 条规定的规划或计划的批准决定，以未进行环境评价为由向行政法院起诉的，一经确认属实，紧急审理法官应支持其要求中止该决定的请求。

第三节　环境评价的共同程序与协同程序

第 L122－13 条

当第 L122－6 条提及的环境影响报告包含了第 L122－1 条提及的项目环境影响评价文件要求的事项，且已进行本章第一节和第二节要求进行的咨询，负责规划或计划的行政机关和一个或数个业主可主张单一环境评价程序同时作为规划或计划的环境评价和项目环境评价。当单一咨询程序和公众参与程序适用于规划或计划并同时适用于项目时，环境评价程序应被称为共同程序。当项目应当进行公众调查时，应当适用公众调查程序。

当第 L122－1 条规划或计划中的项目相关负责人以其自身名义、在上述第 1 段规定的条件下进行第 L122－1 条第 5 款提及的公众参与程序和向行政机关进行意见咨询，该业主无须请求环境行政机关发表新的意见，也无须实施新的公众参与程序，这一环境评价程序被称为协同程序。

实施环境评价共同程序和协同程序的方式和条件由最高行政法院提出资政意见后颁布的政令确定。

第 L122－14 条

当项目的实施须进行环境评价的同时还须进行公益申报和项目申报的情况

下，该项目的实施应与第 L122－4 条规定的须进行环境评价的城市规划文件保持一致，否则需要对规划或计划进行修改，当为实现与城市规划文件保持一致性或者对规划或计划进行修改的文件被要求进行环境评价时，可对该环境评价和项目环境评价适用共同程序。

在这种假定下，应当组织公众参与的共同程序。需要对项目本身、对规划或计划的修改或与城市规划文件保持的一致性进行公众调查的，应当适用公众调查程序。

第三章　对影响环境的决定的公众参与

第 L123 –1 – A 条

第三章的规定适用于如下公众参与：

—第 L122 –1 条提及的项目，并在许可申请被提交后；

—第 L122 –4 条提及的规划和计划，并在其通过或批准的最后阶段前；

—其他影响环境的决定。

包括以下参与形式：

（1）依据第 L123 –1 条及其后各条进行的公众调查；

（2）依据第 L123 –19 条通过电子途径对规划、计划和项目实施的公众参与；

（3）依据第 L123 –19 –1 条及其后各条进行的除特别程序以外的公众参与。

第一节　与影响环境的项目、规划与计划相关的公众调查

第一分节　公众调查的适用范围与目的

第 L123 –1 条

进行公众调查的目的在于保障公民的知情和参与，以及在作出第 L123 –2 条提及的可能影响环境的决定时考虑到第三人的利益。业主或者有权作出决定的机关应当听取在公众调查期间收集到的意见和建议。

第 L123－2 条

1. 以下所列各项，在其获得许可、批准或通过之前，应进行由本章的限制性规定所规制的公众调查：

（1）由公法人或者私法人实施的、应当依据第 L122－1 条进行环境评价的施工、工程或整治项目，但以下各项除外：

—创建协调整治区的项目；

—临时性项目或者重要性较小的项目，其清单由最高行政法院提出资政意见后颁布的政令制定；

—需要在环境行政机关进行个案审查后实施环境评价的施工、工程或整治项目的施工许可证和整治许可证的申请，该等许可证的申请文件应当根据第 L123－19 条规定的方式通过电子途径进行公众参与程序；

—大陆架上或专属经济区内的人工岛、设施、工程和附属设施项目。

（2）依据本法典第 L122－4 条至第 L122－11 条或者依照《城市规划法典》第 L104－1 条至第 L104－3 条的规定进行环境评价的规划、纲要、计划和其他规划性文件，且根据现行法律应对其进行公众调查。

（3）创建国家公园或海上自然公园的项目，国家公园宪章与大区自然公园宪章项目，以及本法典第三卷提及的遗迹登记与分类项目以及自然保护区分类与保护范围确定项目。

（4）根据其适用的特别规定，应当按照本章规定的条件进行公众调查的其他城市规划性质的文件以及对施工、工程、整治、规划、纲要和计划的决定。

2. 当本条第 1 款所指的项目、规划或计划须取得行政许可时，该许可仅能以明示的决定形式作出。

3. 为了预防可能立即发生的重大危险而进行的施工或工程，不适用本章的规定。

3－1. 出于国防的必要性，以下各项不适用本章规定：

（1）与国防相关的秘密活动框架内建立的设施，以及必要时与该等设施相关的技术风险预防规划；

（2）《国防法典》第 L1333－15 条提及的、与国防相关的核设施和核活动，由最高行政法院提出资政意见后颁布的政令对废水排放许可有另行规定的除外；

（3）受到国防秘密保护的整治、工程或施工；

（4）由最高行政法院提出资政意见后颁布的政令确定的与国防相关的整

治、工程或施工,以及特别针对上述整治、工程或施工的城市规划文件的批准、修订或修正。

4. 按照本章规定的条件组织公众调查后作出的决定,不得以其本应在《公用征收法典》规定的条件下进行为唯一理由而被认定违法。

5. 公众调查的开展应遵守国防秘密、工业秘密和所有受到法律保护的秘密。可据此对公众调查的开展和实施方式进行调整。

第二分节 公众调查的程序与开展

第 L123 –3 条

需要进行公众调查的,由有权机关作出决定以开展和组织公众调查。

在对地方政府、跨市镇合作性公共机构或者隶属于该等政府和机构的公共机构的项目、规划、计划或其他规划性文件进行公众调查时,公众调查由政府议事机关主席或机构主席开展。但公众调查早于公益申报的,由有权进行公益申报的国家机关作出开展公众调查的决定。

第 L123 –4 条

各省内由行政法院院长或其授权的法官主持的委员会制定具有资格担任委任调查员的人员名单。该名单应予以公示,并至少每年修正一次。任何违反第 L123 –15 条规定的义务的委任调查员可从名单上予以除名。

根据调查活动的性质与重要性,公众调查由 1 名委任调查员或者由调查委员会负责具体实施;调查员或调查委员会由行政法院院长或其授权的法官从上述资格名单中挑选,挑选范围不局限于本法院管辖区内的省内名单。根据第 L121 –16 条至第 L121 –21 条的规定、在保证人的支持下进行事先协商,且该保证人在任意一个委任调查员资格名单上的,行政法院院长可任命该保证人担任该委任调查员。在某一委任调查员无法履职的情况下,行政法院院长或其授权的法官可以命令中止调查,并任命一名替补委任调查员,同时确定继续开始调查的日期。该等决定应告知公众。

第 L123 –5 条

因个人或职务原因与项目有利益关系的人员,尤其是在地方政府、组织或部门内任职并负责对公众调查中相关负责人、工作管理人或相关活动进行监督的,不得被指定为委任调查员或者调查委员会成员。

在最高行政法院提出资政意见后颁布的政令所规定的条件下，第 1 段的规定可以扩大适用于曾经从事过此类工作的人员。

第 L123－6 条

1. 当某一项目、规划或计划的实施需要组织多个公众调查且其中至少有一个调查需依据第 L123－2 条进行时，一旦各有权机关一致同意指定其中某一机关负责开展与组织调查，即可按照本节规定进行单一调查程序。未能达成一致的，只要国家代表有权限对其中一个调查作出许可或批准决定，经业主或负责的公法人请求，国家代表可开展和组织单一调查。

在同等条件下，可以在同一时间对多个项目、规划或计划进行调查，且单一调查有利于公众的知情和参与的，可以进行单一调查。

公众调查的期限不得短于各调查中由相关法律规定用时最长的调查的法定期限。

单一公众调查的案卷材料应当包括所有最初应进行的调查所要求提交的文件和信息，同时也应当包括一份对一个或数个项目、规划或计划的非技术性报告。

单一公众调查应由委任调查员或调查委员会出具唯一一份报告，并从最初要求进行的各个调查的角度对结论说明理由。

2. 按照本条规定的条件组织的公众调查结束后，对作出的决定提出异议的，应根据争议决定适用的特殊规定判断该案卷材料是否符合规定。

第 L123－7 条

在施工项目、工程项目或整治项目可能对欧盟另一成员国或者 1991 年 2 月 25 日在埃斯波签署的《跨国背景下的环境影响评价公约》的缔约国的环境产生显要影响时，应相关国家的要求或者由法国主动采取行动，将有助于公众知情和公众参与的相关信息传达给该国。相关国家受邀参与第 L123－1 条规定的公众调查，或者参与第 L123－19 条规定的通过电子途径进行的公众参与程序。

第 L123－8 条

当某一国家向法国告知可能在法国产生显要环境影响的施工、工程或整治项目以便听取法国的意见时，应通过按照本章规定进行的公众调查向公众征求意见。相关省的省长发布条例以开展和组织公众调查。调查结束后，省长向项目所在国传达其意见。传达意见的同时，应附有委任调查员或者调查委员会的报告和意见。项目所在国的有权机关作出的决定，应在组织调查的一个或数个省的省政府向公众公示。

第 L123 - 9 条

负责开展和组织公众调查的有权机关决定公众调查的持续时间。需要进行环境评价的项目、规划和计划，公众调查的持续时间不得少于 30 日。

不需要进行环境评价的项目、规划和计划，可将公众调查的持续时间缩减至 15 日。

委任调查员或者调查委员会主席可通过决定的方式将调查时间最多延长 15 日，并在决定中说明理由，特别是在延长调查的期间决定组织与公众的信息交流会议的情况下。该决定应最迟于最初决定的调查结束日期之前公布于众，并遵守第 L123 - 10 条第 1 款中规定的条件。

第 L123 - 10 条

1. 开展和组织调查的有权机关应于调查开始前至少 15 日以及在调查过程中向公众告知相关信息。通过在调查相关地点张贴告示的方式和电子信息途径告知公众，并根据项目、规划或计划的重要性和性质在当地予以公布，保障公众知情。

该信息对如下事项予以说明：

—调查的目的；

—调查结束后可能作出的一个或数个决定，以及有权限作出决定的机关；

—委任调查员或调查委员会成员的姓名与资格；

—调查开始的日期、调查的方式与持续时间；

—可供查阅调查案卷的一个或数个网站地址；

—可通过纸质形式查阅的调查案卷和可供公共查阅登记簿的一个或数个地点与时间；

—可通过电子信息设备查阅公众调查案卷的一个或数个地点与时间；

—调查期间公众可提交其意见和建议的一个或数个地址。有电子登记簿的，应详细说明可登录查询登记簿的网站地址。

此外还应指明环境影响报告和环境影响评价文件的存在，如果不存在该等文件，则应指明包含与调查目的相关的环境信息的案卷的存在；如果该等文件可供查阅的网址和地点与案卷可供查询的网址和地点不同，也应指明可查阅该等文件的一个或数个地点和网站地址。如果本法典第 L122 - 1 条第 5 款与第 L122 - 7 条或《城市规划法典》第 L104 - 6 条提及的环境行政机关的意见或本法典第 L122－1 条第 5 款提及的地方政府和地方政府联合体的意见已经发表，还应说明上述意见的存在，以及可查阅该意见的一个和多个地点；如果该等意见可供查询的网站地址与上文中提及的网站地址不同，还应说明可供查询的网站地址。

2. 项目负责人应承担因公众调查的各项公示措施而产生的相关费用。

第 L123－11 条

尽管《公众与行政机关关系法典》第三卷第一编已有相关规定，在公众调查开始前或者在调查期间，任何人都可以通过提出请求且自付相关费用的方式查阅公众调查案卷。

第 L123－12 条

在整个调查期间都可以在线查询公众调查案卷。与此同时，公众也可以通过纸质形式在公众调查开始后确定的一个或数个地点查询案卷。同时还应确保可以在一个向公众开放的地点通过一个或数个电子信息设备免费查看案卷。

如果项目、规划或计划已在第 L121－8 条至第 L121－15 条规定的条件下组织公众听证程序，或者已在第 L121－16 条和第 L121－16－1 条规定的条件下组织事先协商，或者已组织现行文本规定的、允许公众有效参与决策过程的任何其他程序，案卷应包括对该程序的总结，以及对公众提出的意见和建议的概述。在未进行事先协商的情况下，案卷应予注明。

第 L123－13 条

1. 委任调查员或调查委员会进行调查时，应使公众能够掌握有关项目、规划或计划的完整信息，并有效参与到决策过程中。委任调查员或调查委员会应使公众在调查期间能够通过自动电子邮件以及启动调查的条例确定的其他任何方式提出意见与建议。意见和建议可在法规指定的网站上查询。

2. 调查期间，经须进行公众调查的业主申请，委任调查员或者调查委员会主席应当会见该业主。此外，委任调查员或者调查委员会主席还可以：

—收集所有相关信息；如其认为某些文件能让公众更好地知情，还可要求业主向公众传阅该等文件；

—在通知相关场所的所有权人或占有人之后对该场所进行搜查，但居住场所除外；

—听取所有与项目、规划或计划相关的人的意见请求，并召集所有其认为有必要听取意见的人员；

—在业主在场的情况下，主持与公众的信息交流会议。

经委任调查员或调查委员会主席申请且当调查的特殊性有此要求时，行政法院院长或其授权的法官可以指定1名专家鉴定人，负责协助委任调查员或者调查委员会。进行补充鉴定所产生的费用由项目负责人承担。

第 L123－14 条

1. 公众调查期间，如果第 L123－2 条第（1）项所指的项目、规划或计划的负责人认为有必要对项目、规划或计划，对环境影响评价文件或者有关环境影响报告进行实质性修改，开展和组织公众调查的有权机关在听取委任调查员或调查委员会主席的意见后，可以中止调查；调查的中止期限最长为6个月。有权机关仅有一次中止调查的可能。

中止期间，附带包含修改部分的环境影响评价文件或环境影响报告的新的项目、规划或计划文件应提交环境行政机关并由环境行政机关出具意见；根据不同情况，环境行政机关由本法典第 L122－1 条与第 L122－7 条，以及《城市规划法典》第 L104－6 条的规定确定。必要时，上述文件还应通报依据本法典第 L122－1 条第5款被咨询的地方政府和地方政府联合体。中止调查期间届满且在本法典第 L123－10 条规定的条件下已告知公众修改内容的，公众调查的期间应延长至少30日。

2. 根据委任调查员或调查委员会所作的结论，如果第 L123－2 条第1款所指的项目、规划或计划的负责人认为对其项目、规划或计划进行的修改对基本精神所做的改变是适当的，该负责人可请求组织机关就该等修改对项目和对环境带来的益处和弊端进行补充调查。在涉及线性基础设施项目时，可仅在与修改内容相关的领土内安排补充调查。

在进行补充调查的情况下，调查结束后作出决定的期限的起算点推迟至第二次调查结束之日。

在开始进行补充公众调查之前，附带包含修改部分的环境影响评价文件或环境影响报告的新的项目、规划或计划文件应依据本法典第 L122－1 条与第 L122－7 条以及《城市规划法典》第 L104－6 条通报环境行政机关，并依据本法典第 L122－1 条第5款通报被咨询的地方政府和地方政府联合体。

第 L123－15 条

在调查结束之后30日内，委任调查员或者调查委员会提交报告和结论，并对结论说明理由。如果不能遵守该期限，应委任调查员或者调查委员会申请并听取项目负责人意见后,有权限组织调查的机关可以同意延长该期限。

报告应当写明在调查期间产生的意见和建议,以及业主可能的答复。

委任调查员或者调查委员会提交的报告与说明理由的结论应通过电子信息途径在公众调查网站上公示,并在该等报告与结论的纸质文件可供查询的地点以纸质形式公示。

如本条第1款规定的期限届满时委任调查员或者调查委员会没有提交报告和说明理由的结论,也没有说明其超过期限的理由的,在业主同意并在催告委任调查员或者调查委员会后没有效果的情况下,有权限组织调查的机关可以请求行政法院院长或其授权的法官解除委任调查员或者调查委员会的权力,并由新的委任调查员或调查委员会予以代替;新的委任调查员或调查委员会最迟应在获得任命起30日内,在已进行的调查结果的基础上提交报告和说明理由的结论。

新的委任调查员或调查委员会可以行使第L123－13条规定的各项特权。

有权限作出决定的机关可在业主在场的情况下组织公开会议,以回应委任调查员或调查委员会可能提出的反对性保留意见、建议或结论。该会议应当在调查结束后的2个月期限内组织。有权机关应当将召开会议的情况通知委任调查员或者调查委员会。

第L123－16条

如果针对依据委任调查员或者调查委员会对项目提出的不赞成结论作出的决定提出中止执行决定的请求,当诉讼请求包括在预审状态对该决定的合法性产生合理怀疑的理由时,紧急审理程序的行政法官应支持该请求。

对于未进行本章要求的公众调查而作出的决定,紧急审理程序的行政法官应支持所有提出中止执行该决定的请求。

在未能以电子途径对第L123－19条提及的文件实施公众参与的情况下,前段的规定在同等条件下适用。

如果委任调查员或者调查委员会对地方政府或跨市镇合作性公共机构的任何项目得出不赞成结论,均应重新审议并说明理由,并重新说明相关地方政府议事机关或合作性公共机构提出的许可申请或公益申报申请。

第L123－17条

如果已经进行过公众调查的项目在批准决定作出后5年内没有得到实施,应当重新进行调查;在规定的5年期间结束前及在最高行政法院提出资政意见后颁布的政令确定的条件下决定将期限延长的不在此限，此种情况下最多延长5年。

第 L123 – 18 条

项目、规划或计划的负责人承担调查费用，尤其是对委任调查员或调查委员会的补贴。

经一个或数个委任调查员提出请求并说明理由的，行政法院院长或为此获得授权的法官可要求项目负责人支付保证金。该院长或法官确定保证金的数额和支付期限。

第二节　无须进行公众调查的规划、计划与项目的公众参与

第 L123 – 19 条

1. 公众参与以电子途径进行。公众参与适用于：

(1)依据第 L123 – 2 条第 1 款第(1)项，应当进行环境评价且可免于进行公众调查的项目；

(2)依据第 L122 – 4 条到第 L122 – 11 条或者《城市规划法典》第 L104 – 1 条至第 L104 – 3 条应当进行环境评价，且按照对其进行规制的特别规定不要求进行公众调查的规划和计划。

作为前段的例外，水体整治与管理指导大纲、洪水风险管理规划和海洋环境行动规划应当适用公众参与的特别规定。

由有权限许可该等项目或批准该等规划和计划的行政机关开展和组织电子途径的公众参与。

2. 适用于本程序的案卷材料包括与第 L123 – 12 条规定的相同的文件。案卷通过电子途径向公众公示；此外，在政令规定的条件下提出申请，对于包括独立行政机关在内的国家机关和国家公共机构的决定的案卷，可在省政府及其下属政府内查阅纸质案卷，对于涉及其他机关的决定的案卷，可在机关所在地查阅纸质案卷。当决定草案的体积或特点不允许通过电子途径公示时，其简介文件应说明参与程序的目标，并明确可查询草案和申请材料的整体的地点和时间。

应当在规划、计划和项目的电子公众参与开始前 15 日，通过网上通知和在市政厅或相关地点张贴告示的方式通知公众。该通知应提及：

(1)规划或计划草案或项目的许可申请；

(2)有权限作出决定的机关、可获取相关情况的机关、可向其提交意见和问题的机关的联系方式，以及关于发表意见和问题的条件的具体规定；

(3)参与结束后可通过的一个或数个决定，以及有权限作出决定的机关；

(4)指明相关情况可向公众公示的日期和地点，以及公示的条件；

(5)可对案卷进行查询的网站地址；

(6)规划、计划或项目需要进行环境评价的事实；必要时，在第 L123 －7 条规定的条件下可能对另一成员国环境产生显要影响的事实，以及可以查询该报告或环境影响评价文件的地点；

(7)本法典第 L122 －7 条或《城市规划法典》第 L104 －6 条提及的环境行政机关发表的意见，以及可以查询该意见的一个或数个地点。

通过电子途径提出的公众意见和建议应当转达相关的行政机关；转达意见和建议的期间不得少于 30 日，自电子公众参与开始之日起算。

3. 第 L123 －19 －1 条第 2 款最后 3 段的规定和第 L123 －19 －3 条到第 L123 －19 －5 条的规定适用于根据本条实施的公众参与。

第三节　特别程序以外的公众参与

第 L123 －19 －1 条

1. 当公共机关影响环境的决定根据其所适用的法律规定无须适用组织公众参与决定起草的特别程序时，本条定义了《环境宪章》第 7 条规定的公众参与原则适用于公共机关影响环境的决定的条件和限制，但个案决定除外。

本条的规定不适用于修改、延长、撤销或废止前段提及的、适用组织公众参与决定起草特别程序的决定的决定。

当决定对环境的效果是间接或非显著的，该等决定不视为对环境产生影响。

2. 在保留第 L123 －19 －6 条规定的情况下，上述第 1 款提及的决定的草案，附上特别说明项目背景和目标的简介文件，通过电子途径向公众公示；此外，在政令规定的条件下提出申请，对于包括独立行政机关在内的国家机关和国家公共机构的决定的案卷，可在省政府及其下属政府内查阅纸质案卷，对于涉及其他机关的决定的案卷，可在机关所在地查阅纸质案卷。当决定草案的体积或特点不允许通过电子途径公示时，其简介文件应说明可查询草案和申请材料的整体的地点和时间。

对于包括独立行政机关在内的国家在全国范围内的决定，以及国家公共机构在全国范围内的决定，计划的咨询的指示性清单通过电子途径每3个月公示一次。

最迟在本第2款第1段规定的公示之日，将预计进行咨询的方式通过电子途径告知公众。

通过电子或邮政途径提出的公众意见和建议应当转交相关的行政机关，转交意见和建议的期间不少于21日，自本第2款第1段规定的公示之日起算。

在允许听取公众意见和建议并撰写意见和建议概要的期限结束之前，不得最终通过决定草案。除无意见和建议的情况外，该期限不少于4日，自咨询结束之日起算。

在必须进行与所涉决定相关类别人员的代表组成的协商机构的协商，且该协商在公众咨询后进行的情况下，公众意见和建议的概要应先行提交协商机构发表意见。

作出决定的行政机关最迟于决定公布之日且至少3个月的期间内，通过电子途径公布公众意见和建议概要，并应同时指出其已加以考虑的意见和建议、通过电子途径提出的意见和建议，以及通过一份单独的文件列出的决定的理由。

3. 作为上述第2款的例外，公众参与少于10000名居民的市镇的行政机关制定决定的，可按照以下条件进行组织。

通过在市政府张贴告示使公众知晓参与程序的目的、可查询附带简介的决定草案的地点和时间，以及可以在登记簿上提出意见和建议的地点和时间。告示应说明提出意见和建议的期间，该期间不少于21日，自告示张贴之日起算。

在市镇拥有网站的情况下，前段提及的信息和简介文件也应在同样的期间通过电子途径向公众公示；除非决定草案的体积或特点不允许，决定草案也在同样的期间通过电子途径向公众公示。

在听取公众意见和建议的期限届满前，不得最终通过决定草案。除无意见和建议的情况外，该期限不少于4日，自咨询结束之日起算。市长应最迟于决定公布之日且至少1个月的期间内，通过张贴告示的途径公示公众意见和建议的概要，或者以张贴告示的途径说明在同样的期间公众可查阅意见和建议汇编登记簿的地点和时间。

本第3款的规定适用于圣马丁行政区以及圣皮埃尔和密克隆领地行政区机

关的决定，以及总人口少于 30000 名居民的地方政府联合体的机关决定。在此情况下，应在行政区域联合体所在地张贴告示。

4. 作为第 2 款和第 3 款的例外，可在公众会议的框架内组织公众参与少于 2000 名居民的市镇机关制定决定。

通过在市政府张贴公告使公众知晓参与程序的目的以及会议的地点、日期和时间，张贴应在预定召开会议之日前，且张贴期间不少于 8 日。告示说明可查询决定草案的地点和时间。

在听取公众意见和建议期限届满前，不得最终通过决定草案。听取公众意见和建议的期限不少于 4 日，自公众会议之日起算。

在无意见的情况下，该期间不少于 4 日，自咨询结束之日起算。

第 L123－19－2 条

1. 在对第 L123－19－6 条的规定予以保留的情况下，本条定义了《环境宪章》第 7 条规定的公众参与原则适用于公共机关作出的对环境有影响的个案决定的条件和限制，且该等决定不属于特别法律规定已规定应当进行公众参与的情况和条件的决定类型；相应情况下，特别法律规定了按照限度和标准应当进行公众参与的情况和条件的决定类型。改变、延长、撤销或废止属于该类型的决定的决定不适用本条的规定。

当决定对环境的效果是间接或非显著的，该等决定不视为对环境产生影响。

本条规定不适用于：

(1)公共机关对其不具有任何评价权的决定；

(2)催告或处罚性质的决定。

2. 上述第 1 款提及的决定的草案，或者当决定为经申请而作出时的申请案卷材料，应通过电子途径向公众公示。当决定草案或申请案卷的体积或性质不允许其通过电子途径公示时，应当通过电子途径通知公众参与程序的目的，以及草案或申请案卷的整体可供查询的地点和时间。

最迟在前一段规定的公示之日或者知情之日，应当通过电子途径通知公众预计进行的参与程序的形式。

通过电子途径提交的公众意见和建议应当转达相关的公共机关，转达意见和建议的期间不少于 15 日，自公示之日起算。

在听取公众意见和建议期限届满前，不得最终通过决定草案。除无意见和建议的情况外，该期间不少于 3 日，自协商结束之日起算。

3. 作为对上述第 2 款的例外，可按照以下条件组织公众参与少于 10000 名居民的市镇的机关制定决定。

通过在市政府张贴告示的途径让公众知晓参与程序的目的、决定草案以及当决定为经申请而作出时的申请案卷材料可供查询的地点和时间，以及可在登记簿上提交意见和建议的地点和时间。该告示应说明提出意见和建议的期间，该期间不少于 15 日，自张贴之日起算。

在市镇拥有网站的情况下，前段提及的信息在同样的期间通过电子途径向公众公示；除决定草案或申请案卷的体积或特点不允许外，决定草案或申请案卷也在同样的期间通过电子途径向公众公示。

在听取公众意见和建议的期限届满前，不得最终通过决定草案。除无意见和建议的情况外，该期间不少于 3 日，自咨询结束之日起算。

本第 3 款的规定适用于总人口少于 30000 名居民的地方政府联合体的机关的决定。在此情况下，告示张贴在联合体所在地。

本第 3 款的规定还适用于圣马丁行政区以及圣皮埃尔和密克隆领地行政区机关分别作出的决定。

第 L123 – 19 – 3 条

当环境保护、公众健康或公共秩序证明有必要采取的紧急情况不允许组织公众参与程序时，不适用第 L123 – 19 – 1 条和第 L123 – 19 – 2 条的规定。

在该紧急情况证明有必要缩短期间且此举并未使公众参与成为不可能时，可缩短第 L123 – 19 – 1 条第 2 款、第 3 款和第 4 款以及第 L123 – 19 – 2 条第 2 款和第 3 款规定的期间。

第 L123 – 19 – 4 条

根据保护第 L124 – 4 条第 1 款提及的利益的需要，可对第 L123 – 19 – 1 条至第 L123 – 19 – 3 条规定的公众参与方式进行调整。

第 L123 – 19 – 5 条

当不可能在不损害第 L124 – 4 条提及的利益的情况下进行公众参与时，不对第 L123 – 19 – 2 条提及的决定进行公众参与。

第 L123 – 19 – 6 条

在下列情况下，不进行第 L123 – 19 – 1 条至第 L123 – 19 – 5 条规定的公众参与：

1. 当个案决定以外的决定或规划、纲要、计划或规划性文件通过其规定允许公众对根据该等决定、规划、纲要、计划或规划性文件作出的决定可能对环境产生的影响进行评价时，公共机关根据对环境产生影响的个案决定以外的决定或者规划、整体规划、计划或其他规划性文件作出的决定；

2. 在指导方针的框架内作出的个案决定，有权行政机关通过该等指导方针确定其行使作为该等决定前提的评价权的标准，但该等指导方针在第L123－19－1条规定的条件下进行公众参与、对该等决定的说明允许公众评价相关个案决定对环境的影响且不存在例外情形的不在此限。

第L123－19－7条

对本节规定程序的遵守是发放《矿产法典》第L122－1条及其后各条规定的勘查专有执照的条件。

第四节 最终规定

第L123－19－8条

最高行政法院提出资政意见后颁布的政令对本章的适用条件进行规定。

第三(乙)章　可能对环境产生影响的项目的地方咨询

第一节　一 般 规 定

第 L123－20 条

国家可向确定的领土区域的选民进行咨询,以收集其对可能对环境产生影响的基础设施项目或设施项目的意见;该等项目的实施以国家根据其职能发放的许可为前提,包括已进行公益申报的情形。

第 L123－21 条

咨询地区与被该项目的公共调查所覆盖的领土区域相对应;当以不同的法律名义实施了多个公众调查时,咨询地区与该等调查覆盖的全部领土相对应。

调查覆盖的领土由决定开展调查的条例指定为调查地点的市镇领土;当国家行政区划首府也被指定为调查地点时,调查覆盖的领土也包括该区划所包括的市镇领土。

在其他情况下,咨询地区为环境可能受到项目影响的市镇领土。

咨询地区由第 L123－23 条规定的政令指明。

第 L123－22 条

只有拥有法国国籍且在《选举法典》第一卷第一编第二章规定的条件下登记在组织咨询的市镇的选举名单上的选民,以及在《选举法典》第 LO227－1 条至第 LO227－5 条规定的条件下登记在该等市镇为市选举而设立的补充选举名单上的欧盟成员国侨民,才可参与咨询。

第 L123-23 条

咨询由指明咨询的目的、日期和范围，具体说明提出的问题并对选民进行召集的政令决定。政令最迟在咨询之日前两个月颁布。

咨询不得在《地方政府总法典》第 LO1112-6 条第 5 段至第 10 段列举的选举和投票进行之日之前第三个月的第一日之后进行。

第二节 组织咨询

第 L123-24 条

应在省内国家代表颁布第 L123-23 条规定的政令后两个星期内，将该政令通知相关市镇的市长。

与《地方政府总法典》第 2122-27 条第(3)项规定的市长义务相符，市长确保向选民公示信息，并确保在本章规定的条件下组织开展咨询活动。

国家承担咨询的所有费用。

第 L123-25 条

从第 L123-23 条规定的政令颁布之日起算，《选举法典》第 L47 条至第 L50-1条、第 L52-1 条和第 L52-2 条中的禁止性和限制性规定适用于咨询本身及与咨询相关的所有宣传行为。

1977 年 7 月 19 日《关于部分民意测验的公布与传播的第 77-808 号法》的规定也适用于与咨询本身及与咨询相关的所有宣传行为。

第 L123-26 条

国家公众听证委员会编制需进行咨询的项目的信息案卷材料。

该案卷包括以清晰和客观的方式对项目、项目目标、项目特点、程序推进状态、项目对环境的影响以及将会产生的其他效果进行介绍的概要文件。该案卷提及从性质上能使选民更加了解项目的主要文件，并包含可查阅该等文件的网站链接。

案卷在确定的咨询日期至少 15 日之前在公众听证国家委员会网站公布。市长向选民提供可使选民了解到案卷的网络地址。

如果证明有必要采取补充方式向选民公示案卷，第 L123-23 条规定的政令可预先规定向选民公示案卷的补充方式。

第 L123－27 条

国家最迟于咨询前的第三个星期四向每一位选民发放与组织咨询相关的通知书,并附带 2 张选票。

第三节　开展咨询投票

第 L123－28 条

选民通过“是”或“否”表达其对向其提出的问题的意见。

第 L123－29 条

咨询的选举活动由《选举法典》第一卷第一编第六章的规定予以规制,除第 L52－19 条、第 L56 条、第 L57 条、第 L58 条、第 L67 条、第 L68 条第 2 段和第 L85－1 条外,该等条款应作如下调整:

(1)为适用第 65 条第 3 段,下列词语应作调整:

—“写下的姓名”替换为“写下的回复”;

—“名单”替换为“计数纸”;

—“不同的名单和姓名”替换为“矛盾的回复”;

—“同样的名单、同样的候选人二人组合或同样的候选人”替换为“同样的回复”。

(2)为适用第 L66 条第 1 段,“为候选人或为第三人”应替换为“,以及国家提供的选票以外的选票”。

(3)为适用第 L66 条第 3 段,在“该等选票”之后加入“和信封”。

第 L123－30 条

《选举法典》第一卷第一编第七章规定的刑事规定适用于咨询投票,第 L88－1 条至第 L90－1 条、第 L95 条和第 L113－1 条除外。

第 L123－31 条

应在组织咨询的领土辖区人口最多的市镇组成计票委员会,该委员会由 3 名司法官组成。

第四节 其他规定

第 L123－32 条

可以通过市议会成员选举异议申请书中规定的条件、形式和期限,对本章规制的咨询活动的合规性提出反对。

第 L123－33 条

本章的适用方式由最高行政法院提出资政意见后颁布的政令进行规定。

第四章　环境相关信息的知情权

第 L124－1 条

在保留本章规定的前提下，任何人都享有获取第 L124－3 条所指的公共机关掌握、接收或编制的环境相关信息或者为这些机关掌握、接收或编制的环境相关信息的知情权，且在《公众与行政机关关系法典》第三卷第一编的规定确定的条件下行使。

第 L124－2 条

所有用于下列目的的可用信息，不论其以何种形式存在，均视为本章意义上的环境相关信息：

（1）环境要素的状态，特别是空气、大气、水、土壤、土地、景观、自然遗迹、海岸带或海域、生物多样性以及该等要素之间的相互作用；

（2）对上述第（1）项所列环境要素的状态可能产生影响的决定、活动与因素，特别是物质、能源、噪声、辐射、废弃物、排放物、倾倒物和其他抛弃物；

（3）在上述环境要素、决定、活动或因素改变或可能改变人体健康状况、人员的安全与生活条件、建筑和文化遗产的范围内，人体健康状况、人员的安全与生活条件、建筑和文化遗产；

（4）在上述第（2）项所指的决定与活动的框架内进行的成本收益分析以及采用的经济假设；

（5）就环境相关法律与法规的适用情况、由公共机关编制或者为公共机关而编制的报告。

第 L124－3 条

任何人提出申请，均可获得由下列人员或机构掌握的环境相关信息：

（1）国家、地方政府及地方政府联合体和公共机构；

(2)负责与环境相关公共服务的人员,在该等信息与履行该职务相关的范围内。

行使司法权或立法权的组织或机构不受本章规定规制。

第 L124 -4 条

1. 在查阅咨询或沟通环境相关信息将损害以下利益时,在公共机关对该等信息的利害关系进行评估后,可驳回对环境相关信息的申请:

(1)《公众与行政机关关系法典》第 L311 -5 条至第 L311 -8 条提及的利害关系,但第 L311 -5 条第(2)项第(e)项和第(h)项所指的利害关系除外;

(2)与该信息查阅或沟通有关的环境保护;

(3)当自然人在未受法律或法规规定或行政或司法机关文件强制的情况下提供了被申请信息且未同意透露该信息时,该自然人的权益;

(4)对 1951 年 6 月 7 日《关于统计方面的义务、协调与保密的第 51 -711 号法》第 6 条规定的信息的保护。

2. 在对第 L124 -6 条第 2 款的规定予以保留的情况下,公共机关也可驳回以下申请:

(1)对制定过程中的文件的申请;

(2)对公共机关不掌握的信息的申请;

(3)表述方式过于笼统的申请。

第 L124 -5 条

1. 当公共机关收到对第 L124 -2 条第(2)项所指的要素的相关信息的申请时,如申请人要求,公共机关应向申请人指明其可了解数据在编制时采用的方法与手段的地方。

2. 只有在查阅或沟通的相关信息将损害以下利益的情况下,公共机关才能驳回对向环境排放物质的相关信息的申请:

(1)法国对外政策的实施,以及公共安全或国防;

(2)司法程序的开展,或对可能会受到刑事处罚的违法行为的追查;

(3)知识产权。

第 L124 -6 条

1. 驳回对环境相关信息的申请,应将说明理由的书面决定通知申请人,并说明救济途径和期限。《公众与行政机关关系法典》第 L232 -4 条的规定不适用于此。

2. 在依据第 L124－4 条第 2 款第(1)项的规定驳回申请时，该决定应当指明完成文件的期限以及负责编制文件的公共机关。

在依据第 L124－4 条第 2 款第(2)项的规定驳回申请时，必要时该决定应当指明掌握该信息的公共机关。

只有在公共机关事先请申请人明确其申请要求并为此给予帮助后，才可以第 L124－4 条第 2 款第(3)项为依据驳回其请求。

第 L124－7 条

1. 公共机关采取措施以使公众了解其对公共机关所掌握的环境相关信息的知情权，并保障公众能够获取被查询信息。为此，公共机关应当编制其所有的环境相关信息的分类目录或分类查询表并确保其可以被免费获取，同时也应指明该等信息向公众公示的地点。

2. 公共机关保障由其收集或为其收集的环境相关信息准确、及时更新并可用于比照。公共机关组织该等信息的储存，以便通过电子途径进行传播。

第 L124－8 条

本章的实施细则，由听取行政文件查询委员会意见后及最高行政法院提出资政意见后颁布的政令进行规定。该政令定义应当在政令确定的期限内公开传播的相关环境信息类型。政令还确定国家和地方政府各自就其有关事项向公众公示第 L124－3 条提及的并隶属于国家和地方政府或受其监督控制的公共机构和其他人员的清单。

第五章　其他信息模式

第一节　一 般 规 定

第 L125－1 条

1. 任何人都有权获知废弃物的收集、运输、处理、储存与寄存对人体健康和环境的有害影响，以及为了预防或消除该等影响所采取的措施。

2. 该权利主要包括：

(1)废弃物清除设施的经营者传送在第五卷第一编第一章规定的框架内编制的文件，该等文件允许对经营者的活动对公共健康和环境的影响进行监测，并陈述经营者采取的消除或减少废弃物产生的负面影响的措施；

(2)在所有废弃物清除或储存地区，由省长或地区所在市镇或相邻市镇的市议会主动成立的第 L125－2－1 条提及的委员会；该委员会由省长担任主席，省长应该委员会要求，在第五卷第一编或按照第四编(第一章)的框架内安排实施该委员会认为对其施工有必要的监督活动；废弃物清除设施的经营者为了监测其活动对公共健康和环境的影响而编制的文件应通报该委员会；当成立了第 L541－43 条所指的联合体时，设立和运行该委员会的经费由该联合体承担；

(3)市镇、跨市镇合作性公共机构或者《地方政府总法典》第 L2224－13 条所指的地方联合会以及省长制定的并对该等机构有责任采取的废弃物清除措施进行评价的文件；该等文件可供自由查询。

3. 该权利的行使条件，由最高行政法院提出资政意见后颁布的政令进行规定。该政令应特别说明向公众告知这一信息的方式。

4. 在不影响适用《公众与行政机关关系法典》第三卷的规定的条件下适用本条的各项规定。

第 L125 – 2 条

公民享有对其所在的部分领土区域内的重大风险以及与之相关的保护措施的知情权。该权利适用于技术风险以及可预见的自然风险。

对于在其领土内已经制定或通过预防可预见自然风险的规划的市镇,在该等市镇内,市长至少每两年一次通过召开公众会议或通过任何其他适当方法通知民众本市镇内已知的一个或数个自然风险的特点,可能的预防和保护措施,规划的规定,预警方式,救援组织情况,本市镇为应对风险而采取的措施,以及《保险法典》第 L125 – 1 条规定的担保。在通知特别与按照 2004 年 8 月 13 日《关于民事安全现代化的第 2004 – 811 号法》采取的措施有关且不涉及按照《地方政府总法典》第 L2212 – 2 条的规定由市长实施的措施的情况下,以省内国家代表告知市长的信息要素为基础,并在国家有权部门的协助下,由省内国家代表向市长发出通知。

行使该权利的条件,由最高行政法院提出资政意见后颁布的政令进行规定。该政令应特别说明向公众告知救助措施的方式以及张贴这些信息的场所类别。

应当制定特别干预规划的工程或设施的经营者应确保公众对该等工程与设施周边采取的措施的普遍知情。

对于所有工业园区中包含一个或数个由第 L515 – 36 条规定的清单中的设施,由省长成立第 L125 – 2 – 1 条规定的委员会。国家为该委员会履行职务提供资金。本段的适用条件由政令具体规定。

第 L125 – 2 – 1 条

按照第 L512 – 1 条的规定在属于许可制度规制的一个或数个环保分类设施附近,或者在工业和技术方面存在风险的地理区域内,当上述设施引起的或在上述区域内存在的危害、危险和弊端已被证明,省内的国家代表可以从第 L511 – 1 条所保护的利益的角度出发设立一个地区监测委员会。该决定在咨询过具有权限的咨询委员会的意见后作出,但由法律规定设立的情况除外。

国家承担该委员会设立与运行的经费,但参与方之间有特别协议的或者法律对该经费作出规定的除外。

该委员会可以求助于得到承认的专家鉴定人的技能,特别是为了实施第三方鉴定的目的。所有影响到该委员会管辖范围内的设施安全的事件或事故,均应通知该委员会。国家为该委员会履行职务提供资金。

本条的适用条件,特别是该委员会的组成和运行规则,由最高行政法院提出资政意见后颁布的政令规定。

第 L125－3 条

在尊重受法律保护的信息的保密性的前提下，任何人都有权获知第五卷第三编规定的转基因组织的人为扩散可能对公众健康或环境产生的影响。

除对按照第 L535－3 条被认定为保密的信息予以保留外，在欧盟委员会成员国提出反对的情况下，评价报告、许可决定或拒绝发放许可的决定、生物技术高级委员会的意见和共同体机关的决定应在许可程序结束后公开。出于监督义务进行观测而得到结果也应予以公开。

有权限发放许可的行政机关对被公开的信息进行重新整理，并记录在可通过电子途径查阅的登记簿上。

第 L125－4 条

领土内的所有人都享有对空气质量及其对健康和环境的影响的知情权。国家是该权利的行使、信息的可靠性以及信息传播的保证人。该权利依第二卷第二编第一章第二节规定的方式行使。

第 L125－5 条

1. 位于已制定或批准的技术风险预防规划或可预见自然风险预防规划所覆盖的地区内的不动产的出卖人或出租人，或者位于法规定义的地震地区或潜在含氡地区内的不动产的出卖人或出租人，应当向该等不动产的买受人或房屋承租人告知该等风险的存在。

2. 在不动产用于出租的情况下，应当在 1989 年 7 月 6 日《关于改善租赁关系并修订 1986 年 12 月 23 日第 86－1290 号法的第 89－462 号法》规定的条件下并按照其规定的方式向新房屋承租人提供自然和技术风险的状态信息。

由出租人提供的自然和技术风险状态信息应作为《商法典》第 L145－1 条和第 L145－2 条提及的商业租约的附件。

3. 省长通过条例确定适用上述第 1 款与第 2 款规定的市镇名单，以及相关各市镇应当考虑的风险和文件清单。

4. 在某一建筑不动产遭受损失并且按照《保险法典》第 L125－2 条或第 L128－2 条规定可以获得保险赔付款时，该不动产的出卖人或出租人应当书面通知其买受人或房屋承租人在其作为所有权人的整个期间该不动产所受到的所有损失或者其按照本条规定知悉的所有损失。在出售不动产的情况下，该情况应记载于实现买卖的公证文书中。

5. 在本条规定未得到遵守的情况下，不动产的买受人或房屋承租人可以诉请解除合同，或者向法官请求降低价格。

6. 本条的适用条件由最高行政法院提出资政意见后颁布的政令规定。

7. 本条不适用于《农村与海洋渔业法典》第 L323－14 条和第 L411－37 条提及的协议。

第 L125－6 条

1. 特别是在改变土壤用途的情况下，当对土壤污染的认识证明有必要在土地上实施土壤研究和实施以保护公共安全、公共健康或公共卫生和保护环境为目的的污染管理措施时，国家根据其掌握的信息构建包含该等土地的土壤信息区。

2. 省内国家代表收集土壤信息区的规划所在的市镇的市长的意见，以及必要时收集在城市规划问题上有权限的跨市镇合作性公共机构的主席的意见。省内国家代表通知相关土地所有权人。

土壤信息区由省内国家代表通过条例确定。

3. 土壤信息区在一份或数份图像文件上被注明，并应作为城市规划地方规划、代替该方案的城市规划文件或市镇地图的附件。

4. 国家根据其掌握的信息公开以往的工业区和服务活动区的地图。《城市规划法典》第 L410－1 条规定的城市规划证书指明土地是否位于该地图编入的地区内，或者在城市规划证书的审查部门知晓的以往的工业区或服务区内。

5. 本条的适用方式由最高行政法院提出资政意见后颁布的政令规定。

第 L125－7 条

在不影响适用第 L514－20 条和第 L125－5 条的规定的情况下，如果某一块正在进行买卖或租赁交易的土地位于第 L125－6 条提及的土壤信息区内，该土地的出卖人或出租人应当将这一情况书面通知买受人或房屋承租人。按照第 L125－6 条的规定，该土地的出卖人或出租人应向买受人或房屋承租人传达由国家公布的信息。出售文书或者租约应当证明其已履行上述程序。

在未履行该手续且经认定的污染造成土地无法用于合同规定的用途时，买受人或房屋承租人在发现污染的 2 年内，可以选择解除合同，或者根据具体情况要求返还部分买卖价款或降低租金。当恢复土地状态所需费用与买卖价款相当时，买受人也可以要求由出卖人承担恢复土地状态的费用。

本条的适用方式由最高行政法院提出资政意见后颁布的政令规定。

第 L125 –8 条

省内国家代表可以成立监测机构,监测旨在对防止、减少和在可能的情况下补救按照第 L122 –1 条的规定需要进行环境评价的线性基础设施的显要环境负面影响的措施的实施情况。该等机构应当联合相关公共行政机关、经济参与方、代表性工会组织代表和农业联合会代表、地方政府、相关的经认可的环境保护协会,必要时消费者和用户的代表,以及具有环境保护或风险预防的能力和资格的人。

省内国家代表可以规定由线性基础设施的经营者承担研究或专家鉴定的费用。

本条的适用方式由最高行政法院提出资政意见后颁布的政令进行规定。

第 L125 –9 条

在面积超过 2000 平方米、用作办公用途或用于商业活动的场所在订立或续订租约时,租约中应当包括一份有关环境的附件。

该附件的内容由政令规定。

承租人和出租人相互通报有关租赁场所能源消费的所有有用信息。承租人准许出租人进入租赁场所实施改善能耗效益的工程。

该有关环境的附件可规定承租人必须履行的在相关场所内限制能源消费的义务。

本条的规定自 2012 年 1 月 1 日起适用于此日期及其后订立或续订的租约,对于正在履行中的租约,本条的规定于 2010 年 7 月 12 日《关于国家环境义务的第 2010 –788 号法》生效后 3 年开始实行。

第二节　核活动的专门规定

第一分节　知　情　权

第 L125 –10 条

在不影响第 L124 –1 条的规定的适用的情况下,任何人都有权在其周围取得由下列人士掌握的信息:

(1)基础核设施的经营者;

(2)放射性物质运输的负责人。根据规制危险品运输的国际公约和规则、

《交通法典》及该等规范的实施细则，当放射性物质的数量超过了一定限度时，运输需要获得由核安全局或者在放射性物质运输领域拥有权限的外国机关发放的包裹模式运输许可或发货批准，其中包括特别安排的情况。

在第 L124－1 条至第 L124－6 条规定的条件下，该等人员收到或发布的该等信息针对设施或运输会给第 L593－1 条提及的利益造成的风险或弊端，以及为预防或减少该等风险或弊端而采取的措施。

第 L125－11 条

根据第 L125－10 条的规定，对拒绝告知信息的行为，根据 1978 年 7 月 17 日《包括改善行政机关和公众关系的多项措施和行政、社会和财政秩序的多项规定的第 78－753 号法》规定的方式在行政法院提起诉讼。

该法第一编第二章的规定不适用于在第 L125－10 条的基础上告知的信息。

第二分节　核领域的透明度

第 L125－12 条

核领域的透明度包括为保障公众获得如第 L591－1 条具体规定的核安保领域的可靠信息和可获取的信息的权利而颁布的全部规定。

第 L125－13 条

国家保证公众对《公共健康法典》第 L1333－1 条第（1）项定义的核活动相关的风险及其对人体健康、人身安全和环境的影响相关的风险的知情。

国家负责公众对第 L591－1 条定义的核安全和放射性保护的检查方式和结果的知情。国家向公众提供国家领土外实施的核活动在国家领土内造成的后果的信息，特别是在发生事件或事故的情况下。

第 L125－14 条

在本分节，第五卷第九编第一章至第三章、第五章和第六章，以及为适用该等规定而颁布的政令定义的条件下，实施第 L125－13 条提及的进行核活动的人士应当特别尊重所有人可获知与核活动相关的风险，及其对人体健康、人身安全、环境、设施的污水排放的影响相关的风险的权利。

第 L125－15 条

基础核设施的所有经营者每年编制一份报告，包含有关以下事项的信息：

（1）为预防或限制该设施可能对第L593－1条提及的利益带来的风险和弊端而颁布的规定；

（2）在设施范围发生的，按照第L591－5条应履行申报义务的事件和事故，以及为限制该等事件和事故的发展及其对人体健康和环境造成的后果而采取的措施；

（3）设施在环境中的放射性和非放射性排放措施的性质和结果；

（4）存放在设施范围内的废弃物的性质和数量，以及为限制该等废弃物的量及其对健康和环境的影响，特别是对土壤和水的影响而采取的措施。

第L125－16条

第L125－15条提及的报告应提交至基础核设施的卫生、安全和工作条件委员会，该委员会可提出建议。必要时，该等建议可在公示和传送结束时作为文件的附件。

该报告应予以公开。该报告报送本节第三分节规定的地方信息委员会和本节第四分节规定的核安保透明与信息高级委员会。

第L125－16－1条

居住或安置在《国内安全法典》第L741－6条为基础核设施规定的干预特别规划范围内的人，无须提出请求，定期收到事故风险性质、预计的后果、干预特别规划的范围、实施该规划的安全措施和行动的信息。对该等信息的沟通属于本法典第L125－17条规定的地方信息委员会的咨询活动，并由经营者承担费用。

第三分节　地方信息委员会

第L125－17条

所有包含一个或数个第L593－2条定义的基础核设施的地区应当设立地方信息委员会。

该委员会的总体任务是对该地区设施的核安全、放射性保护和核活动对人员和环境的影响领域的监测、知情和商议。该委员会保证其工作成果应以最普遍的方式在最大范围内得到广泛传播。

该委员会至少每年组织一次向全民开放的公众会议。

该委员会可审议所有属于上述第2段提及的权限内的议题。

第 L125－18 条

多个邻近的基础核设施可以成立一个共同的地方信息委员会，或者在每个基础核设施所在的地点可以成立一个该委员会。

第 L125－19 条

自对基础核设施按照第 L593－7 条提出设立许可申请开始，即可成立地方信息委员会。

第 L125－20 条

1. 地方信息委员会包括：

（1）省议会成员、市议会成员或相关市镇联合体和大区议会的审议会议的成员；

（2）省内选举出的国家议会成员；

（3）环境保护协会代表、经济利益代表、代表性工会组织代表及医疗行业代表；

（4）合资格人士。

2. 核安全局代表、其他相关国家部门代表、大区健康机构代表以及经营者代表可通过咨询的方式列席委员会会议。该等代表享有接触其工作的完全权利。

3. 如该地区位于边境省份，应对第 1 款提及的委员会组成予以补充，以包含出身于外国的成员。

第 L125－21 条

地方信息委员会由一个或数个核基础设施周边所在的省的省议会主席以决定的形式设立，或者当该周边跨越多个省时，由多个省的省议会主席共同以决定的形式设立。

省议会主席任命委员会成员。该委员会主席为省议会主席，或者由省议会主席在所有省内地方议员中指定一位担任主席。

第 L125－22 条

如果基础核设施的周边包括清除或储存废弃物的设施，本分节规定的委员会代替第 L125－2－1 条提及的地区监测委员会。

第 L125－23 条

地方信息委员会可被赋予法人资格，并可具有 1901 年 1 月 1 日《关于结社契约的法》所规制的协会的身份。

第 L125－24 条

为履行其职务，地方信息委员会可实施专家鉴定，其中包括流行病学研究，并推进对环境中设施的排放物或抛弃物采取的一切措施与分析。

经营者、核安全局及其他国家部门应履行其职责向该委员会传送所有必要的文件和信息。根据具体情况，第 L125－10 条至第 L125－11 条的规定或《公众与行政机关关系法典》第一卷第二编第四章和第三卷的规定适用于该等传送。

第 L125－25 条

经营者收到以第 L125－10 条的规定为基础提出的请求后，应在 8 日内告知地方信息委员会。在同样的条件下，经营者向该委员会提交对该等请求的答复。

经营者应在最短的时间内将第 L591－5 条提及的所有事件或事故通知该委员会。

第 L125－25－1 条

经地方信息委员会主席要求，经营者组织该委员会成员参观设施，以向该委员会成员展示设施的运行情况。

在发生大于或等于国际核事件分类等级 1 级事件的情况下，自恢复正常安保条件开始，经地方信息委员会主席要求，经营者组织该委员会成员参观设施，以向该委员会成员展示事件的情况，以及为补救和限制事件影响而采取的措施。

第 L125－26 条

核安全局、负责核安全或放射性保护事务的部长可就所有基础核设施周边的相关项目咨询地方信息委员会。

所有需要进行公众调查且公众调查得以依法组织的项目都必须咨询该委员会。

所有对《国内安全法典》第 L741－6 条提及的、为基础核设施而定义的干预特别规划的修改，都应当咨询地方信息委员会。

第 L125－27 条

地方信息委员会可提请核安全局和负责核安全或放射性保护事务的部长审议所有与该委员会设立所在的相关地区的核安全和放射性保护相关的问题。

第 L125－28 条

在环境领域拥有权限的省级委员会可提请地方信息委员会就所有与该委员会职权范围相关的问题发表意见；地方信息委员会也可就所有与《公共健康法典》第 L1416－1 条提及的卫生和技术风险的相关问题发表意见。

第 L125 – 29 条

地方信息委员会和本节第四分节规定的核安保透明与信息高级委员会共享其职务范围内的所有有用情况，并促进共同的信息行动。

第 L125 – 30 条

如果包括一个或数个第 L593 – 2 条提及的基础核设施的机构的卫生、安全和工作条件委员会所任命的代表提出请求，地方信息委员会如认为有必要，可听取该等代表的意见。

该委员会也可主动听取该等代表的意见。

第 L125 – 31 条

1. 地方信息委员会的经费由下列机构提供：

—国家；

—地方政府和地方政府联合体。

2. 如果地方信息委员会被赋予法人资格，除国家、地方政府和地方政府联合体可向其分配的补助金外，该委员会可接受《2000 年财政法》(1999 年 12 月 30 日第 99 – 1172 号)设立的税收收入的一部分。

3. 该委员会账目接受大区审计法院的检查。

第 L125 – 32 条

各地方信息委员会可组成一个联合会；该联合会采取 1901 年 1 月 1 日《关于结社契约的法》所规制的协会的法律形式，负责在国家机关和欧洲机关面前代表各委员会，并就具有共同利益的问题向各委员会提供帮助。该联合会的收入主要来自国家支付的补助金和作为其成员的委员会缴纳的会费。

第 L125 – 33 条

本分节的适用方式由最高行政法院提出资政意见后颁布的政令规定。该政令规定委员会取得法人地位所必须满足的具体条款。

第四分节　核安保透明与信息高级委员会

第 L125 – 34 条

核安保透明与信息高级委员会，是与核活动相关风险和该等活动对人体健康、环境和核安保的影响有关的信息、商议和辩论机构。

以此名义，该高级委员会可对所有该等领域的问题以及与之相关的检查和信息发表意见。

该委员会也可审议所有与核安保信息可获取性相关的问题，并提议所有从性质上可保障或改善第 L125－12 条规定的透明度的措施。

最后，负责核安全事务的部长、国民议会和参议院具有权限的委员会的主席、议会科学和技术选择评价办公室主席、地方信息委员会主席或基础核设施经营者可向该委员会审议就所有与核安保及其检查有关的信息提出相关问题。

第 L125－35 条

核安保透明与信息高级委员会为履行其职务，可开展必要的专家鉴定，也可组织对抗性辩论。

该委员会定期组织与放射性核物质和废弃物的可持续管理相关的商议和辩论。

核活动负责人、核安全局和其他国家部门向该委员会传送对其履行职务有用的所有文件和信息。根据具体情况，第 L125－10 条至第 L125－11 条的规定或《公众与行政机关关系法典》第一卷第二编第四章和第三卷的规定适用于该等传送。

第 L125－36 条

核安保透明与信息高级委员会对其意见予以公布。

该委员会编制年度活动报告，并予以公布。

第 L125－37 条

1. 核安保透明与信息高级委员会成员任期 6 年，该等成员属于下列类别：

（1）2 名由国民议会指定的国民议会议员和 2 名由参议院指定的参议员；

（2）地方信息委员会代表；

（3）环境保护协会代表和《公共健康法典》第 L1114－1 条提及的协会的代表；

（4）负责核活动的人士的代表；

（5）代表性雇员工会组织的代表；

（6）因其科学、技术、经济或社会能力或因从事信息沟通事务而入选的人员，其中 3 名由议会科学和技术选择评价办公室主席指定，1 名由科学院指定，1 名由道德与政治科学学院指定；

（7）核安全局、其他相关国家部门和放射性保护与核安全研究院的代表。

2. 该高级委员会的主席，在该高级委员会成员中的议员、地方信息委员会代表和因其能力而入选的人之中任命。

第 L125－38 条

除核活动负责人的代表外，核安保透明与信息高级委员会的成员从其开始任职之日发表公开申报，说明其与在该高级委员会职权范围内活动的企业或组织的直接或间接的联系。

第 L125－39 条

履行核安保透明与信息高级委员会职务的经费计入国家预算。

第 L125－40 条

本分节的适用方式，特别是第 L125－37 条第 1 款第(2)项至第(7)项所列举的每一类别的成员的数量，由最高行政法院提出资政意见后颁布的政令规定。

第六章　项目申报书

第 L126 –1 条

在施工、整治或工程等公共项目已经按照本编第三章的规定进行公众调查之后，负责该项目的国家机关，或者负责该项目的地方政府或公共机构的议事机关，应当采用项目申报书的形式对计划实施的项目活动所具有的公益表达意见。

项目申报书应当写明在提交调查的案卷中原已载明的活动目的，并包含证明该项目公益性质的理由和考量。项目申报书应考虑环境影响评价文件、环境行政机关的意见、按照第 L122 –1 条第 5 款接受咨询的地方政府和地方政府联合体的意见以及公众咨询的结果。必要时，项目申报书应指明在并未影响基本精神的情况下，根据公众调查的结果对项目进行的主要修改的性质与理由。

公众调查结束后 1 年内未提交项目申报书的，在未进行新的公众调查的情况下不得实施活动。

在未提交项目申报书的情况下，不得发放任何施工许可。

如果施工自项目申报书公布起 5 年内未开工，该申报书失效。但是如果事实和法律情况未发生变化，在 5 年的期间结束之前按照与原申报书相同的形式提交项目申报书，即可将期间延长一次且无须进行新的公众调查，延长的期间与原期间相同。

项目申报书按照最高行政法院提出资政意见后颁布的政令规定的条件予以公布。

第七章　与地理信息基础设施相关的规定

第一节　一 般 规 定

第 L127 -1 条

在不影响本法典第一卷第二编第四章的适用的情况下，本章适用于以下地理数据系列：

—由公共机关或以其名义掌握的；

—电子格式的；

—有关法国拥有或者行使其职能的地区的；

—与欧洲议会与欧盟理事会 2007 年 3 月 14 日《关于在欧盟内建立地理信息基础设施（INSPIRE）的第 2007/2/CE 号指令》附件一、附件二和附件三所载的一个或多个主题有关的。

以下词汇在本章具有如下意义：

（1）“地理信息基础设施”：元数据，地理数据系列与地理数据服务；网络服务与技术；有关共享、获取和使用数据资料的协议；按照本章的规定建立、开发或交付使用的数据资料的协调与跟踪机制、过程与程序；

（2）“地理数据”：直接或间接参照特定地点或地理区域的一切数据；

（3）“地理数据系列”：地理数据的可识别性编写；

（4）“地理数据服务”：借助于在地理数据系列或者与之相关的元数据内储存的空间数据信息的运用可以执行的操作；

（5）“地理对象”：对与特定地点或地理区域相联系的现实现象的抽象介绍；

（6）“元数据”：描述地理数据系列及地理空间数据服务并使其可以被查找、汇总与使用的信息；

(7)“互用性”:将地理数据系列与服务互动结合的可能性,无须重复手动干预就能使结果一致并且使数据系列与服务的增加值得到加强;

(8)“地理信息基础设施门户网站”:可以获取第 L127－4 条所指的服务的因特网网站或类似网站;

(9)“公共机关”:第 L124－3 条所指的公共机关或者为其利益开展活动的任何人;

(10)“第三人”:第(9)项所指的公共机关以外的任何自然人或法人。

当同一地理数据系列的多份完全一致的副本由多个公共机关或者以多个公共机关的名义持有时,本章的规定只适用于用于提取不同副本的参照版本。

本章规定也适用于与在上述第 1 段所指的数据系列中所包含的数据相关的地理数据服务,以及按照第 L127－5 条的规定将第 L127－4 条所指的网络交其使用的第三人持有的地理数据系列与地理数据服务。

但是只有当法律规定要求必须收集或发布某一市镇或以其名义持有的地理数据系列时,本章的规定不适用于该等数据。

第二节 元 数 据

第 L127－2 条

公共机关应当按照欧盟理事会 2008 年 12 月 3 日《第 1205/2008 号条例》规定的适用条件,为第 L127－1 条所定义的地理数据系列及地理数据服务建立并及时更新元数据。

该等元数据应包括以下信息:

(a)有关地理数据系列符合本章第三节所指的互用性的适用条件的信息;

(b)有关获取和使用地理数据系列与地理数据服务所适用的条件,以及必要时相关费用的信息;

(c)有关地理数据系列质量和有效性的信息;

(d)有关负责建立、管理、维护与发布地理数据系列与地理数据服务的公共机关的信息;

(e)有关限制公众获取及限制理由的信息。

第三节 地理数据系列与地理数据服务的互用性

第 L127 –3 条

公共机关按照符合 2007 年 3 月 14 日《第 2007/2/CE 号指令》配套规则所确定的互用性技术模式的方式实施数据系列与数据服务。

公共机关实施第 L127 –1 条意义上的互用性的运用模式的日程，以及必要时进行该条意义上的数据系列与数据服务协调的日程，由负责环境事务的部长发布条例作出具体规定，同时应当区分新收集或深度重组的地理数据系列及相应的地理数据服务，以及其他地理数据系列和地理数据服务。

第四节 网 络 服 务

第 L127 –4 条

1. 公共机关建立并运行提供以下服务的网络，该网络涉及按照本章的规定建有元数据的地理数据系列与地理数据服务：

(a) 可以在相对应的元数据内容的基础上识别地理数据系列与地理数据服务以及显示元数据内容的搜索服务；

(b) 至少可以显示数据、浏览、改变比例、全貌选取或者重置多个系列的可查询数据，以及显示图例与元数据相关内容的咨询服务；

(c) 可以下载地理数据系列的副本或该等系列的一部分的副本，以及在可能的情况下直接接入这些数据的下载服务；

(d) 为实现互用性而允许传输地理数据系列的传输服务；

(e) 可以呼叫地理数据服务的服务。

该等服务对用户在相关方面的要求加以考量，且应易于使用并可供公众通过因特网获取。

这些服务遵守法规规定的有关元数据、网络服务以及互用性的义务的实施规则；该等法规依据 2007 年 3 月 14 日《第 2007/2/CE 号指令》、特别是 2009 年 10 月 19 日《第 976/2009 号条例》的规定制定。

2. 为了提供上述第1款第(a)项所指的各项服务，应当实行以下搜索标准的最低程度的结合：

(a)关键词；

(b)地理数据服务与地理数据系列的分类；

(c)地理数据的质量与有效性；

(d)本章第三节所指的互用性执行模式的一致性的程度；

(e)地理位置；

(f)获取和使用数据系列和数据服务的适用条件；

(g)负责建立、管理、维护与发布数据服务与数据系列的公共机关。

3. 上述第1款第(d)项所指的传输服务应与第1款所指的其他服务相结合，使这些服务的开发符合本章第三节所指的互用性的实施模式。

第 L127－5 条

国家向公共机关提供必要的信息，使公共机关能够将其属于第L127－1条所指的地理数据系列和地理数据服务及相应的元数据与第L127－4条第1款所指的网络相连接。

当第三人持有的地理数据系列和地理数据服务遵守本章有关元数据、网络服务和互用性的实施规则，公共机关在现有技术的界限内且以不引起第三人负担过高的额外费用为保留条件，向提出请求的第三人提供将其地理数据系列和地理数据服务与第L127－4条所指的网络连接的技术可能性。

第 L127－6 条

公共机关在对通过因特网开放地获取地理数据系列和地理数据服务与受限制地或附条件地获取该等数据系列和服务相比对公众具有的益处进行评估以后，可以限制获取以下条文所指的数据：

(1)第L127－4条第1款第(a)项，如其有可能损害第L124－5条第2款所表述的某种利益；

(2)第L127－4条第1款第(b)项至第(e)项，以及第L127－7条所指的获取电子商务服务，如果其有可能损害第L124－4条第1款所表述的某种利益。

只有在公众通过因特网获取该等数据可能损害第L124－5条第2款所表述的某种利益时，上述第(2)项所指的限制才适用于有关向环境中进行物质排放的地理数据系列和地理数据服务。

第 L127－7 条

公共机关可以通过第 L127－4 条第 1 款第(a)项与第(b)项所指的因特网免费向公众提供搜索与咨询服务。

第 L127－4 条第 1 款第(b)项所指的因特网服务可以外接以特定格式进行的查阅,该格式排除对地理数据资料和地理数据服务的任何下载或拷贝并防止再用于其他商业目的。

除提出专门的电子商务服务之外,通过第 L127－4 条第 1 款第(b)项、第(c)项和第(e)项所指的因特网提供服务的公共机关可以规定获取该等服务应当交纳使用费,或者需持有在《公众与行政部门关系法典》第 L323－1 条、第 L323－2 条、第 L324－1 条至第 L324－5 条、第 L325－1 条至第 L325－4 条、第 L325－7 条和第 L325－8 条的规定所具体规定的条件下取得的经营许可证。在此情况下,公开提供地理数据系列和地理数据服务并不被视为上述法典第 L311－1 条和第 L311－2 条意义上的公开发布。

但是只有当使用费对确保维护地理数据系列及对应的服务确有必要时,特别是涉及至少每月进行更新的特别大的数据量时,公共机关在通过第 L127－4 条第 1 款第(b)项所指的因特网提供咨询服务时,才能就其数据系列的咨询收取使用费。

第五节 公共机关之间的数据共享

第 L127－8 条

1. 为了执行与环境有关的公共服务任务,公共机关可以获取其他公共机关持有的本章意义上的地理数据系列和地理数据服务,可以共享、交换与使用该等数据与服务,但以该等数据系列和服务与执行该任务有关为限。

但是在公共机关执行具有工商业性质的公共服务任务时,不适用本节的规定,同时也不适用于公共机关在执行此类任务时产生或收到的地理数据系列和地理数据服务。

2. 任何从使用的角度可能对公共机关之间获取和共享地理数据系列和地理数据服务造成实际妨碍的限制行为,一律予以禁止。

提供地理数据系列和地理数据服务的模式,由最高行政法院提出资政意见后颁布的政令进行具体规定。

3. 为执行与环境有关的公共服务任务，本节意义上的公共机关相互之间获取和共享地理数据系列和地理数据服务也对欧盟其他成员国的公共机关开放，并且按照互惠原则对按照欧盟与欧盟其他成员国作为签字方的国际协定建立的机关开放，但以该等数据系列和服务与执行该任务有关为限。

共同体的机构和机关获取地理数据系列和地理数据服务由欧盟理事会2010年3月29日第268/2010号条例进行具体规定。

4. 如果获取和共享本节意义上的地理数据系列和地理数据服务有可能损害第L124－5条第2款所表述的某种利益，公共机关可以对该等获取和共享进行限制。

第L127－9条

公共机关可以规定对第L127－8条所指的获取或共享地理数据系列和地理数据服务交纳使用费，或者规定须持有在《公众与行政部门关系法典》第323－1条至第325－8条的规定所具体规定的条件下取得的经营许可证，不论该法典第321－2条最后1段有何相反的规定。

为履行环境领域的欧盟立法规定的汇报义务而向欧盟机构与机关提供的地理数据系列和地理数据服务，无须交纳费用。

交纳使用费和发放许可证的条件，由最高行政法院提出资政意见后颁布的政令进行具体规定。

第六节　其他规定

第L127－10条

1. 在将建筑物划分成小地块和描绘建筑物的问题上，以地籍平面图为参考数据。

2. 为建立国家或地方的地理参考数据库，具有建立该等数据库职责的地方政府及其相应的公共机构可以设立，包含有关地块划分和地块地址的信息的数字数据库，必要时可同时进一步与其他公私人士拥有的、包含个人性质的数据的数据集互联。

具有建立该等数据库使命的地方政府及其相应的公共机构可以向所有公私

人士公开作为参考的国家或地方地理数据库所包含的信息，包括通过电子途径予以公开。

除了与划分成小地块和地块地址相关的信息外，该等作为参考的国家或地方地理数据库不得包含任何个人性质的信息。

3. 对该等数据库和可能被传播的信息的建立方式在国家信息技术与自由委员会发表意见后、由最高行政法院提出资政意见后颁布的政令进行具体规定。

4. 本条适用于法兰西共和国全部领土。

第三编 机 构

第一章 在环境保护领域活动的机构

第 L131 -1 条

受本法典规制的国家公共机构的管理委员会三分之二的成员提出请求并在该请求拟附属的一个或数个国家公共机构发表意见后,受本法典规制的国家公共机构可附属于一个或数个国家公共机构,以便共享服务和资金。

各机构共享的服务和资金由政令进行规定。

在附属的情况下,各机构保持其法人人格和财务独立。

第一节 环境与能源监控署

第 L131 -3 条

1. 环境与能源监控署是工商业性质的国家公共机构。

2. 该公共机构在以下各领域开展活动,特别是引导和组织在下列领域的研究、服务、信息沟通和实施激励措施:

(1)空气污染的预防和防止;

(2)预防废弃物产生,其中包括防止食物浪费;废弃物管理;向循环经济转型;土壤保护以及受污染地区的恢复原状;

(3)因经营者不采取行动或担保不足而须采取必要行动时,对 1992 年 7 月 14 日之后取得许可的最终废弃物存储设施进行重整与监督;

(4)实现能源与原材料的节约和可再生能源、特别是植物能源的开发;

(5)开发清洁能源与节约能源的技术;

(6)防止噪声污染。

3. 环境与能源监控署协调与水务局在具有共同利益的领域里开展的行动。

4. 环境与能源监控署为履行其职务，在每一大区均设立一个代表处。

第 L131－4 条

环境与能源监控署管理委员会由以下成员组成：

（1）国家代表；

（2）议会成员；

（3）地方政府代表；

（4）合资格人士、依据第 L141－1 条的规定经认可的环境保护协会的代表以及相关行业团体代表；

（5）在 1983 年 7 月 26 日《关于公共部门民主化的第 83－675 号法》第 4 条第 2 段规定的条件下的人员的代表。

第 L131－5 条

环境与能源监控署下设一个科学委员会，其人员组成由负责环境、研究与工业事务的部长共同通过条例决定。

第 L131－5－1 条

《海关法典》第 266 条提及的税收收入在 2011 年 12 月 28 日《关于 2012 年财政的第 2011－1977 号法》第 46 条第 1 款规定的最高额度内拨给环境与能源监控署作为经费。

第 131－6 条

环境与能源监控署可以发放补助金，也可以垫付预支款而后得到偿还。

环境与能源监控署可特别收取其赞助的新发明与新方法的使用费，提供的服务的使用费，以及税收收入。

第 L131－7 条

第 L131－3 条至第 L131－6 条的适用条件由最高行政法院提出资政意见后颁布的政令规定。

第二节 法国生物多样性署

第 L131－8 条

设立被称作“法国生物多样性署”的行政性质的国家公共机构。

该署在陆地、水生和海洋环境等领域致力于如下目标：

(1)生物多样性保护、管理和修复；

(2)与生物多样性相关的对生态系统的认知、资源、使用和服务的发展；

(3)对水资源的平衡管理和可持续的管理；

(4)打击生物掠夺。

该署向国家、地方政府和地方政府联合体在其权限范围内推行的政策的制定、实施和评价提供科学、技术和财政支持。该署支持和评价促进实现该机构所追求的目标的公法人和私法人的行动。该署促进建立该等人士自主行动的网络，并帮助发展生物多样性经济。该署支持生物多样性领域的绿色增长和蓝色增长的部门，特别在生态工程学和生物拟态学领域。该署确保对气候变化对生物多样性的影响进行评价，并在1992年5月9日于纽约签署的《联合国气候变化框架公约》解决方案进程的框架内监测法国在该领域的行动情况。

该署就制定第L110－3条定义的生物多样性国家政策向国家提供支持，确保监测该政策的实施，并将该署活动列入该政策和第L211－1条定义的目标的框架内。该署推进可能对生物多样性和水资源产生影响的其他国家政策的一致性。

该机构的活动范围涉及法国本土、由《宪法》第73条规制的行政区、圣马丁行政区、圣皮埃尔和密克隆领地行政区和法属的南半球和南极洲领地的全部陆地、水和海洋环境，包括在国家主权或司法管辖权范围内的水资源和属于公海海域或大陆架的空间。

经圣巴泰勒米、瓦利斯和富图纳群岛、法属波利尼西亚、新喀里多尼亚及其各省请求，该署也可以在该等行政区进行活动。活动的选择、组织和实施由各方之间协议规定。

大区内国家代表、省内国家代表和海军军区司令监督该机构的活动与国家行政部门和其他公共机构的活动间的一致性和互补性，特别是与地方政府相关的活动。

法国生物多样性署和地方政府在共同利益范围内协调其行动。大区和法国生物多样性署可共同建立被称作“大区生物多样性署”的地方代表团；各省可以各省对自然敏感空间具有职权的名义与该等地方代表团合作。该等代表团行使法国生物多样性署除环境治安职能以外的全部或部分职能。该等代表团可构成《地方政府总法典》第L1431－1条提及的环境合作性公共机构。在海外省和海外地方行政区，该等代表团可由本条提及的多个行政区提出请求后成立，并在该等行政区的全部或部分领土内履行职权。

第 L131 -9 条

在法国生物多样性署的职权框架内,履行以下职务:

(1)联系科学界和知识生产机构现有数据库,发展认知水平:

(a)实施、鼓励和参与生物多样性、水资源、水环境、水环境用途和水分配及净化的公共服务有关的信息系统的数据收集、导航或技术协调;

(b)实施和支持研究计划和前景预测计划,促进识别在保护或修复方面的认知需求与行动需求;

(c)与法国生物多样性研究基金会联系,实施和支持研究计划。

(2)技术和行政支持:

(a)技术和专家支持,对科学技术与良好的实践经验交流的组织与分享,国家植物学研究院的技术协调;

(b)对负责管理水资源、生物多样性和自然空间的其他公共机构的提供技术和行政协助,特别是通过设立共同部门的方式;只有在相关机构的管理委员会以三分之二多数决定提出请求时,才能设立上述部门;

(c)向国家部门、地方政府和负责管理水资源、生物多样性和自然空间的公共机构推行的公共政策提供技术和专家支持;

(d)向国家部门、地方政府和负责管理水资源、生物多样性和自然空间的公共机构实行的防止引入和发展入侵性物种的规划提供技术和专家支持;

(e)向社会经济参与方实施的有利于生物多样性的行动提供技术和专家支持;

(f)向监测欧盟条例和指令以及国际公约的实施提供支持,参与制作该等条例、指令和公约规定的报告,并在与法国发展署和法国世界环境基金商议的情况下,参与和支持欧洲或国际机构及一些合作活动;

(g)向跨境生态连续性保护和法国及邻国的地区合作行动提供支持。

(3)财政支持:

(a)向有利于生物多样性和水资源可持续管理与平衡管理的项目提供财政资助;

(b)为水文地理流域之间的财政互助提供保障,特别是有利于科西嘉岛、海外省、海外领地和新喀里多尼亚流域的保障。

(4)教育和交流:

(a)参与和支持教育行动,特别是在国家教育、高等研究教育和农业教育的框架内；

(b)构建生物多样性和生态服务行业；

(c)促进公众的交流、知情和敏感意识；

(d)配合公民动员和志愿服务的发展。

(5)对受保护地区的管理或支持。

(6)在与有权公共机构在共同工作联合体的框架下，促进履行水资源与环境领域的行政管制与司法管制任务。

被分配到法国生物多样性署、履行水资源和环境行政管制任务的公务人员，在第一卷第七编第一章规定的条件下协助省内国家代表和海上国家代表。在第L172－1条和第L172－2条规定的条件下，该等公务人员在共和国检察官的领导下、在其职权范围内履行其司法管制职能。

(7)配合和跟踪获取基因资源的机制，以及公平和公正地共享使用基因资源的益处。

(8)监测对生态多样性损害的补救措施。

第L131－10条

法国生物多样性署由管理委员会进行管理，该管理委员会包括：

(a)第一小组，代表至少半数的成员，由国家代表、在该机构权限领域内工作的国家公共机构的代表以及合资格人士组成；

(b)第二小组，包括相关经济部门代表、经认可的环境保护协会或环境教育协会的代表，以及自然空间管理人的代表，其中应包括1名位于海外自然空间的管理人；

(c)第三小组，包括地方政府和地方政府联合体的代表，其中包括1名海外代表；

(d)第四小组，包括2名国民议会议员和2名参议员，其中至少包括1名海外领土代表；

(e)第五小组，由该机构工作人员中选举出的代表组成。

管理委员会的组成应包括5名海外生态系统流域的代表，每个流域至少1名代表。

管理委员会的组成应使得成员中男性数量与女性数量之差不超过1人。当某一组织被要求指定不只1名管理委员会成员时，该组织在指定时应确保被指定的男性数量和女性数量之差不超过1人。同样的规则适用于指定合资格人士。

经管理委员会提议,由部长委员会发表意见后颁布的政令在管理委员会成员中确定管理委员会的主席职位。

第 L131 – 11 条

法国生物多样性署在其管理委员会下设立一个科学委员会。

该科学委员会包括高比例的海外生物多样性专家。

第 L131 – 12 条

在法国生物多样性署管理委员会下设立一个由与海洋和海岸环境相关的不同主体代表的指导委员会,由法国生物多样性署管理委员会决定该指导委员会的人员组成和运行方式。经管理委员会授权,该指导委员会可拥有与海洋和海岸环境相关的权限。在该指导委员会确定的条件下,该指导委员会可将部分权限交由第 L334 – 4 条规定的海洋自然公园管理委员会行使,但管理委员会予以反对的除外。

在法国生物多样性署管理委员会下设立一个由与淡水环境相关的不同主体代表的指导委员会,由法国生物多样性署管理委员会决定该指导委员会的人员组成和运行方式。经管理委员会授权,该指导委员会可拥有与淡水环境相关的权限。

在法国生物多样性署管理委员会下设立一个由与海外生物多样性、所有海外省和海外领土以及法属南半球和南极洲领地行政部门相关的不同主体代表的指导委员会,由法国生物多样性署管理委员会决定该指导委员会的人员组成和运行方式。经管理委员会授权,该指导委员会可拥有与海外生物多样性相关的权限。

该等指导委员会的组成,应使成员中男性的数量和女性的数量之差不超过 1 人。当某一组织被要求指定不只 1 名委员会成员时,该组织在指定时应确保被指定的男性数量和被女性数量之差不超过 1 人。

管理委员会可授权指导委员会和法国生物多样性署负责的其他被保护空间的管理委员会行使其部分职权。

第 L131 – 13 条

法国生物多样性署由一个总领导部门进行领导。

第 L131 – 14 条

法国生物多样性署的收入由以下各项组成:

(a)国家的补助金和分摊额;必要时也包括海洋保护区管理人以及地方政府和地方政府联合体的补助金和分摊额;

(b)第 L213 -9 -2 条第 5 款规定的水务机构的分摊额;

(c)所有公共或私人资助;

(d)捐赠和遗赠;

(e)在其职务框架内的出售和补给的收益;

(f)服务费;

(g)合同和协议的收益;

(h)动产和不动产的收入;

(i)转让的收益;

(j)一般情况下所有得到法律法规许可的收入。

第 L131 -15 条

第 L213 -10 -8 条第 5 款提及的计划包括:作为收入的该条第 5 款提及的付款,以及作为支出的由法国生物多样性署以该计划的名义提供的总额至少等于付款总额的资助。该计划的战略和财务方向,特别是年度预期计划,应当提交包含不同地方参与方的战略指导与监测委员会发表意见。每年向国家水务委员会提交上述规划的实施纪要。

第 L131 -16 条

在实施第 L213 -10 -8 条第 5 款提及的计划的框架内,法国生物多样性署向公法人和私法人提供直接或间接的财务资助。

第 L131 -17 条

本节的适用条件由最高行政法院提出资政意见后颁布的政令规定。

第二章　部分机构的共同规定

第 L132－1 条

环境与能源监控署、国家森林资源办公室、海岸带与湖岸带研究院、法国生物多样性署、国家水务机构、国家狩猎与野生动物办公室、国家古迹中心以及国家放射性废弃物管理局对于直接或间接地损害该等机构所保护的利益并构成违反有关保护自然和环境、改善生活环境、保护水、空气、土壤、遗迹与景观、城市规划或者防治污染与危害的法律及其实施细则的违法行为，可以行使民事诉讼当事人的权利。

在不影响对受到的其他损失进行追偿的情况下，上一段提及的、在事实上或者财务上参与活动的公法人有权要求业主偿还其支付的费用。

各农业联合会、大区自然公园、国家森林所有权中心、由第 L412－10 条第 1 段规定为获得在了解居民共同体利益的情况下给予的事先同意而由最高行政法院提出资政意见后颁布的政令指定的法人，以及章程中规定其在保护传统认知领域活动且已规定合法成立至少 3 年以上的协会，也有权在上述条件下行使民事诉讼当事人权利。

第 L132－2 条

在公共机关权力在环境保护与空间管理方面提起的诉讼涉及农村空间时，农业与森林领域的代表性工会组织、农业联合会、国家森林资源办公室和国家森林所有权中心在现行法律与条例规定的框架下被传唤参与该等诉讼。

第 L132－3 条

只要相关义务以维持、保护、管理或修复生态多样性或生态功能为目的，为了让不动产所有权人或者财产后续所有权人承担费用的情况下产生在其看来有益的对物义务，不动产所有权人可与为保护环境而行动的公共共同体、公共机构或私法人签署合同。

环境方面的对物义务可用于补偿目的。

合同中应包含义务的期间、合意内容以及修改和解除的可能性。

不得对以合法有效的形式订立的、产生对物义务的合同征收注册税,也不得对其征收《税务总法典》第662条和第663条分别规定的土地公示税。

只有在承租人事先同意并保留第三人权利的情况下,农村租约土地的所有权人才可履行环境方面的对物义务,否则该租约绝对无效。请求承租人同意后2个月内未收到回复的,视为承租人同意该请求。承租人拒绝应当说明理由。履行环境方面的对物义务,不得在任何情况下对开展狩猎的相关权利及狩猎保护的相关权利提出异议。

第三章　国家生态转型委员会

第 L133－1 条

国家生态转型委员会的主席为负责生态的部长或其代表。

国家生态转型委员会可决定在其内部设立常设特别组织。

第 L133－2 条

可向国家生态转型委员会咨询下列事项：

(a)主要与能源或环境相关的法律草案；

(b)与可持续发展、生物多样性和企业社会和环境责任的发展相关的国家战略政策和低碳战略政策。

国家生态转型委员会可审议所有与生态转型和可持续发展相关、或者对生态转型和可持续发展造成影响的具有国家利益的问题。

中央政府每年通知国家生态转型委员会相关的绩效和可持续发展国家指标的变化，以便测量生态转型的进度。

第 L133－3 条

国家生态转型委员会的意见通过电子途径公开。

该等意见通过电子途径向议会，国家经济、社会和环境委员会，大区经济、社会和环境委员会以及与生态转型利益相关的组织传送。

第 L133－4 条

国家生态转型委员会的人员组成和运行方式通过法规途径进行规定。

第四章　生物多样性相关机构

第 L134 -1 条

国家生物多样性委员会是与生物多样性相关战略政策问题有关的信息、交换和咨询机构。为此，国际生物多样性委员会组织与其他与生物多样性有关的咨询和智囊机构进行定期商议。

中央政府可就所有与生物多样性相关或者对生物多样性具有显要影响的主题咨询国家生物多样性委员会。国家生物多样性委员会也可依职权主动审议该等主题。委员会的咨询权限范围以及委员会的人员组成和运行方式由最高行政法院提出资政意见后颁布的政令进行具体规定。

国家生物多样性委员会就法国生物多样性署的战略指导方向发表意见。

国家生物多样性委员会由地方政府和地方政府联合体代表、在生物多样性领域内活动的国家公共机构的代表、相关的社会行业组织的代表、土地所有权人代表、自然用户代表、保护生态多样性的协会、组织或基金会的代表以及自然空间管理人的代表、科学工作者代表或研究机构代表以及合资格人士组成。

国家生物多样性委员会保证男性代表和女性代表数量均衡。为此，每一性别成员占该委员会组成的比例不得少于 40%。上述第 2 段规定的政令具体规定每一有权机构和机关所指定的人的性别分配，以及遵守该均衡代表规则所必需的调整方式。

该委员会的人员组成保证每一个海外省和海外集体的代表席位，并特别对其生物多样性的丰富性加以考虑。

第 L134 -2 条

国家自然保护委员会的宗旨是通过发表意见的方式提供科学和技术专家鉴定。

可向国家自然保护委员会咨询在其权限范围内有关科学技术工程相关的法

律草案、总统总理令和政令。国家自然保护委员会也可以依职权主动提供咨询。

国家自然保护委员会的权限、运行方式和人员组成,还有促进男性代表和女性代表数量均衡的条件,以及促进生命科学代表和人文科学代表数量均衡的条件,均由最高行政法院提出资政意见后颁布的政令进行具体规定。该政令规定的透明度规则适用于国家自然保护委员会的专家。

国家自然保护委员会的人员组成中,海外生物多样性专家具有重要代表意义。

第 L134 -3 条

当同一项目同时提请给国家生物多样委员会和国家自然保护委员会发表意见时,两个机构各自发表意见并予以公开。

第四编　环境保护协会与地方政府

第一章　环境保护协会的认可

第 L141 –1 条

当符合规定公开宣告成立并在至少 3 年的时间里从事其活动，在保护自然与野生动物管理，改善生活环境，保护水资源、空气、土壤、遗迹与景观和城市规划领域从事章程规定的活动的协会，或者以污染和危害的防治为目标并且一般而言主要是为保护环境而活动的协会，可以得到行政机关的认可，该认可须由行政机关说明理由。

全国狩猎者联合会、大区狩猎者联合会、跨省狩猎者联合会和省狩猎者联合会有资格申请第 1 段提及的认可。

在下莱茵省、上莱茵省和莫塞尔省，至少已登记 3 年的协会适用该认可程序。

该等协会统称为"经认可的环境保护协会"。

对上述给予认可的条件，由最高行政法院提出资政意见后颁布的政令进行规定。认可在有限的期间内、在考虑到协会有效开展第 1 段所述活动的特定领土的框架内有效。许可的有效期可以被更新。当协会不再具备获得认可应当具备的条件时，可以撤销认可。

在上述第 1 段提及的领域从事活动并在 1995 年 2 月 3 日以前经认可的协会，视为按照本条的规定获得认可。

对于适用本条作出的决定可向法院提起完全管辖之诉。

第 L141 –2 条

依据第 L141 –1 条经认可的环境保护协会、经认可的渔业与水生环境保护协会的省联合会和经认可的职业渔民协会在现行法律法规的框架内受传唤参加公共组织参与的环境诉讼。

当依据第 L141－1 条经认可的环境保护协会解散时，通过以环境保护为目的的公共贷款而取得的一半的无建筑物土地，在最高行政法院提出资政意见后颁布的政令进行规定的条件下，由行政机关转归国家公共机构或者地方政府所有。

第 L141－3 条

在不影响适用经济、社会和环境委员会的特别规定的情况下，可以指定下列组织参加在具有审查环境和可持续发展政策职责的咨询机构的框架内进行的涉及环境问题的辩论：

—专门从事环境保护活动的协会；

—将自然用户组织起来的协会，或者立法机关授权负责管理渔业、动植物资源和保护自然环境的具有公共服务职能的协会和组织；

—从事环境教育活动的协会；

—得到承认的具有公益、以保护环境或环境教育为主要宗旨的基金会。

该等协会、组织与基金会应当遵守最高行政法院提出资政意见后颁布的政令，根据其在各自的地理范围内以及在有关咨询机构行政辖区内所具有的代表性以及各自的经验、管理规则和财务透明规则而规定各项标准。各协会应当依据第 L141－1 条获得认可。

具有审查环境和可持续发展政策职能的咨询机构名单由政令规定。

第二章　协会与地方政府的法律诉讼

第 L142 –1 条

以保护自然和环境为宗旨的协会,可就任何对自然和环境的损害行为向行政法院提起诉讼。

依据第 L141 –1 条经认可的所有环境保护协会、经认可的渔业与水生环境保护协会的省联合会和经认可的职业渔民协会,均可证明其诉讼利益而可对所有与其宗旨和其章程规定的活动具有直接关联、并对认可所覆盖的部分或全部领土范围内的环境产生损害后果的行政决定提起行政诉讼,只要该决定在协会经认可之后作出。

第 L142 –2 条

对于直接或间接损害第 L141 –2 条提及的经认可的协会所保护的集体利益并且构成违反有关保护自然与环境,改善生活环境,保护水资源、空气、土壤、遗迹与景观、城市规划、海洋渔业的法律及其实施细则的行为,或者构成违反旨在防止污染和危害、保证核安全和放射性保护、防止具有环境指示性的误导性商业行为和欺骗的法律及其实施细则的行为,第 L141 –2 条提及的经认可的协会可以行使民事诉讼当事人的权利。

当对于违反有关水资源的规定的行为,协会章程旨在保护第 L211 –1 条所指的部分或全部利益时,或者当对于违反有关分类设施的规定的行为,协会章程旨在保护第 L511 –1 条所指的部分或全部利益时,在法律事实发生前符合规定公开宣告成立且成立至少 5 年的协会,也可在同样的条件下行使上述权利。

第 L142 –3 条

当已被确认的多个自然人因同一人的行为在第 L142 –2 条提及的领域内遭受源于相同原因的个人损失时,所有依据第 L141 –1 条经认可的协会如得到至少2名相关自然人的委托授权，可以在任何法院以该等自然人的名义提起诉讼。

不得要求获得该委托授权。应由每一相关自然人书面委托授权。

所有已同意在刑事法院提起诉讼的自然人，视为按照《刑事诉讼法典》的规定行使民事诉讼当事人的权利。但是，送达和通知均向协会发出。

根据上述各段的规定提起司法诉讼的协会，可以在预审法官面前或在涉讼企业注册地址所在地的管辖法院作为民事诉讼当事人；在企业无注册住所时，可以在第一次违法行为发生地的管辖法院作为民事诉讼当事人。

第L142－3－1条

1. 在对本条予以保留的情况下，2016年11月18日《关于二十一世纪司法现代化的第2016－1547号法》第五编第一章和《行政司法法典》第七卷第七编第十章适用于在本条基础上进行的公开诉讼。

2. 当处于相似情况下的多个人，因为同一人违反同样性质的法定或约定义务的行为而对本法典第L142－2条提及领域造成的损害而引起的损失时，可以在民事法院或行政法院提起集体诉讼。

3. 该诉讼可以要求停止违法行为，或要求补救因对环境的损害而造成的人身和财产损失，或同时提出上述两项要求。

4. 只有下列协会可提起该诉讼：

（1）在最高行政法院提出资政意见后颁布的政令规定的条件下经认可的协会，且其章程规定的宗旨包括防止受害者受到人身损害或保护该等协会成员的经济利益；

（2）依据第L141－1条经认可的环境保护协会。

第L142－4条

对于在其行使管辖权限的领土上造成直接或间接损失并且构成违反有关保护自然和环境的法律及其实施细则的行为，地方政府和地方政府联合体可行使民事诉讼当事人的权利。

第五编　财务规定

全一章　对污染活动征收的一般税

第 L151 –1 条

对污染活动征收的一般税按照《海关法典》第 266(己)条至第 266(十三)条和第 285(己)条进行申报、缴纳、征收和检查。

第二章　补 救 诉 讼

第 L152－1 条

补救受本法典规制的设施、施工、工程与活动造成的环境损害的相关资金义务的诉讼时效为 10 年，自起诉人知道或者应当知道损害之日起开始计算。

第六编　预防与补救对环境造成的部分损害

第 L160 -1 条

按照污染者付费原则并以合理的社会成本预防或补救经营者活动对环境造成的损害的条件,由本编规定。

经营者是指以职业名义从事或者有效控制营利性或非营利性经济活动的所有自然人、公法人或私法人。

第一章　适 用 范 围

第 L161 -1 条

1. 在以下情况下,可测量的直接或间接的环境破坏构成本编意义上的对环境造成的损害:

(1)因直接或间接在地表或土壤内引入物质、混合物、生物或微生物而造成土壤污染而构成严重侵害人体健康的风险。

(2)严重影响水资源的生态状况、化学状况或水量状况或者生态潜能,其中包括法国专属经济区、领海和内水的水资源等,但第 L212 -1 条第 7 款规定的情况除外。

(3)严重影响到下列物种在良好的保护状态下的维护或修复:

(a)欧盟理事会 1979 年 4 月 2 日《关于保护野生鸟类的第 79/409/CEE 号指令》附件一第 4 条第 2 款以及 1992 年 5 月 21 日《关于保护自然栖息地以及野生动植物的第 92/43/CEE 号指令》附件二与附件四所指的物种;

(b)欧盟理事会1979年4月2日《关于保护野生鸟类的第79/409/CEE号指令》附件一第4条第2款、欧盟理事会1992年5月21日《关于保护自然栖息地以及野生动植物的第92/43/CEE号指令》附件二所指的物种的栖息地以及第92/43/CEE号指令附件一列举的自然栖息地;

(c)1992年5月21日《关于保护自然栖息地以及野生动植物的第92/43/CEE号指令》附件四列举的物种繁殖地与栖息地。

(4)生态服务,即土地、水以及上述第(3)项所指的物种和栖息地所确保的对上述某种自然资源或对公众带来益处的功能,但经营者或所有权人实施的整治行为为公众带来的服务除外。

2.本编的规定不适用于因下列各项造成的上述第1款第(3)项所指的损害或发生损害的紧迫危险:

(1)活动、施工、整治、工程或设施的计划或项目以及在自然环境或景观内的活动和干预行为,且按依据第L414-4条已得到许可或批准;

(2)依据第L411-2条、第L411-4条、第L411-5条或第L411-6条得到许可或批准的活动,且已遵守该等条款所引起的限制性规定。

3.在近期内极有可能发生的损害,按照本编的规定构成对环境发生损害的紧迫危险。

第L161-2条

本编不适用于以下原因造成的环境损害或发生损害的紧迫危险:

(1)武装冲突、内战或暴动;

(2)主要为国防或国际安全利益而进行的活动,但须申报或许可的活动以及第L214-1条至第L214-10条和第五卷第一编所指的活动除外;

(3)特殊的、不可避免的且不可抗拒的自然现象;

(4)仅为防止重大自然风险或自然灾难而实施的活动;

(5)自欧洲议会与欧盟理事会2004年4月21日《关于预防和补救环境损害的环境责任的第2004/35/CE号指令》附件四所指的国际公约对法国领土生效之日起,受该等公约规定的责任制度或补偿制度约束的事件;

(6)由属于《建立欧洲原子能共同体的条约》范围内的活动或者属于欧洲议会与欧盟理事会2004年4月21日《关于预防和补救环境损害的环境责任的第2004/35/CE号指令》附件五所指的国际公约的适用范围内的事件或活动;

(7)因扩散型污染引起的损害,但第L165-2条第(2)项所指的机关认定造成的损害或损害风险与不同的经营者从事的活动有因果关系的除外。

第 L161－3 条

对本编规定的适用不影响船舶所有权人按照 1976 年 11 月 19 日《关于在海商债权方面限制责任的伦敦公约》的规定以及自其适用于法国领土之日起按照 1988 年 11 月 4 日《关于限制内水航行方面的责任的斯特拉斯堡公约》的规定所享有的限制其责任的权利。

第 L161－4 条

损害事实发生超过 30 年的，不适用本编规定。

第 L161－5 条

本编也不适用于下列情形：

(1)发生于 2007 年 4 月 30 日前的损害事实；

(2)由 2007 年 4 月 30 日之前已完全停止的活动引起的损害事实。

第二章　制　　度

第一节　原　　则

第 L162 -1 条

以下所列各项,按照本编规定的方式进行预防或补救:

(1)因从事第 L165 -2 条规定的政令所确定的清单上的职业活动而对环境造成的损害,其中包括在经营者并无过错或无疏忽的情况下造成的损害;

(2)因从事本条第(1)项所指的职业活动而在经营者有过错或者有疏忽的情况下对第 L161 -1 条第 1 款第(3)项所指的物种与栖息地造成的损害。

由第 L165 -2 条第(2)项所指的机关确定行为活动与损害之间是否具有因果关系,该机关可以要求经营者进行评估并提供必要信息。

第 L162 -2 条

因环境损害或损害的紧迫危险而受到损失的受害人不得以本编为依据请求补救。

第二节　损害的预防与补救措施

第一分节　预 防 措 施

第 L162 -3 条

在存在发生损害的紧迫危险的情况下,经营者应立即自费采取预防措施,以阻止发生损害或者限制其影响。如果危险持续存在，经营者应立即向第 L165 - 2 条第（2）项所指的机关报告危险的性质、已经采取的预防措施以及这些措施的结果。

第 L162 - 4 条

在损害发生的情况下，经营者应立即向第 L165 - 2 条第（2）项所指的机关报告，并且立即自费采取预防措施，以消除发生损害的原因、预防或限制损害的加剧并防止其对人体健康和生态服务造成影响。

第 L162 - 5 条

如果需要对私有财产实施本分节规定的预防措施，经营者应事先征得所有权人、物权人、其继承人的书面许可，或者必要时征得使用权人的书面许可。经营者可以与该等人士签署一份协议；相应情况下，该协议就许可的期限或者支付占用土地的补偿金作出规定。

在未达成友好协议或者在紧急的情况下，大审法院院长或其指定的法官可给予上述许可。

第二分节 补 救 措 施

第 L162 - 6 条

第 L165 - 2 条第（2）项所指的机关对损害的性质和后果进行评价。该机关也可要求经营者自行评价。

第 L162 - 7 条

经营者根据第 L162 - 8 条与第 L162 - 9 条确定的目标提出适当的补救措施，并提交第 L162 - 5 条第（2）项所指的机关批准。

第 L162 - 8 条

在第 L161 - 1 条第 1 款第（1）项所指情况下，考虑到损害发生时受损地点当时或预定的用途，补救措施应该能够消除一切可能严重损害人体健康的风险。受损地区的用途应按照该日期现行的城市规划文件进行判断。应当考虑通过自然再生途径使土地得到恢复的可能。

第 L162 - 9 条

影响水资源和第 L161 - 1 条第 1 款第（2）项与第（3）项所指的物种与栖息

地的损害的补救措施旨在使该等自然资源与其生态服务恢复到原有状态，并消除一切可能严重损害人体健康的危险。原有状态，指借助最佳可用信息进行估计，如果不发生环境损害则损害发生时本可能存在的自然资源与生态服务的状态。

初级补救，是指上述第 1 段所指的自然资源及其服务恢复到或者接近于原有状态的所有措施。应当考虑通过自然再生途径使土地得到恢复的可能。

在初级补救并不能恢复或使其接近原有状态时，应当采取补充补救措施，使自然资源或服务水准达到与受损地区恢复到原有状态的情况下达到的自然资源或服务水准可比的程度。也可以在其他地点实施补救措施；选择其他地点时，应当考虑与损害相关的人群的利益。

补偿性补救措施应当补偿自损害开始到初步补救或补充补救产生效果之日发生的自然资源或服务的中间损失。也可以在其他地点实施补偿性补救措施，但不得以资金补偿的方式进行。

第 L162－10 条

相应情况下，第 L165－2 条第（2）项所指的机关在要求经营者对其提出的建议进行补充或修改之后，将该等建议递交地方政府或地方政府联合体、公共机构以及因其宗旨、地点、重要性或损害的性质而与其有关的环境保护协会以征求意见。第 L165－2 条第（2）项所指的机关将经营者提交的建议递送可能受到将要采取的补救措施影响的人以征求意见。第 L165－2 条第（2）项所指的机关可以将这些建议向公众公开。

第 L162－11 条

让经营者提出其意见之后，第 L165－2 条第（2）项所指的机关通过一项说明理由的决定规定经营者应当采取的适当补救措施。

第 L162－12 条

1. 由第 L165－2 条第（2）项所指的机关规定的补救措施对私有财产的实施在第 L162－5 条规定的条件下进行。

2. 如果受到补救措施影响的土地面积或所有权人人数证明确有必要，为了便于实施该等措施，第 L165－2 条第（2）项所指的机关可以：

（1）适用 1892 年 12 月 29 日《关于因实施公共工程对私有财产造成损害的法》的规定进行施工活动；

（2）对受到补救措施影响的土地设定公用地役权；该等地役权可包括对土地

或地下的用途或变更进行限制或禁止；公用地役权在第 L515－9 条至第 L515－11 条规定的条件下设定和补偿；

（3）在第 L541－3 条最后一段的最后两句规定的条件下，要求对补救施工进行公用申报；必要时，对公法人取得受损害不动产的受让行为进行公用申报。

第三节 行政管制权力

第 L162－13 条

在存在发生损害的紧迫危险或者已发生损害的情况下，第 L165－2 条第（2）项所指的机关可以随时要求按照本编规定有义务对损害采取预防或者补救措施的经营者向其报告有关该危险或损害以及本编规定的预防措施或补救措施的全部有用信息。

第 L162－14 条

如果经营者没有采取第 L162－3 条和第 L162－4 条所指的措施，或者没有实施第 L162－11 条规定的补救措施，第 L165－2 条第（2）项所指的机关应实施第 L171－8 条的规定。

第 L162－15 条

在紧急情况下，当不能立即明确按照本编规定有义务对损害采取预防或补救措施的经营者时，地方政府或地方政府联合体、公共机构、公共利益性质的团体、环境保护协会、行业工会、基金会以及财产受到环境破坏影响的所有权人或者该等所有权人组成的协会，可以向第 L165－2 条第（2）项所指的机关提议由其按照第 L162－3 条、第 L162－4 条、第 L162－8 条和第 L162－9 条规定的目标自行实施预防措施或补救措施。在此情况下，适用第 L162－5 条、第 L162－11 条至第 L162－14 条和第 L162－16 条规定的程序。

第 L162－16 条

在紧急情况下或者在存在重大危险的情况下，第 L165－2 条第（2）项所指的机关可以随时自行或者要求他人采取预防措施或必要的补救措施，由此引起的费用由缺席的经营者负担。

第四节　预防与补救措施的费用

第 L162－17 条

按照本编规定有义务对损害采取预防或补救措施的经营者承担与下列事项有关的费用：

（1）损害评价；

（2）确定、实施和监测预防措施和补救措施；

（3）必要时，第 L162－10 条前两句规定的咨询程序；

（4）必要时，按照第 L162－5 条与第 L162－12 条的规定支付的补偿金。

第 L162－18 条

当环境损害由于多种原因造成时，由第 L165－2 条第（2）项所指的机关按照多名经营者各自从事的活动造成损害或造成发生损害的紧迫危险的具体情形，对经营者之间应当承担的预防措施或补救措施的费用进行分配。

第 L162－19 条

第 L165－2 条第（2）项所指的机关依职权或者委托他人实施预防措施或补救措施且并未适用第 L162－14 条第 2 款第（1）项的规定时，由其向因其活动受到损害的经营者收取费用。当收取费用所需的数额高于待收款项的数额时，第L165－2 条第（2）项所指的机关可以决定不收取该等费用。

第 L162－20 条

当可以明确按照本编规定有义务对损害采取预防或补救措施的经营者时，第 L165－15 条所指的人员有权要求该经营者偿还其因实施预防或补救措施而引起的费用，且不影响其受到的其他损害的受偿。该请求应向第 L165－2 条第（2）项所指的机关提出，由该机关在听取经营者意见之后确定其应当偿还的数额。

第 L162－21 条

在规定采取的措施完成之日起 5 年内或者从明确负有责任的经营者之日起 5 年内，从两者中较晚的日期起算，第 L165－2 条第（2）项所指的机关可以就相关费用的偿还对经营者提起诉讼。

第 L162－22 条

当经营者能够证明发生的损害或可能发生损害的危险是由于以下原因引起时，可以通过所有适当的法律途径向负责人收取其按照本编规定采取的为预防或补救措施而投入的费用：

（1）因第三人的行为而产生的，尽管其已采取了适当的安全措施；

（2）因遵守公共机关的命令或规定而产生的，且该命令或规定并非由经营者活动造成的排放或事故引起。

第 L162－23 条

如果经营者能够提出证据证明自己并无过错或者无疏忽，且环境损害是由于某种排放行为或某一活动引起的，或者在某一活动的框架内从引起损害的行为发生时所掌握的科学技术知识来看对某一产品的使用不被认为可能造成环境损害时，第 L162－4 条、第 L162－8 条和第 L162－9 条所指的措施的费用不由经营者承担。

第三章 对生物多样性损害的补偿

第 L163 – 1 条

1. 对生物多样性损害的补偿措施为第 L110 – 1 条第 2 款第(2)项规定的措施，并由法律或法规规定为具有强制性，以在遵循生态等值的情况下补偿由实施施工项目、工程项目或开展活动或实行规划、纲要、计划或其他规划性文件而造成的对生物多样性的预期的和可预见的损害。

对生物多样性损害的补偿措施旨在实现无净损失，甚至产生生物多样性收益。该等补偿措施应当表现为结果义务，并在损害持续的整个期间均有效。该等补偿措施不能替代避免措施和减少措施。如果与项目相关的损害既不能被避免也不能被减少，也不能以满意的方式得到补偿，则在此状态下该项目不应获得许可。

2. 所有承担实施对生物多样性损害的补偿措施的义务人直接履行该义务，或者通过合同委托本条第 3 款定义的补偿操作人实施该等措施，或者在第 L163 – 3 条定义的补偿自然区的范围内购买补偿单元。当补偿针对应当进行环境评价的项目、规划或计划时，在申请人与许可申请同时提交的环境影响评价文件中具体确定由业主提议的补偿的性质。

无论如何，只有业主应对命令采取补偿措施的行政机关负责。

本第 2 款最后 1 段提及的补偿方式可通过替代或累积的方式实施。

补偿措施优先在受损地点实施，或者在任何情况下优先在受损地区附近实施，以长久地保证该等措施发挥功能。同一措施可补偿不同的功能。

3. 补偿操作人，指受承担实施生物多样性损害的补偿措施的义务人委托，负责为该等义务人的利益实施并长期调整该等措施的公法人或私法人。

第 L163 – 2 条

当对生物多样性损害的补偿措施在既不属于实施该等措施的义务人也不属

于由其指定的补偿操作人的土地上实施时，与所有权人签订的合同以及必要时与房屋承租人或经营者签订的合同，对补偿措施的性质、实施方式和实施期间进行规定。

第 L163－3 条

被称为“补偿自然区”的修复和发展生物多样性要素的活动，可由公法人或私法人实施，以便以预先和共担的方式实施第 L163－1 条第 1 款规定的补偿措施。

补偿自然区需要根据政令规定的方式预先得到国家的认可。

第 L163－4 条

当承担实施生物多样性损害的补偿措施的义务人未在要求条件下履行义务时，有权行政机关催告其在该机关规定的期限内并在第 L171－8 条规定的条件下履行义务。

给予的期限结束时该义务人未遵从催告要求且依据第 L171－8 条第 2 款采取的措施并未使情况符合规定的，有权行政机关依职权委托他人在该义务人的地点和位置实施规定措施并由该义务人承担费用，可通过委托补偿操作人实施该等措施，或者在认可文件定义的特点与规定措施的特点相符的补偿自然区的范围内购买补偿单元。

当有权行政机关认为，按照法规规定的期限和方式，生物多样性损害的补偿措施对遵守生态等值无效时，有权行政机关颁布补充性限制性规定。

有权行政机关可要求所有承担实施生物多样性损害的补偿措施的义务人设立财务保证金。

该保证金旨在保证本章规定的补偿措施的实施。

在不影响适用第 L171－8 条第 2 款第(4)项规定的行政罚款程序的情况下，未履行财务保证金义务将引起适用第 L171－8 条第 2 款第(1)项规定的寄存金程序，且该程序独立于可能进行的刑事诉讼程序。

第 L163－5 条

第 L163－1 条第 1 款规定的生物多样性损害的补偿措施在公众可通过上网查询的国家地理信息系统内进行地理定位和描述。

业主向有权国家部门提供所有必要信息，由该等部门对此进行良好管理。

第四章　部分活动的特别规定

第 L164－1 条

适用本编的规定不妨碍实施特别管制制度。

第 L164－2 条

必要时,适用本编采取的补偿措施应考虑适用《民法典》第三卷第三编第二分编第三章的措施。

第五章　其 他 规 定

第 L165 －1 条

对于依据本编作出的第 L165 －2 条第(2)项所指的机关的决定可向法院提起完全管辖之诉。

第 L165 －2 条

本编的实施条件由最高行政法院提出资政意见后颁布的政令进行具体规定;该政令尤其:

(1)按照欧洲议会与欧盟理事会 2004 年 4 月 21 日《关于预防和补救环境损害的环境责任的第 2004/35/CE 号指令》附件三的规定,确定第 L162 －1 条提及的活动清单;

(2)指定实施本编规定的有权行政机关;

(3)考虑上述欧洲议会与欧盟理事会 2004 年 4 月 21 日《关于预防和补救环境损害的环境责任的第 2004/35/CE 号指令》附件一设定的标准,确定评判第 L161 －1 条所定义的损害的严重程度的条件以及评判是否存在该损害的紧迫危险的条件;

(4)按照上述欧洲议会与欧盟理事会 2004 年 4 月 21 日《关于预防和补救环境损害的环境责任的第 2004/35/CE 号指令》附件二的规定,具体规定第 L162 －3 条和第 L162 －4 条提及的预防措施以及第 L162 －8 条和第 L162 －9 条所指的补救措施的内容和实施条件;

(5)确定公众、地方政府或者地方政府联合体、环境保护协会与利益相关的第三人根据具体情况了解或者查询拟采取的补救和预防措施的性质和实施的条件;

(6)确定环境保护协会或其他有关人士向本条第(2)项所指的机关提出旨

在实施本编所规定的预防和补救措施的请求的条件；

(7)确定第 L162－15 条所指的人士可自行实施本条第(2)项所指的机关命令采取的补救措施的条件。

第七编　与检查和处罚相关的共同规定

第 L170 – 1 条

本编确定对本法典所规制的设施、工程、施工、操作、对象、目标和活动进行检查的条件，以及在未履行或违反本法典的限制性规定的情况下所适用的处罚。

本卷其他编或本法典其他卷中有关检查和处罚的特别规定构成对本编共同规定的例外情形，或者对本编规定进行补充。

第一章　行政检查与行政管制措施

第一节　行 政 检 查

第 L171 – 1 条

1. 负责进行第 L170 – 1 条规定的检查的公务员和公务人员可进入以下地点：

(1)容纳受本法典规制的设施、工程、施工、整治、操作、对象、装置和活动的封闭空间和处所，用于居住的住所或场所除外。该等公务员和公务人员可在 8 时到 20 时之间进入该等地点；在此时段以外，当该等地点向公众开放或者当该等地点正在进行本法典提及的生产、制造、加工、利用、包装、储存、寄存、运输或商业化活动时，该等公务员和公务人员也可进入该等地点。

(2)在任何时间，正在进行或可能进行受本法典规定规制的活动的其他地点。

(3)以职业的名义使用并用于动物、植物或其他可能构成未履行本法典限制性规定的产品的持有、运输、储存或商业化的车辆、船舶、船、舟和航空器。

2. 负责进行检查的公务员和公务人员只有在占有人在场并同意的情况下，才可进入住所或包含部分居住用途的场所。

第 L171－2 条

1. 当公务人员被拒绝进入第 L171－1 条第 1 款第(1)项和第(3)项提及的地点、无法接触到有资格允许进入的人或者当第 L171－1 条第 2 款指明的进入条件未能满足时，可由待检查地点或处所在辖区的大审法院法庭的释放和拘押法官通过裁定允许进行检查。

裁定包括检查地点的地址、被授权进行检查活动的一名或多名公务人员的姓名和资格及其被允许进行检查的时间段。

裁定只有出示原件才可以被执行。

2. 裁定在检查时当场通知地点占有人或其代表人，且占有人或其代表人收到裁定的完整副本并在检查纪要上签署收据或签名。在占有人或其代表人不在场的情况下，裁定于检查之后通过附收件回执的挂号信进行通知。通知视为在回执上所示的收件之日作出。在未收件的情况下，通过司法执达人送达裁定通知。

通知文件包括对允许该检查的裁定和对检查活动的进程进行救济的途径和期限的说明。通知文件也应该说明可向允许该检查的法官提出中止或停止检查的请求。

3. 检查在允许该检查的释放和拘押法官的主管和监督下进行。如其认为有用，释放和拘押法官可在干预期间前往该等处所。在任何时间，释放和拘押法官可以决定中止或停止检查。为中止或停止检查活动而向释放和拘押法官提出的请求不具有中止正在进行的检查的效力。

4. 检查在处所占有人或其代表人在场时进行，占有人或其代表人可选择顾问对其进行协助。在占有人或其代表人不在场的情况下，只有在 2 名不受公务人员控制的证人在场的情况下，公务人员才可进行检查。

进行检查的公务人员立刻编写纪要，详述活动的方式和进展并记载进行的调查。该等公务人员、处所占有人，或者必要时其代表人和证人分别在纪要上签字。在相关人员拒绝签字的情况下，应当在纪要上说明拒绝签字的情况。

纪要完成即将原件提交允许检查的法官。该文件副本通过附收件回执的挂号信送回或投寄给处所占有人或其代表人。

纪要中说明救济的期限和途径。

5. 可以按照《民事诉讼法典》的规定对允许检查的裁定向上诉法院院长提起上诉。不需要当事人指定律师。

对该裁定的上诉应在在15日内向法院书记室送达，或通过挂号函发送。该期间自裁定通知之日起算。该上诉不具有中止的效力。

大审法院的法庭书记室立即将案件卷宗传送给上诉法院书记室，当事人可在上诉法院书记室查询案卷。

根据《民事诉讼法典》的规定，可以对上诉法院主席的裁定向最高法院提起上诉，上诉期限为15日。

6. 上诉法院主席根据《民事诉讼法典》的规定受理针对被释放和拘押法官允许的检查活动的上诉案件。不需要当事人指定律师。

对该裁定的上诉应在在15日内向法院书记室送达，或通过挂号函发送。该期间自收到或签收检查纪要之日起算。该上诉不具有中止的效力。

根据《民事诉讼法典》的规定，可以对上诉法院主席的裁定向最高法院提起上诉，上诉期限为15日。

7. 释放和拘押法官允许进行检查的裁定通知文件中应复述本条规定。

第L171-3条

负责检查的公务员和公务人员可要求他人向自己传递与检查对象相关的文件并取得其副本，无论该等文件以何种形式存在且无论经手几次，也可让他人向自己传递完成其任务所必要的文件并取得副本。只有在编写由其持有人共同签署的名单以后，负责检查的公务员和公务人员才可带走文件原件。文件原件在检查结束后1个月内归还。当文件为电子形式时，公务员和公务人员可获取软件和该等数据。为检查的需要，公务员和公务人员可要求通过适当的处理方式在可直接使用的文件中对该等数据进行复制。

第L171-4条

为履行职务，负责检查的公务员和公务人员可通过传唤或当场对相关信息和证明文件进行收集。

第L171-5条

如负责检查的公务员和公务人员拥有职业秘密，为检查的需要，该等人员可自发地相互传送该等职业秘密，以及在履行其行政管制职能的过程中必要时掌握或收集的信息和文件，并不得对秘密、信息和文件的传送制造障碍。

第 L171－5－1 条

在检查过程中，由行政机关指定的专家可协助负责检查的公务员和公务人员。该等专家受限于《刑法典》第 226－13 条和第 226－14 条关于职业秘密的规定。

第二节　行政措施与行政处罚

第 L171－6 条

当负责检查的公务人员以有权行政机关的地址编写一份与根据本法典适用于设施、工程、施工、整治、操作、对象、装置或活动的限制性规定相反的行为的报告，其向行政相对人传送该报告副本，以便其可以向行政机关提出意见。

第 L171－7 条

除可以进行刑事诉讼之外，当设施或工程已开发、对象和装置已使用或者工程、施工、活动或整治已开展但尚未取得本法典所要求的许可、登记、认可、批准、认证或申报，或者尚未注意到对申报的反对意见时，有权行政机关催告行政相对人在其确定的期限内使其情况符合规定，该期限不得超过 1 年。

有权行政机关可中止设施和工程的运行或施工、操作或活动的进行，直至其对申报或者许可、登记、认可、批准或认证的申请作出决定，出于公益和本法特别保护的利益的目的可以不反对作出该等行为。

行政机关可以基于任何假设而命令采取保全措施，并由被催告人承担费用。

如果超过催告规定的期限仍未符合催告要求的，或者当许可、登记、认可、批准或认证的申请被驳回，或者申报受到反对时，行政机关裁定关闭或废除设施和工程、终结施工、操作和活动，并将地点恢复到不对本法典所保护利益造成损害的状态。

行政机关可适用第 L171－8 条第 2 款的规定，特别是在以获得该决定的执行为目的的情况下。

第 L171－8 条

1. 除可以进行刑事诉讼之外，在不履行根据本法典适用于设施、工程、施工、整治、操作、对象、装置和活动的限制性规定的情况下，有权行政机关催告义务人在其指定的期限内采取措施以符合该等规定。在紧急情况下，有权行政机关规定防止对健康、公共安全或环境的严重和紧迫危险所必要的措施。

2. 如果在给予的期限结束时仍未符合催告要求，有权行政机关可决定对其处以一项或多项下列行政处罚：

（1）强制要求被催告人将等于将要实施的工程或操作总额的款项在行政机关确定的日期前寄存在1名公共会计师处。被寄存款项在工程或操作实施过程中逐步返还。

该寄存金享有与《税务总法典》第1920条所规定的地位相同的优先级。征收该寄存金与对外国国债的征税相等同。会计师可开始《税收程序编》第L263条规定的第三人占有人的意见程序。

向行政法官提出的对行政机关所要求的寄存措施的执行状况的反对不具有中止执行的性质。

（2）依职权在被催告人的地点和位置并在由被催告人承担费用的情况下采取要求的措施；适用第（1）项的寄存金用于支付由此产生的费用。

（3）中止运行设施和工程、实施工程和操作或实行活动，直至要求的条件全部达成，以及采取必要的保全措施，费用由被催告人承担。

（4）裁定缴纳最高额不超过15000欧元的罚款和每日最高额不超过1500欧元的滞纳金，从该决定的通知之日起直至满足催告要求。第（1）项第2段和第3段的规定适用于滞纳金。

罚款和滞纳金应当与不履行催告义务的严重性成比例，并特别考虑到对环境造成的侵犯的重要性。

从认定不履行催告义务起3年后，不得再处以罚款。

采取上述第（1）项、第（2）项、第（3）项和第（4）项规定的措施之前，应通知行政相对人在一定期限内提出意见的可能性。

第L171－9条

当行政机关要求按照第L171－7条第2段或第L171－8条第2款第（3）项的规定实施中止措施时，经营者应当确保在中止期间向其职员支付该等职员截至当时有权取得的所有性质的工资、津贴和报酬。

第L171－10条

对于违反第L171－7条、第L171－8条、第L173－6条、第L215－10条和第

L514 -7 条关于废除、关闭或中止措施的规定仍在运行的施工、操作或活动,或者在许可、登记、认可、批准或认证受到拒绝或申报受到反对的情况下仍在运行的施工、操作或活动,行政机关在事先通知共和国检察官后,可允许拥有公权力的公务人员在用于该等施工、操作或活动的设施、工程、对象或装置上贴上封条。

第 L171 -11 条

针对适用第 L171 -7 条、第 L171 -8 条和第 L171 -10 条所作出的决定可向法院提起完全管辖之诉。

第 L171 -12 条

本节的适用条件由最高行政法院提出资政意见后颁布的政令规定。

第二章　违法行为的查证与认定

第一节　被赋予部分司法管制权力的公务人员的授权

第 L172-1 条

1. 除司法警官和警员以及本法典特别授权的其他公务人员之外，负责实施本法典及其实施细则以及《刑法典》有关抛弃污物、废弃物、物质和其他物体的规定的国家部门、国家狩猎与野生动物办公室、国家公园和法国生物多样性署中受委派的公务员和公务人员，均具有资格查证与认定违反该等规定的违法行为。

该等人员被称为环境督察员。

2. 为履行第 1 款规定的职务，环境督察员的职权分为两类：

(1)与水和自然相关的职权，赋予其查证和认定本卷第二编、第六编和第七编、本法典第二卷第一编第一章到第七章、第三卷、第四卷和第五卷第六编和第八编以及该等规定的实施细则所规定的违法行为的权限，以及查证和认定《刑法典》有关抛弃污物、废弃物、物质和其他物体的规定所规定的违法行为的权限；

(2)与环保分类设施相关的权限，赋予其查证和认定本卷第二编、第六编和第七编、本法典第二卷和第五卷第一编、第二编、第三编、第四编、第五编和第七编以及该等规定的实施细则规定的违法行为的权限。

3. 环境督察员由行政机关委任并进行宣誓，以查证和认定本条第 2 款第(1)项或第(2)项提及的部分或全部违法行为。

本条的适用方式由最高行政法院提出资政意见后颁布的政令进行规定。

第 L172 –2 条

被赋予查证和认定违反本法典行为职权的公务员和公务人员在其辖区内行使权限，或者当其承担超过该辖区区域的任务时，在其承担任务的区域范围内行使其权限。

可以临时联合环境督察员开展在该等督察员被委任部门以外的部门所进行的司法管制活动。在执行该任务期间，该等督察员在接待其开展活动的部门的辖区内拥有权限。

当有必要开展调查时，环境督察员可前往与其行政处所所在的大区或省交界的大审法院法庭的辖区，以便继续进行在其权限所在辖区内开展的查证和认定活动。除紧急情况不允许外，应当将活动开展情况预先通知在被起诉行为所在地的共和国检察官，该共和国检察官可提出反对意见。在紧急情况下，应立即将情况告知检察官。

第 L172 –3 条

在由国防部长负责的区域内或者受限于国防秘密保护规则的区域内，当国防部长为有权对受本法典规制的设施、工程、施工、操作和活动行使管制权力的行政机关时，由国防部长指定的公务人员查证和认定违反本法典规定的行为。

第二节　违法行为的查证与认定程序

第 L172 –4 条

被授权查证和认定违反本法典及其实施条例的行为的国家、地方政府及其公共机构的公务员和公务人员在本节规定的条件下行使其职权。当环境督察员被授权查证和认定违反其他法律规定的行为时，环境督察员在同等条件下行使其职权。

《刑事诉讼法典》第 16 条、第 20 条和第 21 条提及的司法警官、司法警员和助理司法警员在本法典其他卷规定的条件下被授权查证和认定违反本法典的行为。该等人员在《刑事诉讼法典》具体规定的限度内并根据其规定的方式行使该等职权。

第 L172 –5 条

第 L172 –4 条提及的公务员和公务人员查证和认定本法典规定的违法行

为,无论该等行为发生在何地。

但是该等人员在进入下列地点之前应当通知共和国检察官,共和国检察官可提出反对意见:

(1)从事生产、制造、加工、利用、包装、储存、寄存、运输或商业化的机构、职业处所和设施。不得在6时以前和21时以后进入该等地点。在该时段之外,当该等处所向公众开放或者正在进行上述活动时,可以进入该等处所。

(2)用于动物、植物或其他可能构成本法典规定的违法行为对象的产品的持有、运输、储存或商业化的职业车辆、船舶、船、舟和航空器。

只有在6时到21时之间,在占有人同意时,或者当占有人不在场的情况下,在按照《刑事诉讼法典》关于住所检查、搜查和定罪物证扣押的规定的司法警官在场时,该等人员可检查住所和包含部分居住用途的场所。该同意书应由行政相对人手写,或者在其不会书写的情况下,在纪要中注明该情况并同时注明该行政相对人的同意。

第 L172－6 条

当第 L172－4 条提及的公务员和公务人员查证违反第三卷第三编第一章、第四卷第一编第一章和第二章、第二编和第三编的规定提取的动物、植物或矿物或其部分或制品时,该等人员可在该等物品被运输的所有地点对其进行跟踪监测。

但是,只有在取得占有人在第 L172－5 条规定的条件下的同意,或者当无该同意的情况下取得待检查地点所在辖区的大审法院释放和拘押法官的许可时,该等人员才可进入住所或者包含部分居住用途的场所。

第 L172－7 条

当第 L172－4 条提及的公务员或公务人员打算编写纪要时遇到不愿证实或者无法证实自己身份的人士,该等人士应当适用《刑事诉讼法典》第 78－3 条的规定。在司法警官了解情况和作出决定的必要时间内,违法行为嫌疑人由查证公务人员支配。

第 L172－8 条

第 L172－4 条提及的公务员和公务人员可当场或通过传唤的方式收集任何可能有助其查证的人士陈述,并应当编写该等陈述的纪要。该等人士应当自行阅读纪要,可在纪要上记入其意见,并应在纪要上签字。如果该等人士不具备阅读能力,应当由公务员和公务人员在其签字前向其宣读纪要。当该等人士拒绝在纪要上签字时，应当在纪要中对此进行记录。

依据《刑事诉讼法典》第28条，当存在合理的理由怀疑某人已实施或者曾经试图实施违法行为并因此对该人士进行听证时，适用《刑事诉讼法典》第61－1条的规定。

第L172－9条

如第L172－4条所提及的公务员和公务人员拥有职业秘密，为调查的需要，该等人员可自发地相互传送该等职业秘密，以及在履行本法典规定的司法管制职能的过程中在必要时掌握或收集的信息和文件，并不得对秘密、信息和文件的传送制造障碍。

第L172－10条

第L172－4条提及的公务员和公务人员在行使职权的过程中可被共和国检察官、预审法官和司法警官征用。

该等人员被授权直接运用公权力查证和认定违反本法典及其实施条例规定的行为。

第L172－11条

第L172－4条提及的公务员和公务人员可要求他人向自己传递与检查目标相关的任何性质的文件、取得其副本或扣押该等文件，无论该等文件是以何种形式存在且无论经手几次，也可让他人向自己传递完成其职务所必要的任何文件、取得其副本或扣押该等文件，但无正当理由不得使该等文件与职业秘密义务相悖。当文件为电子形式时，公务员和公务人员可获取软件和该等数据。为检查的需要，公务员和公务人员可要求通过所有适当处理方式在可直接使用的文件中对该等数据进行转录。

该等人员也可向公共行政部门、在国家和地方政府监督下的机构和组织查询完成其职务所必要的任何文件。

第L172－11－1条

当违法行为通过电子传播的方式实施，且环境督察员以查证和认定第L415－3条和第L415－6条规定的违法行为为唯一目的时，在司法部长和负责生态事务的部长颁布的条例明确规定的条件下被授权的环境督察员可以实施以下行为，并无须为该等行为承担刑事责任：

(1)使用化名参与电子交换；

(2)使用化名与可能为违法行为人的人士进行联系；

(3)取得产品和物质。

该等行为不得有引诱他人实施违法行为的效果,否则行为无效。

第 L172 -12 条

第 L172 -4 条提及的公务员和公务人员可以：

(1)扣押违法行为物品,包括动物和植物,或其部分和其制品,矿物,武器和弹药,帮助实施违法行为或预备帮助实施违法行为的工具和器械；

(2)扣押违法行为人为前往或离开违法行为发生地或运输违法行为对象的目的而用于实施违法行为的舟、汽车和其他车辆。

该等人员在纪要中对扣押进行记录。

需要适用第 L172 -15 条的规定进行寄存的物品或装置,不适用上述规定。

运输、维修和保管被扣押物品的费用由违法行为人承担。

被扣押的动物或植物可被放回到对其进行提取的环境里,或者与其生态需要相适应的环境里。

第 L172 -13 条

当第 L172 -4 条提及的公务员和公务人员对植物和动物实施扣押,该等人员可以销毁或让他人销毁已死亡或不能生存的植物或动物。

具有领土管辖权的大审法院释放和拘押法官可在共和国检察官的要求下作出说明理由的裁定以销毁被禁止或禁用的工具和器械。

准许销毁的裁定应当通知检察院和违法行为人。

尽管存在反对或上诉的情况,仍应执行该裁定。

应通过纪要认定销毁的情况。

第 L172 -14 条

1. 第 L172 -4 条提及的公务员和公务人员可以提取或通过他人提取分析或实验样本。该等样本应贴封条放置。

在某一设施范围内,应告知在场的负责人可以出席取样行动；当无负责人在场时,可告知负责人的代表出席。负责人不在场的不影响进行取样。

2. 样本应被至少提取双份,并送至实验室进行分析。保留一份样本以用于复核鉴定。

应当通知被指控人员或其代表,其可以在自行承担费用的情况下对被保留的样本进行分析。自其知道实验室分析结果之日起 5 日内,该人员或其代表公布其决定。超过此期限后,可以销毁保留的样本。

当提取样本时未确定行为人时,查证公务人员判断是否有必要为澄清事实而进行第二次分析。在结论为否定的情况下,在共和国检察官确定的期限销毁为复核鉴定而保留的样本。

第 L172－15 条

当有必要进行补充调查时,被疑为不符合本法典及其实施条例规定的物品和装置被扣留辖区内的释放和拘押法官可经共和国检察官要求允许第 L172－4 条提及的公务员和公务人员在该等调查进行时寄存该等物品和装置。

寄存措施的期限不得超过 15 日。如存在特别困难,可通过说明理由的裁定再次采取寄存措施。

释放和拘押法官可在任何时候裁定解除寄存措施。在任何情况下,如果被授权的公务人员确认被寄存的物品或装置符合或经调整后已符合本法典及其实施条例的规定,可以依职权解除寄存。

被寄存的物品继续由其持有人保存。

在物品或装置不符合相关规定的情况下,可能产生的费用由违法行为人承担。

第 L172－16 条

应通过纪要认定违反本法典及其实施条例的行为;除非有相反证据存在,该纪要可作为证明。

纪要在完成后 5 日内提交共和国检察官。在相同的期限内,向有权行政机关传送副本。

第 L172－17 条

本章的适用方式由最高行政法院提出咨政意见后颁布的政令进行规定。

第三章　刑 事 处 罚

第 L173 –1 条

1. 未取得第 L214 – 3 条、第 L512 – 1 条、第 L512 – 7 条、第 L555 – 1 条、第 L571 – 2 条、第 L571 – 6 条和第 L712 – 1 条规定要求的许可、注册、认可、批准或认证而实施以下行为、活动、操作、设施或工程的，处以 1 年有期徒刑和 7.5 万欧元罚金：

(1) 实施该行为或该活动；

(2) 开展或实行该操作；

(3) 经营该设施或该工程；

(4) 实施或参与实施该类设施或该类工程。

2. 经营第 1 段所指的条款提及的设施或工程、实施第 1 段所指的条款提及的活动或实现第 1 段所指的条款提及的施工并违反以下事项的，处以 2 年有期徒刑和 10 万欧元罚金：

(1) 违反依据第 L214 –3 条作出的反对项目申报书或者拒绝发放许可的决定；

(2) 违反依据第 L214 –3 条、第 L512 –1 条、第 L512 –7 条、第 L555 –1 条、第 L571 –2 条、第 L571 –6 条和第 L712 –1 条提及的许可、注册、认可、批准或认证的撤销措施；

(3) 违反依据第 L171 –7 条、第 L171 –8 条、第 L514 –7 条或第 L554 –9 条第 1 款采取的关闭、取消或中止设施的措施；

(4) 违反法庭依据第 L173 –5 条宣布的停止、中止或禁止措施；

(5) 违反行政机关依据第 L171 –7 条或第 L171 –8 条宣布的催告措施。

第 L173 –2 条

1. 下列未遵守第 L171 –7 条或第 L171 –8 条规定的催告的行为，处以 1 年有期徒刑和1.5万欧元罚金:依据第L332－3条、第L332－6条、第L332－9条、第L332－17条、第L411－2条、第L413－3条和第L512－8条,适用申报制度、许可制度或属于例外情形的操作或活动、设施和工程的经营,以及施工的实施;依据第L214－3条适用申报制度的操作或活动、设施和工程的经营,以及施工的实施;

2.下列未遵守第L171－7条或第L171－8条规定的催告的行为,处以2年有期徒刑和10万欧元罚金:依据第L331－4条、第L331－4－1条、第L331－16条、第L412－1条、第L412－7条和第L412－16条,适用申报制度、许可制度或属于例外情形的操作或活动、设施和工程的经营,以及施工的实施。

第L173－3条

当对人体健康或人身安全造成严重损害,或者对动物、植物或者空气、土壤或水的质量产生实质性破坏时:

(1)对适用许可制度、登记制度或申报制度的工程实施、设施经营、施工实施或活动,在进行上述程序时未遵守有权行政机关制定的限制性规定,处以2年有期徒刑和7.5万欧元罚金;

(2)对第L173－1条和第L173－2条第1款规定的行为,处以3年有期徒刑和15万欧元罚金;

(3)对第L173－2条第2款规定的行为,处以5年有期徒刑和30万欧元罚金。

第L173－4条

对妨碍按照本法典规定被授权进行行政检查或查证和认定违法行为的公务员和公务人员行使其职权的行为,处以6个月有期徒刑和1.5万欧元罚金。

第L173－5条

对自然人或法人实施的本法典规定的违法行为的指控,法庭可以采取以下行动:

(1)违法行为存在于需要取得许可、登记、申报、批准或认证的操作、施工、活动、工程或设施的使用等行为中的,法庭可以决定停止或中止上述行为,中止期限不得超过1年;

(2)在由其决定的期限内,法庭可以裁定采取对受到指控行为损害的地点进行恢复原状或者对环境造成的损害予以修复等措施。法庭也可同时处罚每日最高至3000欧元的强制逾期罚款,罚款期限不得超过1年。

法庭可以决定这些强制措施产生的费用由经营者承担。在此情况下，法庭可裁定经营者将等于将要实施的工程总额的款项寄存在公共会计师处。

第 L173－6 条

当法庭已裁定中止措施且在中止期间，经营者应当确保向其职员支付该等职员截至当时有权取得的所有性质的工资、津贴和报酬。

第 L173－7 条

因本法典规定的违法行为而获罪的自然人以补充刑罚的名义受到下列处罚：

(1)在《刑法典》第 131－35 条规定的条件下，对判决结果的张贴和传播；

(2)在《刑法典》第 131－21 条规定的条件下，没收用于或预备用于实施违法行为的物品、或者为其直接或间接制品的物品；

(3)如果犯人是实施违法行为所使用的车辆、船舶、船、舟或航空器的所有权人，在不超过 1 年的期限内对该等交通工具作不动产处理；

(4)如果违法行为发生于职业行为中或因实施职业行为而产生，在不超过 5 年的期限内，在《刑法典》第 131－27 条至第 131－29 条规定的条件下禁止实施该职业行为。

第 L173－8 条

实施本法典规定的侵权违法行为并依据《刑法典》第 121－2 条负有刑事责任的公法人，除被处以《刑法典》第 131－38 条规定的条件下的罚金外，被处以《刑法典》第 131－39 条第(3)项、第(4)项、第(5)项、第(6)项、第(8)项和第(9)项规定的刑罚，以及《刑法典》第 131－39 条第(2)项规定的刑罚；如宣判适用《刑法典》第 131－39 条第(2)项的规定，则该规定适用于公法人的活动以及其产生违法行为的活动。

第 L173－9 条

依据本法典宣判的实施违法行为的自然人和法人适用《刑法典》第 132－66 条至第 132－70 条关于延迟履行法院禁令的相关规定。

法庭也可同时处罚每日最高至 3000 欧元的强制逾期罚款，罚款期限不得超过 1 年。

第 L173－10 条

可裁定临时执行按照本章规定宣判的补充刑罚。

第 L173－11 条

共和国检察官可让具有公权力的公务人员在被用于违反第 L173－5 条或第 L173－8 条规定的措施而持续运行的工程、操作、整治或活动中的设施、工程、物品或设备上贴封条。

法官可在任何时候裁定撤销寄存措施。

第 L173－12 条

1. 在公共行为尚未实施时，行政机关可就本法典规定和制止的违法行为和轻罪行为的起诉与自然人和法人达成和解，被处以 2 年以上有期徒刑的轻罪行为除外。

行政部门提议且违法行为人接受的交易，应当得到检察官批准。

2. 交付《刑事诉讼法典》第 529 条规定的定额罚金致公诉程序停止的违法行为，不适用上述选择。

3. 交易提议按照违法行为的具体情况和严重性、行为人的法律人格、收入和义务来确定。

交易提议明确违法行为人应当支付的交易罚金，其总额不得超过被处以罚金总额的三分之一；必要时交易提议也明确各项义务，如停止违法行为、避免重新开始违法行为、弥补损失或恢复地点状态等。如果存在执行付款的义务，交易提议也对付款期限予以明确。

4. 为实现或履行交易的行为中断公诉时效。

当违法行为人已在规定期限内履行了因接受交易而产生的全部义务时，公诉停止。

5. 本条的适用方式由最高行政法院提出资政意见后颁布的政令进行规定。

第四章　其 他 规 定

第 L174－1 条

本编适用于与国防部长有关或受到国防秘密保护规定规制的设施、工程、施工、操作和活动的条件，由最高行政法院提出资政意见后颁布的政令规定。

第八编　行政程序

全一章　环 境 许 可

第一节　适用范围与对象

第 L181－1 条

环境许可的体制按照本卷的规定及本编确定的条件下制定的其他法律规定进行组织。如果活动、设施、工程及施工不具有临时性的特点，环境许可适用于下列活动、设施、工程及施工：

（1）第 L214－3 条提及的设施、工程、施工和活动，包括适用第 L211－3 条第 2 款第（6）项所规定的为单一机构的利益而汲取灌溉用水；

（2）第 L512－1 条提及的环保分类设施。

环境许可也适用于当有权限发放许可的行政机关为省长时，第 L122－1－1 条第 2 款第（2）项所提及的项目以及该款第（3）项所提及的项目。

当项目与设备、设施和活动的联系使有必要开展该等活动、设施、工程和施工，或者设备、设施和活动与项目的临近从根本上明显改善了活动、设施、工程和施工的危险或弊端时，环境许可应包括申请人的项目中所出现的设备、设施和活动。

第 L181－2 条

1. 包括适用其他法律的情况在内，当第 L181－1 条相关活动、设施、工程和施工项目需要获得许可、登记、申报、无反对意见、赞成、准许等或其使许可、登记、申报、无反对决定、赞成、准许等成为必要时，环境许可应代替下列许可、登记、申报、无反对决定、赞成、准许：

（1）对第 L214－3 条第 2 款提及的设施、工程、施工和活动的申报书的无反对意见，或者对适用于该申报书所针对的设施、工程、施工和活动的附带限制性规定的条例的无反对意见；

(2)适用第 L229 –6 条的温室效应气体排放许可；

(3)适用第 L332 –6 条和第 L332 –9 条，以自然保护区的名义由国家颁发的特别许可，且不属于《城市规划法典》第 L425 –1 条规定的情形，该情形为由《城市规划法典》第 L425 –1 条确定的多个准许或决定中的任何一个代替该特别许可；

(4)适用第 L341 –7 条和第 L341 –10 条，以分类或正在进行分类的地区的名义颁发的特别许可，且其不属于《城市规划法典》第 L425 –1 条规定的情形，该情形为由《城市规划法典》第 L425 –1 条确定的多个执照或决定中的任何一个代替该许可；

(5)适用第 L411 –2 条第 4 款，为保护地质利益区、自然栖息地、非家养动物物种或非种植植物物种及其栖息地而颁布的对禁令的例外；

(6)适用第 L414 –4 条第 6 款、以 Natura 2000 影响评价制度的名义作出的无反对决定；

(7)申报回执或第 L512 –7 条或第 L512 –8 条提及的设施登记，申请人表明愿意以环境许可程序以外的方式生效的申报、或适用于作为申报或登记对象的设施的附带限制性规定的条例除外；

(8)适用第 L532 –3 条，对转基因组织加以利用的准许或申报，利用部分或全部属于国防秘密的转基因组织或者利用需要用到属于国防秘密的信息的转基因组织所需要的准许或申报除外；

(9)适用第 L541 –22 条的废弃物处理的准许；

(10)适用《能源法典》第 L311 –1 条的发电设施经营许可；

(11)适用《森林法典》第 L214 –13 条、第 L341 –3 条、第 L372 –4 条、第 L374 –1 条和第 L375 –4 条的开垦许可；

(12)当有必要建立利用风机械能的发电设施要求取得的相应许可：《国防法典》第 L5111 –6 条、第 L5112 –2 条和第 L5114 –2 条规定的许可，适用《国防法典》第 L5113 –1 条和《邮政和电子通信法典》第 54 条建立的地役权区域内要求的许可，以及《遗产法典》第 L621 –32 条和第 L632 –1 条及《交通法典》第 L6352 –1 条规定的许可。

2. 作为上述第 1 款的例外，如下述项目要求取得环境许可，则环境许可只可代替上述第1款第(1)项和第(7)项提及的文件：

(1)属于国防部管理或应当适用第L217－1条提及的国防秘密保护规定的设施或围墙相关的程序、施工或活动；

(2)第L517－1条提及的属于国防部管理的环保分类设施；

(3)第L593－33条第1款提及的，在基础核设施的区域内建立或使用但对基础核设施的运行并非必要的设备、设施、工程、施工和活动；

(4)《国防法典》第L1333－18条提及的，在核设施的范围内建立或使用，涉及防卫但对核设施的运行并非必要的设备和设施。

第L181－3条

1. 只有在其包含的措施根据具体情况为了第L211－1条和第L511－1条提及的利益保证对危险或弊端的预防时，才能发放环境许可。

2. 只有在其包含的措施同样保证了下述情况时，才能发放环境许可：

(1)应遵守第L229－7条至第L229－10条确定的达成温室效应气体排放配额的条件；

(2)在环境许可代替以国家建立的自然保护区的名义颁布的特别许可的情况下，应保护第L332－1条和第L332－2条确定的利益，必要时也应履行第L332－2条提及的、第L332－3条规定的分类行为所体现的规章或义务；

(3)在环境许可代替第L341－7条和第L341－10条规定的特别许可的情况下，应保护或维护第L341－1条提及的遗迹或自然古迹分类所涉及的利益，以及分类决定所提及的利益；

(4)在环境许可代替为保护地质利益区、自然栖息地、非家养动物物种或非种植植物物种及其栖息地而颁布的对禁令的例外的情况下，应遵守第L411－2条确定的例外的发放条件；

(5)在环境许可代替第L414－4条第6款提及的无反对决定的情况下，应遵守Natura 2000站点的保护目标；

(6)在许可代替准许的情况下，应遵守第L532－2条第1款第(1)项规定的转基因组织有限利用的条件，该等条件由第L532－3条第2款提及的技术性限制性规定确定；在使用只受限于第L532－3条第1款第(2)项所规定的申报的情况下，应遵守第L532－3条第1款第(2)项确定的条件；

(7)在许可代替适用第L541－22条的废弃物处理准许的情况下，应遵守第L541－22条提及的开展废弃物管理活动的条件；

（8）在环境许可代替适用《能源法典》第L311－1条的发电设施经营许可的情况下，应考虑《能源法典》第L311－5条提及的标准；

（9）在环境许可代替开垦许可的情况下，应保护《森林法典》第L112－1条列举的利益以及《森林法典》第L341－5条确定的功能的利益；

（10）在环境许可代替第L181－2条第（12）项提及的许可的情况下，应遵守发放第L181－2条第（12）项提及的许可的条件。

第L181－4条

在保留本编规定的条件下，根据第L181－1条应当取得环境许可的项目仍须遵守以下规定：

（1）第L181－1条第（1）项相关的项目应适用第二卷第一编的规定，第L181－1条第（2）项相关的项目应适用第五卷第一编的规定；

（2）在要求取得许可、登记、申报、无反对决定、赞成和准许且第L181－2条列举了许可、登记、申报、无反对决定、赞成和准许的情况下，适用环境许可所代替的许可、登记、申报、无反对决定、赞成和准许的特别法律，且必要时适用其他规制许可、登记、申报、无反对决定、赞成和准许的法律和法规特别规定。

第二节 许可申请

第L181－5条

提交环境许可申请前，应取得该等许可的项目所有人可以：

（1）从有权行政机关处取得让其可以准备项目及许可申请案卷的信息。有权行政机关的回复基于项目状态作出，且不对最终审议许可申请所必要的案卷内容或审议申请后的决定作出预判；

（2）请有权行政机关根据第L181－6条的规定编写项目证书；

（3）当其项目需要进行个案审查时，提请环境机关确定项目是否应当提交第L122－1条第4款规定的环境评价；

（4）如果项目需要提交环境评价，可以提请有权机关对根据第L122－1－2条的规定在环境影响评价文件中提供的信息的范围和详细程度提出意见。

第L181－6条

经项目所有人向环境机关申请，可由有权行政机关制定并发放项目证书。

根据已提交的申请并参考已提供的信息，证书指明有权行政机关对环境许可的体制、决定和程序，且该等体制、决定和程序于申请之日适用于项目；证书同时也说明预防考古学相关规定下的项目情况。

证书也包括：

—对该等决定进行干预的法规规定期限的提醒；

—或者代替规定的法规时限的决定的审议日程，如该审议日程在第 L181－31 条确定的条件下获得申请人同意并让申请人和行政机关同时参与。

不得引用项目证书中的说明抗辩后续发放的环境许可的上诉；但当项目证书中的说明不准确或者对日程表义务的不了解对证书受益人造成损害时，可以根据项目证书中的说明追究行政机关的责任。

项目发起人可在提交项目证书申请的同时，提交第 L122－1 条第 4 款规定的个案审查申请，第 L122－1－2 条规定的环境影响评价文件中应提供的信息的范围和详细程度的意见请求申请，以及《城市规划法典》第 L410－1 条规定的城市规划证书申请。如提出了该等申请，应将其传送给有权行政机关，由有权行政机关作出决定，项目证书介入前作出的决定应当附在项目证书后。

第 L181－7 条

当申请人准备在第 L122－1 条的意义上通过多个同时的或连续的阶段实现其项目时，申请人可请求适用于每个必要的阶段的独立环境许可。该安排的可能性取决于同时满足两个条件：准备实施的划分不会使项目对第 L181－1 条规定的适用造成影响，以及从环境利害关系的角度该划分具有一定的协调性。如必要，应当对在此框架内发放的环境许可予以补充，以考虑到项目范围内所累积的环境事件。

第 L181－8 条

当所有环境许可申请都要求一些共同的案卷文件时，申请人须提交的案卷文件由第 L181－31 条规定的最高行政法院提出资政意见后颁布的政令具体进行规定，且该等要素中应特别包含第 L122－1 条第 3 款规定的环境评价，或者在项目无须取得环境评价时应提交的环境事件评价报告。

按照适用于项目的法律规定应并入案卷的其他具体的部分和信息及其审议方式，由政令进行规定。

对于申请人认为泄露后从性质上有损第 L124－4 条第 1 款和第 L124－5 条第 2 款提及的利益的信息，申请人应予指明。

第三节　对申请的审议

第 L181－9 条

对环境许可申请的审议分三个阶段进行：

(1)审查阶段；

(2)公众调查阶段；

(3)决定阶段。

但是，当审查阶段表明在案卷或项目的现有状况下不可批准许可时，有权行政机关可在审查阶段结束后即驳回申请。

当考虑到地方城市规划、其替代文件或审议时有效的市镇地图所确定的土壤规定用途而明显不能发放环境许可时，或者必要时不可能发放实现项目所必要的城市规划许可时，有权行政机关可按前段规定驳回申请，为允许发放许可已进行修正程序、修订程序或城市规划文件协调程序的除外。

第 L181－10 条

1. 公众调查按照本卷第二编第三章的规定进行，但对以下规定予以保留：

(1)当项目需要组织多次公众调查时，进行单一的公众调查程序，除非经申请人提出例外申请并获同意的、且从性质上有助于发放环境许可的有权行政机关对项目的良好实施；

(2)该单一公众调查公开进行，并由该行政机关组织。

2. 有权进行机关提请与项目相关的地方政府和地方政府联合体发表意见。当项目按照第 L122－1 条第 2 款的规定提交环境评价时，该提请代替该条第 5 款要求的传送。

第 L181－11 条

与环境许可相关的咨询程序规则代替本法典其他卷规定的咨询程序规则和其他由第 L181－2 条提及的关于决定的发放的相关法律。

第 L181－12 条

为遵守第 L181－3 条和第 L181－4 条的规定，环境许可作出必要的限制性规定。

在不影响适用第 L122－1－1 条规定的情况下，该等限制性规定涉及在项目实施中、项目开发过程中、项目停止时和项目完成后实施特别包括防止、减少和补偿对环境和健康的显要负面影响的措施和手段。

当连通性要求需要取得许可的活动、设施、工程和施工必须满足该等规定或者相邻关系从性质上显著改变了该等活动、设施、工程或施工的危险或弊端时，该等规定也可涉及申请人已经运营的设备和设施和已经开展的活动，或者是为申请人的利益而被许可的设备、实施和活动。

第四节　项目的实施

第 L181 – 13 条

当项目呈现特别重大的危险或弊端时，有权行政机关在环境许可申请的审议过程中或者发放环境许可后，均可要求第三方鉴定以便对需要进行特别验证的案卷要素进行分析。

第三方鉴定由申请人与行政机关一致选定的外部组织开展，并由申请人承担费用。

第 L181 – 14 条

对于环境许可范畴的活动、设施、工程或施工的任何实质性改变都需要发放新的许可，无论改变发生在项目实施前、实施过程中或经营过程中。

在实质性改变之外，任何在同样情况下发生的显要改变均应当告知在第 L181 – 31 条规定的政令定义的条件下发放环境许可的有权行政机关。

在发生改变的情况下，或者在任何情况下当有权行政机关认为执行事先规定的限制性规定无法保证遵守第 L181 – 3 条和第 L181 – 4 条时，有权机关可以施加遵守该等条款所必要的补充性限制性规定。

第 L181 – 15 条

对环境许可受益人变更需要向有权行政机关进行申报或获得有权行政机关的许可，变更的情形和条件由第 L181 – 31 条规定的政令具体规定。

如果环境许可的延长和更新包含对被许可项目的实质性改变或者在最初决定发放许可所依据的事实和法律情况发生了实质性改变的情况下，环境许可的延长和更新需要取得新的许可。相反则适用第 L181 – 14 条最后 1 段的规定。

第五节 检查与处罚

第 L181 –16 条

1. 为适用本章,行政检查的行使与采取的行政管制措施应在本卷第七编第一章以及其相关法律所规定的条件下进行。

2. 为适用本章,对违法行为进行查证、认定和处罚应在本卷第七编第二章第二节以及其相关法律所规定的条件下进行。

3. 除司法警官和警员以及本法典特别授权的其他公务人员外,以本卷第七编第二章第一节和其他法律规定的名义得到特别授权的公务员和公务人员有资格查证与认定第 2 款提及的违法行为。

第 L181 –17 条

针对基于第 L181 –9 条倒数第 2 段的规定作出的决定以及第 L181 –12 条到第 L181 –15 条提及的决定,可以向法院提起完全管辖之诉。

第 L181 –18 条

1. 受理以反对环境许可为由的行政诉讼状的行政法官,在认定其他理由不成立的情况下,可以判定:

(1)某一瑕疵只影响环境许可申请审议阶段或者许可的一部分,可将其宣布撤销的范围限定为该阶段或该部分,并要求有权行政机关重新审议不符合规定的该阶段或该部分;

(2)在造成该文件不合法的瑕疵可能通过修改性许可而符合规定时,在邀请各方当事人发表意见后,法官可延缓至其确定的合规调整期限到期后作出裁决。当该修改性许可文件在上述期限内提交法官的,在邀请各方当事人发表意见后,由法官作出裁定。

2. 在撤销或延缓作出决定只涉及环境许可的一部分时,法官决定是否对许可无瑕疵部分的执行进行中止。

第六节　部分类别项目的特别规定

第一分节　可能对水资源与水环境造成影响的设施、工程、施工与活动

第 L181－19 条

本分节的规定适用于第 L181－1 条第(1)项相关的项目。

第 L181－20 条

当多个申请人准备在同一地点实施不同的设施、工程、施工或活动且各自仅属于第 L181－1 条第(1)项规定的情况下,可共同申请一个环境许可。

第 L181－21 条

相应的情况下,环境许可设定许可的有效期限。

第 L181－22 条

在不影响第 L214－4 条和第 L215－10 条第 2 款和第 2－1 款的规定的适用的情况下,对下列事项构成严重威胁的情形的,可以废止和修改环境许可,并且因国家行使管制权力而不享有国家赔偿:

(1)国家建立的自然保护区的状态或面貌;

(2)对作为分类的或正在分类过程中的遗迹所具备的公共利益的特点的保护;

(3)第 L411－1 条提及的地区、栖息地和物种的保护;

(4)Natura 2000 站点的保护目标;

(5)对《森林法典》第 L341－5 条列举的一个或数个功能有所必要的造林保护。

第 L181－23 条

当设施、工程、施工或活动最终停止时,由经营者将该地点恢复到不会对第 L181－3 条提及的保护利益造成任何损害的状态,并通知有权行政机关活动停止情况以及采取的措施;在没有经营者的情况下,由所有权人履行该等义务。在不影响《矿产法典》第 L163－1 条至第 L163－9 条和第 L163－11 条适用的情况

下，该机关可以在任何时候通过施加限制性规定要求其将该地点进行恢复原状。

本条的规定不适用于通过《能源法典》第五卷第二编特许的水利企业的设施、工程和施工。

第二分节 环保分类设施

第 L181－24 条

本分节的规定适用于第 L181－1 条第（2）项相关的项目。

第 L181－25 条

申请人提供一份危险评估，明确设施在事故时可能对第 L511－1 条提及的利益造成直接或间接的风险，无论引起事故的原因出于设施内部或外部。

危险评估的内容应与设施造成的风险的重要性相关。

在有需要的情况下，该评估应当就潜在事故发生的可能性、动态关系和严重性进行风险分析，并对其采用的方法进行明确解释。

危险评估明确和证明减少事故发生的可能性及缩小影响的措施。

第 L181－26 条

许可的发放尤其取决于设施与如下地点的距离，该等地点包括住房、通常由第三人占据的不动产、接待公众的机构、河流、交通道路、引水设施、公众聚集区域、休闲区域、特定自然利益区域或具有特别敏感性的地区或者可用于对抗第三人的城市规划文件确定的用于居住的区域。

第 L181－27 条

许可应考虑申请人预计达到的技术和财务能力，以使申请人能够在遵守第 L511－1 条提及的利益的情况下开展其项目，以及在活动停止期间满足第 L512－6－1 条的义务。

第 L181－28 条

当无固定期限经营活动中对第 L511－1 条提及的利益造成不可接受的危险和弊端的设施，对土壤或地下的使用不断增加，许可中应明确经营的最长期限或相关经营阶段的最长期限，并且在必要时，确定其产品的储存量及提取量的最大值和经营活动结束后的调整、监测和监督条件。

第七节　其 他 规 定

第 L181－29 条

环境许可在根据《森林法典》第 L341－3 条的规定代替开垦许可时，不适用于《城乡规划法典》第 L425－6 条、《森林法典》第 L341－7 条和《森林法典》第 L341－9 条第 1 句的规定。

第 L181－30 条

不得在由本编规制的环境许可发放前执行依照《城市规划法典》第 L421－1 条至第 L421－4 条而应取得的许可和对于事先申报的无反对决定。

但是，如拆除行为不损害第 L181－3 条提及的利益，可在由本编规制的环境许可发放前执行拆除许可。

第 L181－31 条

本章的适用方式以及依据第 L217－1 条和第 L517－1 条适用于项目的特别条件由经最高行政法院提出资政意见后颁布的政令确定。

第二卷

自 然 环 境

第一编　水、水环境与海洋环境

第 L210－1 条

水是全民族的共同遗产。在尊重自然平衡的前提下，对水的保护、利用和可用资源的开发具有公益性质。

在法律、法规以及既定权利的框架内，每个人都可使用水资源。自然人为其饮用和卫生的需要，均有权在所有人均可接受的经济条件下获得饮用水。

水的使用成本应由使用者承担。成本计算应包括与环境和资源本身相关的成本，并考虑社会、环境和经济后果以及地理条件与气候条件。

第一章　一般制度与资源管理

第 L211－1 条

1. 本编第一章至第七章的各项规定以水资源平衡和可持续管理为宗旨；此种管理考虑应对气候变化的必要适应措施，并确保：

(1) 预防洪涝灾害，保护水生态系统、遗迹和湿地；湿地，是指永久或临时地被淡水、咸水或半咸水覆盖或浸泡的土地，无论其是否已开发，其内如有植物，一年当中至少有部分时间由向湿性植物占据支配地位；

(2) 保护水体，无论其为地表水、地下水或领水范围内的海水，防止由直接或间接倾倒、排放、抛弃、存放任何性质的物质以及更为普遍的、任何可能由于改变水体的物理、化学、生物或细菌特性而引起或加剧水体恶化的任何行为所引起的各类污染；

(3)恢复水体质量和维持水体再生；

(4)开发、调用、创造与保护水资源；

(5)将水作为经济资源加以利用，特别是作为发展电力生产的可再生能源来源加以利用，实行水资源合理分配；

(5)-1 实施积极的水资源储存政策，从而对水资源进行共享使用，以便保障为保证农产品生产安全和维持河流最低水位的灌溉需求，并满足本地居民的需求；

(6)促进水资源有效、节约与可持续的利用；

(7)恢复水文地理流域内的生态连续性。

适用本条第(1)项所采用的标准，由最高行政法院提出资政意见后颁布的政令规定。

2. 平衡管理应优先满足人群的健康、公共卫生、民用安全与饮用水供应方面的要求，并在不同的使用、活动或施工中满足或协调以下需求：

(1)接收环境中的生物，特别是鱼类和贝类的需求；

(2)水的保护和自由流动，以及预防洪涝；

(3)农业、海洋渔业与海水养殖业、淡水渔业、工业、能源生产等方面的需求，特别是出于确保电力系统、交通、旅游、遗迹保护、休闲活动、水上运动的安全以及合法开展的任何其他人类活动安全的目的。

3. 水资源的平衡管理不得妨碍对水利遗产的保护，特别是对磨坊及其附属建筑物以及为了利用河流、湖泊和海洋的水力而修建的水利工程的保护；水利遗产根据《遗产法典》第六卷的规定作为历史纪念地、周边地区或显著遗产性遗迹予以保护，或适用《城市规划法典》第 L151-19 条进行保护。

第 L211-1-1 条

第 L211-1 条定义的湿地的保护与可持续性管理具有公益性质。国家、大区与地方农村领土整治政策以及公共资助分配，应考虑湿地保护、开发利用及可持续管理的特殊困难，并考虑湿地通过适应性的农业、畜牧业、林业、狩猎业、渔业与旅游业对生物多样性和景观保护、水资源管理和预防洪涝灾害政策的贡献。为此，国家及其公共机构，大区、省、市镇及其联合体，应在各自的权限范围内，确保其领土各项公共政策的一致性。根据第 L212-1 条第 10 款的规定，国家确保在水体整治与管理纲要中应考虑各项公共政策的一致性。

第 L211-2 条

1. 地表水、地下水以及属于法国领水范围内的海水的水质保护及分配的一般规则，由最高行政法院提出资政意见后颁布的政令规定。

2. 上述规则：

（1）规定质量标准，以及按照水的不同用途并兼顾各种用途恢复和保护水质所必要的措施。

（2）规定水的分配规则，以便协调各类使用者的利益。

（3）规定可以进行下列事项的条件：

（a）禁止或限制直接或间接倾倒、排放、抛弃、存放水或物质，以及更为普遍的，任何可能改变水质或水环境的行为；

（b）规定保护水质和确保对开采中或废弃的水井和钻探井的监测所必要的措施。

（4）在通常可预见的使用条件下，有可能损害水环境质量的产品或设备的市场投入和传播的禁止或限制性条件。

（5）规定负责水治安、排放或相关活动的部门对设施、施工或操作进行技术控制的条件，以及在不遵守规章的情况下，可以由经营者、所有权人或者实施操作的责任人承担费用的条件。除公立实验室以外，只有得到认可的实验室才可以对排放任何性质的物质，包括放射性物质进行控制。

第 L211 -3 条

1. 作为第 L211 -2 条的一般规则的补充，全国性的限制性规定或领土特定部分的特别限制性规定，由最高行政法院提出资政意见后颁布的政令规定，以便确保第 L211 -1 条规定的各项原则得到保护。

2. 上述最高行政法院提出资政意见后颁布的政令对行政机关可从事下列事项的条件进行特别规定：

（1）采取限制或临时暂停用水的措施，以便应对事故、干旱、洪水的威胁或后果，或者应对短缺的风险。

（2）在尊重国家同意的公共服务特许所产生的权利和义务的基本精神的条件下，特别是在为当前或将来饮用水供应而作出公用申报的资源保护区域内，颁布适用于用水或者改变水位或流动方式的设施、施工或活动的特别限制性规定，以及颁布可以禁止或限制任何钻探、取水、筑坝、排放施工或工程的条件。

（3）制定泉水、天然矿泉水矿藏及其保护所适用的特别规定。

（4）在第 L211 -1 条定义的湿地内部从事如下事项：

（a）划定被称为“特别环境利益湿地”的区域，对该区域的维护或修复对汇水盆地综合管理具有利益，或者具有特别的旅游、生态、景观或狩猎价值；

(b)在《农村与海洋渔业法典》第L114－1条规定的条件下，制定旨在修复、保护、管理与可持续利用本条第(a)项定义的"特别环境利益湿地"的行动计划。

(5)为了在本条第(4)项规定的条件下制订行动计划：

(a)划定有必要确保对目前或未来的供应特别重要的饮用水引水供应区进行数量和质量保护的区域。必要时，应在第L212－5－1条第1款规定的水资源与水环境治理与可持续管理规划认定饮用水引水供应区之后，划定上述区域。上述行动计划可规定禁止在划定区域使用对健康或环境具有危险的物质。

(b)划定汇水盆地区域。如果水体整治与管理指导大纲认定的汇水盆地的海滩遭遇大型绿潮，从其性质上可能影响实现第L212－1条规定的、与沿海水域及其给水过渡水域有关的良好状态目标。欧洲议会与欧盟理事会2000年10月23日《建立水领域的共同体政策框架的第2000/60/CE号指令》对沿海水域及其给水过渡水域作出定义。

(c)划定农业土地的扩散侵蚀可能影响实现第L212－1条规定的良好状态目标的地区，或者在相应的情况下，影响实现第L212－1条规定的良好潜力目标的地区。

(6)划定范围，在该范围内为全体灌溉用水人的利益向唯一机构发放灌溉用水许可。在水分配区域内，行政机关可以依职权设置该机构。上述机构可以让其范围内的灌溉用水人，以及在相应的情况下，其他自愿出资人参与分担与该项任务相关的费用。实现此种参与的一般标准和形式，由最高行政法院提出资政意见后颁布的政令规定。

(7)在水质受到损害、导致或者可能导致无法达到饮用标准时，划定第(5)项规定的部分饮用水饮用供应区中的全部或部分，以便在3年内限制上述区域内的土地用于种植粗放经营的永久牧场或者无添加物的木材种植等农业用途；在未能实现上述限制的情况下，规定使上述区域保留其他种植物遵守限制或禁止使用合成添加物的条件，并为此在《农村与海洋渔业法典》第L114－1条规定的条件下制定包括补偿措施的行动计划，该计划应遵守欧盟相关法律。

(8)划定其海滩遭遇大型绿潮的流域，并强制对所有扩散或出售的氮总量以及扩散地点进行年度申报。该流域由水体整治与管理指导大纲进行定义，且从其性质上可能会影响实现水体的良好状态目标。进行年度申报的义务适用于使用或生产来源于有机体或矿物的氮的所有主体，特别是从事《农村与海洋渔业法典》第 L311 －1 条规定的活动的农业经营者，污水和废弃物处理设备的公私管理人，以及在《地方政府总法典》第 L411 －1 条及其后各条、第 L1415 －1 条及其后各条以及第 L1415 －1 条及其后各条规定的条件下进行管理的公共部门框架内的肥料或氮肥使用者。

（9）制定适用于贝类养殖和鱼类养殖资源保护的具体规定。上述规定可以加强对水的物理、化学、生物、细菌和微生物质量的监测，并且加强对污染防治措施的监测。

3. 在根据第 2 款第（1）项至第（8）项划定的受到污染损害的脆弱区中安装了氮扩散的年度监测设备的区域内，行政机关可以要求：

（1）在该区域内以职业名义拥有含氮肥料或对含氮肥料进行商业化使用的人，包括上述物质的运输者和撒播服务的提供者就其无偿或有偿处理、接收、交付、出让的氮的总量进行年度申报；

（2）在该区域内寄送或交付含氮肥料用于农业用途的其他人员就其寄送或交付的氮的总量进行年度申报。

4. 最高行政法院提出资政意见后颁布的政令规定：

（1）旨在确保根据《能源法典》第五卷第二编进行特许的工程以外的水利工程的安全规则。上述规则涉及所有权人或经营者对工程进行监督的方式，还可规定经认可组织对某些工程的干预行动，且行动所产生的费用由所有权人或经营者承担。

（2）行政机关对相关组织的认可方式和确保本款第（1）项得到遵守的控制方式。

（3）行政机关可要求本法典第 L214 －2 条规定的工程或《能源法典》第五卷第一编规定的工程的所有权人或经营者提交风险研究，该研应阐明在发生事故时工程对公共安全产生的直接或间接的风险，无论事故是由工程内部或外部原因造成。该研究应按照其释明的方法，考虑潜在事故的发生概率、动因和严重性，并界定和论证减少事故发生的可能性和影响后果的合理措施。

第 L211 －4 条

在特定海域或海洋区域、咸水池塘和三角洲，直至咸水分界线，国家有权行政机关可根据上述区域对区域内生物资源的开发和利用活动的贡献规定其水质标准。

可根据水质标准的要求对相关行为进行禁止或限制。本规定也适用于对源自水域的、用于人类消费的植物或动物产品的商业化的管理。

第 L211 -5 条

任何人在知悉对公众安全和水质、水循环或水体保护具有危险的任何事件或事故的情况下，均应在最短的时间内向利益相关的省长和市长报告。

引起事件或事故的人以及经营者，或者如没有经营者则包括所有权人，自其知悉事件或事故起，应采取或者委托他人采取所有可能的措施，以终止给水环境造成危险或者损害的因素，并对事件或事故的后果做出评价和进行补救。

省长可以命令上述主体采取措施，以终止被认定的损害，或对损害的严重性进行评估和分析。

在责任人缺位的情况下，如果存在污染或破坏自然环境的风险，或者对公共健康和饮用水供应有污染或破坏的风险时，省长可以采取或者委派他人采取必要措施，相关费用和风险由责任人承担。

利益相关的省长和市长应通过任何适当的方法，向公众告知事件或事故的具体情况、可预见的后果以及已采取的补救措施。

为终止可能对水环境造成危险或损害的因素，防止或限制事件或事故的后果，消防和救援公共部门的工作人员可以进入私人财产。

在不影响对受到的其他损害进行赔偿的前提下，从物质上或财务上干预的公法法人有权要求事件或事故责任人承担相关花费。为此，他们可以在事件或事故后，作为民事当事人向受案刑事法院起诉。

第 L211 -5 -1 条

在防治水资源事故污染的框架内，国家可对一家或数家研究、试验与实施污染防治措施方面的专业机构进行认可，以便其开展公益专家鉴定活动和对相关机构提供支持。

当机构不再具备获取认可书所需条件时，可以撤销根据本条规定签发放的认可书。

第 L211 -6 条

可以就根据第 L211 -5 条的规定做出的行政决定在第 L181 -17 条和第 L181 -18 条规定的条件下向行政法院提起诉讼。

第 L211 -7 条

1.《地方政府总法典》第 L5111 -1 条第 2 段定义的地方政府及其联合体，

以及本法典第 L213 – 12 条规定的流域地方公共机构,在对本条第 1 – 1 款赋予市镇的权限予以保留的前提下,可以执行《农村与海洋渔业法典》第 L151 – 36 条至第 L151 – 40 条规定的,用于开展对具有公益性或紧迫性的施工、行动、工程或设施的研究、实施和经营活动;如果有水体治理与管理纲要,则应在该纲要的框架内进行;上述活动的目的在于:

(1)对某一水文地理流域或流域的一部分进行整治;

(2)维护和治理河流、运河、湖泊或水体,包括进入该河流、运河、湖泊或水体的通道;

(3)保障水的供应;

(4)雨水和排水控制,或者防治土壤侵蚀;

(5)抵御洪水和海潮;

(6)防治污染;

(7)保护与保存地表水和地下水;

(8)保护与恢复遗迹、水生态系统、湿地以及沿岸林木带;

(9)进行水利整治,保障公众安全;

(10)现有水利工程的经营、维护和整治;

(11)水资源与水环境监测设备的建立和经营;

(12)在一个亚流域内、一个亚流域群内或者属于一个水文地理单元的含水层系统内对水资源和水环境的管理与保护方面进行激励和协调。

上述职权可由法国航道署的公共机构在其管理范围内行使。

1 – 1. 市镇在水环境管理和防洪领域具有权限。该项权限包括第 1 款第(1)项、第(2)项、第(5)项和第(8)项定义的任务。为此,市镇可以适用第 1 款规定的程序。

1 – 2. 当地表水或地下水的状况对卫生和环境具有重大影响,使得有必要对大区内各个水文地理亚流域进行协调管理时,经大区议会请求,并根据《地方政府总法典》第 L1111 – 9 – 1 条的规定征询地方公共行动会议的意见后,可通过政令将本条第 1 款第(12)项规定的水资源和水环境管理和保护方面的全部或部分激励和协调任务委托给大区议会承担。

在不影响其他地方政府、地方政府联合体和地方联合会的权限和受地方水务委员会委托承担秘书处职能的公法法人的任务,以及在相应的情况下,不影响制定水体整治与管理总体规划所必要的研究和分析及对其实施情况的跟踪的前提下，大区与流域委员会协调行使上述职权。

2. 上述工程的研究、实施和经营可以特许混合经济公司执行。特许权受让人有依据收取《农村与海洋渔业法典》第 L151－36 条规定的参与价款。

3. 以《农村与海洋渔业法典》第 L151－37 条的名义、以本法典第 L214－1 条至第 L214－6 条的名义，以及在相应的情况下，以公用申报的名义，可按照本法典第一卷第二编第三章的规定进行单一的公众调查。

4. 除对已经产生既判力的法院判决予以保留外，根据 1959 年 1 月 7 日《与非通航非漂浮的河流的河岸上的自由通行地役权有关的第 59－96 号政令》的规定设定的非公有河流的河床或河岸上的维护设备的自由通行地役权有效，并具有《农村与海洋渔业法典》第 L151－37－1 条意义上的地役权的性质。

5. 本条规定适用于国家施工、行动、工程或设施。

6. 本条的适用条件由最高行政法院提出资政意见后颁布的政令规定。

第 L211－7－1 条

经河流内常设工程的经营者同意，或者在没有经营者的情况下经该工程所有权人同意，并正式将同意后的相应后果通知经营者或所有权人后，地方政府、地方政府联合体、《地方政府总法典》第 L5721－2 条规定的地方联合会以及水务局可以负担遵守行政机关在本法典第 L181－12 条、第 L214－3 条、第 L214－3－1 条、第 L214－4 条和第 L214－17 条的基础上对其施加的规则与限制性规定所必要的研究和施工，以保护第 L211－1 条规定的利益。

上述政府、联合体、联合会和机构的研究和施工产生的所有性质的费用，包括管理费，减去最终获得的补贴，由业主或经营者全额报销。

第 L211－7－2 条

在《保险法典》第 L113－4 条的规定的条件下，对于洪涝风险和免赔额的保险费金额，应按比例考虑到由于采取预防行动而减少的风险。

第 L211－8 条

在发生经负责水治安事务的部长认定的、危及民众饮用水供应的严重旱灾的情况下，省长在征求经营者意见后，如有必要，可命令在相关汇水盆地内暂时不遵守规定水利企业保留流量的规定。

第 L211－9 条

为防止水浪费而强制规定应当采取的建设与维护公私网络与设备的措施的

条件,由最高行政法院提出资政意见后颁布的政令作出规定。

第 L211 -10 条

尽管有《矿产法典》第 413 -1 条的规定,与地下水勘查、生产及其制度有关的所有样品、文件与资料立即成为公共财产。

第 L211 -11 条

与饮用水质量有关的特别规定,由《公共健康法典》(第一部分第三卷第二编第一章、第二章和第四章)作出。

与浴场水质有关的特别规定,由《公共健康法典》(第一部分第三卷第三编第二章)作出。

第 L211 -12 条

1. 经国家、地方政府或地方政府联合体申请,在河流或其支流的沿岸土地或者在沿岸土地的汇水盆地内或海湾区域内,可以设定公用地役权。

2. 设立上述地役权的宗旨可以为以下一项或多项:

(1)通过整治开辟临时滞洪区或泄洪区,人为增强区域的蓄水能力,以便减轻位于下游的区域的滞洪水或泄洪水;

(2)在被称为“河流机动区”的区域内已城市化的地区的上游,建立或恢复河流次级河床的机动区域,以便保护或者恢复该区域的主要水文地质与地貌特征;

(3)保护或者恢复被称为“水资源管理战略区”的湿地,湿地范围根据第 L212 -5 -1 条的规定确定。

3. 由省级条例划定设定第 2 款第(1)项与第(2)项所指的地役权的地区。颁布省级条例前,应按照本法典第一卷第二编第三章的规定开展公众调查。设定上述第 2 款第(3)项所指的地役权的区域的范围,根据第 L212 -5 -1 条的规定进行划分。

4. 在上述第 2 款第(1)项所指的临时滞洪区或泄洪区内,如果某一行为在性质上可能影响为了在该区域内滞留洪水的工程的良好运行、维护和保护,省级条例可以强制所有权人与经营者不得实施上述行为。为此,省级条例可以规定,凡是因其性质、重要性或者所在地而有可能妨碍蓄水或排水,且不属于《城市规划法典》设定的许可或申报的适用范围的施工,均应向在城市规划方面具有权限的机关进行事先申报。

省级条例也可以规定,凡是因其性质、重要性或者所在地而有可能妨碍蓄水或排水，且不属于《城市规划法典》设定的许可或申报的适用范围的工程，应进行事先申报。在收到申报书之日起2个月内，省长可通过说明理由的决定反对实施工程，或者对必要的施工作出限制规定。上述期限内不得进行施工。

对于本条第4款第1段所指的施工，以及需要根据《城市规划法典》申请许可或进行事先申报的施工与工程，凡因其性质、重要性或者所在地而有可能妨碍蓄水或排水的，在城市规划方面有管辖权限的机关应征求省长的同意，省长可以在收到申报书或许可申请书之日起2个月内，反对实施施工或者命令进行必要的变更。上述期限内不得进行施工。

此外，省级条例应规定，在明确期限内将可能引起损害或者其自身可能受到损害的机动机件进行疏散。

5. 在本条第2款第（2）项规定的河流机动区内，不得实施河岸、堤坝、筑坝和冲刷保护性施工，不得进行建设或安装设施。总体而言，不得实施任何可能妨碍河流自然流动的施工或工程。为此，省级条例可规定，凡是因其性质、重要性或者所在地而有可能妨碍河流自由流动，且不属于《城市规划法典》所设定的许可或申报的适用范围内的施工，均应向在城市规划方面具有权限的机关进行事先申报。

省级条例也可规定，凡因其性质、重要性或者所在地点而有可能妨碍河流自然流动，且不属于《城市规划法典》所设定的许可或申报的适用范围内的工程，均应进行事先申报。自收到申报书之日起2个月内，省长可通过说明理由的决定反对实施工程，或者对必要的施工作出限制规定。上述期限内不得进行施工。

对于本条第5款第1段所指的施工，以及需要进行《城市规划法典》设定的许可或申报的施工和工程，凡是因其性质、重要性或者所在地而有可能妨碍河流自然流动的，在城市规划方面有管辖权限的机关应征求省长的同意，省长可以在收到申报书或许可申请书之日起2个月内，反对实施施工或者命令进行必要的变更。上述期限内不得施工。

5－1. 在第2款第（3）项规定的被称为“水资源管理战略区”的湿地区域内，省长可通过条例要求所有权人和经营者不得实施任何性质上会损害自然以及区域的功能、维持和保护的行为，特别是排水、回填或草场翻转的行为。

6. 在相应的情况下，省级条例可指明因妨碍地役权客体而必须将其拆除、变更或恢复的现存或者缺少的要素。施工的财务费和对可能因施工引起的损害的赔偿，由要求设定种役权的地方政府承担。但是，如果上述要素属于国家或者国家公共机构，施工的费用由上述国家或公共机构负担。

7. 在设定地役权的宗旨之一牵涉由公共行政区建立设施、进行施工或者从事活动时，所有权人或者经营者有义务准许负责工程整治、维护或经营的工作人员在任何时候进入包括设定地役权的区域范围内的土地。

8. 当第1款规定的地役权造成实质、直接和确定的损害时，设定上述地役权的土地所有权人有权获得补偿金。补偿金由要求设定地役权的地方政府承担。在当事人无法达成友好协议时，补偿金的数额由省内在财产征用方面有管辖权的法官确定。

9. 因在设定第2款规定的地役权的区域内临时滞洪而造成洪水超过规模，致使收获物、农作物、死亡或存活的牲畜、陆上机动车以及建筑物受到实质损害，其占有人有权获得补偿金。但是，因其行为或者疏忽而促使损害发生的自然人或者法人，应按其承担的责任比例，排除其获得补偿金的权利。补偿金由要求设定地役权的地方政府负担。

对用于农业经营的收获物、农作物、建筑物和死亡或存活的牲畜受到的损害，在地方协议议定书的框架内进行鉴定。在没有议定书的情况下，损害在《农村与海洋渔业法典》第L361－5条规定的条件下进行鉴定。

10. 在认定第6款规定的施工已经完成的省级条例公示之日起10年内，或如果上述工程并非必需时，自根据第1款的规定设定的一项或多项地役权的省级条例公示之日起10年内，设定地役权之一的地块的所有权人可以要求由提出设定该地役权的地方政府购买其全部或部分地块。上述抛弃权在《城市规划法典》第L230－1条及其后的条文规定的条件下行使。同时，如果地役权的存在影响到其在设定地役权之前相类似的条件下经营或使用其他地块，所有权人可以要求设定地役权的地方政府购买其他地块的全部或部分。

11. 在上述第2款规定的区域内，有权限的市镇或者跨市镇合作性公共机构，可以在《城市规划法典》第L211－1条规定的条件下设定城市优先购买权。有权限的市镇或者跨市镇合作性公共机构可以委托要求设定该地役权的地方政府行使此项权利。

12. 最高行政法院提出资政意见后颁布的政令规定本条政令的实施条件。

第L211－13条

1. 不论有何相反规定，国家、地方政府或地方政府联合体在取得位于本法典第L211－12条规定的临时滞洪区或泄洪区或河流机动区内的土地后，在订立或者续订涉及上述土地的《农村与海洋渔业法典》第四卷第一编所指的农村租约时，均可以对承租人规定土地使用模式，以便预防洪涝或者不加重潜在损害。

1-1. 不论有何相反规定，国家、地方政府或者地方政府联合体在取得位于本法典第 L211-12 条规定的水资源管理战略区内的土地以后，在订立或者续订涉及上述土地的《农村与海洋渔业法典》第四卷第一编所指的农村租约时，均可以对承租人规定土地使用模式，以便保护或恢复自然状态与功能。

2. 作为《农村与海洋渔业法典》第四卷第一编的规定的例外，涉及按照上述第 1 款与第 1-1 款订立或者续订的农村租约争议的诉讼，仅由行政法院管辖。

第 L211-14 条

1. 在某些河流、河流的一段或者面积在 10 公顷以上的水体的沿岸，经营者或在没有经营者时其占有人，或岸边土地的所有权人，有义务建设并保持适应自然环境生态系统的物种组成的永久植被覆盖，其土地宽度从岸边起算至少为 5 米，且不包括被水覆盖的或者被建筑物、庭院、有围墙的土地占据的空间并不得影响上述空间所适用的城市规划规则。

2. 其沿岸适用该项义务的河流、河流的部分或者水体的清单，由行政机关通过条例规定；行政机关应当与以共同农业政策框架内有利于农业生产者的直接支持制度的名义对河流的设定保持一致，并考虑水的良好生态和化学状况的目标。行政机关可具体规定由环保性植被覆盖的表面的管理方式，特别是要避免外来物种的蔓延滋生。但是，除非可证明其对环境无害，或者在最低保护地方规则所规定的情况下，禁止在上述表面使用肥料与植物病药物产品；同时，禁止存放产品或废弃物。

3. 如果根据本条采取的措施造成实质、直接和确定的损害，其中实质损害包括收入减少，相关区域内的土地的占有人或所有权人有权获得补偿金。补偿金由国家负担。当事人之间无法达成友好协议时，补偿金的数额由对财产征用有管辖权的法官按照相关程序进行确定。

第二章　规　　划

第一节　水体整治与管理指导大纲

第 L212－1 条

1. 行政机关划定流域或流域群的范围，同时在必要时，确定地下水体以及与之连接的内水和领海的水域。

2. 具有权限的流域委员会在每一流域或流域群内：

（1）分析流域或流域群特点以及活动对水的状况的影响，并且对水的利用进行经济分析；定期对上述分析进行重新审查。

（2）建立并经常更新一项或多项登记簿，对以下事项进行登记：

—按照关于保护地表水或地下水或保护直接依赖水的栖息地或物种的欧盟特别法律，受到特别法律或法规规定规制的区域；

—当前或将来用于饮用水供应的引水区。

3. 每一个水文地理流域或流域群，具有一项或多项水体整治与管理指导大纲，大纲确定本条第 4 款所规定的目标，以及可以满足第 L211－1 条与第 L430－1 条规定的原则的方针。大纲考虑按照地理区域对水电潜能的评估，水电潜能按照 2000 年 2 月 10 日《关于电力公共服务现代化与发展的第 L2000－108 号法》第 6 条第 1 款确定。

4. 水体整治与管理指导大纲确定的水质和水量目标应符合：

（1）对于地表水，除人工水体或被人类活动强烈改变的水体之外，应具备良好的生态和化学状况；

（2）对于人工水体或被人类活动强烈改变的水体，应具备良好生态潜力以及良好化学状况；

(3)对于地下水体,应具备良好化学状况,保持抽取量与每一地下水体的再生能力之间的平衡;

(4)预防水质恶化;

(5)满足第2款第(2)项所指的区域确定的特别要求,尤其是为了减少用于人类消费的水的生产所必要的处理。

5.最迟应在2015年12月22日实现第4款规定的目标。欧盟指令规定的达成第4款第(1)项和第(2)项规定的良好化学状况的期限,由法规作出规定。但是,如果因某种技术、财务或自然条件引起的原因无法在上述期限内达到第4款第(1)项、第(2)项和第(3)项规定的目标的,水体整治与管理指导大纲可以延长期限并说明理由,但由此造成的延期不得超过水体整治与管理指导大纲进行2次更新的期间。

6.当不可能达到第4款第(1)项、第(2)项和第(3)项规定的目标,或者从可期待的利益的角度来看实现上述目标的成本过高时,水体治理与管理指导大纲也可以规定不同的目标并说明理由。

7.由于水的物理特性发生改变或者新的人类活动,在第13款规定的政令定义的条件下,可作出第4款第(1)项至第(4)项和第6款提及的目标的例外规定,并说明理由。

行政机关规定例外清单之前,应向公众进行为期至少6个月的公示,特别是通过电子途径进行公示,以便收集公众意见。

8.水体整治与管理指导大纲应指明使用者如何承担与用水相关的成本,同时至少应区别工业、农业和生活用水。上述数据在指导大纲更新时予以更新。

9.指导大纲确定必要的治理和规定,包括在第L371－3条规定的获得通过的大区生态一致性纲要或《地方政府总法典》第L4251－1条规定的大区整治、可持续发展和领土平等纲要中的蓝色基础设施的建设,以便预防水和水环境恶化,确保水和水环境的保护和状况的改善,实现和遵循第4款至第7款规定的水质和水量目标。特别地,指导大纲确定有必要对工程、特别是水电工程进行协调管理的亚流域或亚流域的一部分。

在按照第L212－2条第4款定期更新水体整治与管理指导大纲时,指导大纲应不违背第L219－9条至第L219－18条规定的海洋环境行动规划定义的环境目标。

10.水体整治与管理指导大纲确定第L212－3条规定的水体治理与管理纲

要的内水与领海以及亚流域或亚流域群，以便遵守根据本条规定确定的基本方针和目标；指导大纲还确定应当制定与修订纲要的期限。在指导大纲未确定上述内容的情况下，行政机关可以根据第 L212 – 3 条规定的方式确定上述范围和该期限。

11. 水领域的各项计划和行政决定应不违背水体整治与管理指导大纲的规定。

12. 当出现跨境流域或者流域群的情况时，第 1 款规定的范围划定、第 4 款规定的目标和第 9 款提及的整治与规定，应与有关的外国有权机关协调确定。

13. 最高行政法院提出资政意见后颁布的政令具体规定本条的实施细则。

第 L212 – 2 条

1. 对每一流域或流域群有管辖权的流域委员会负责制定与修订水体整治与管理指导大纲，并跟踪其实施情况。

2. 流域委员会负责组织公众参与水体整治与管理指导大纲制定。流域委员会起草下述文件，并通过电子途径对各项文件进行为期至少 6 个月的公示，以便征求公众意见：

—水体整治与管理指导大纲预定生效之日以前至少 3 年，公示指明指导大纲制定或修订方式的时间表和工作计划；

—水体整治与管理指导大纲预定生效之日以前至少 2 年，公示一份流域及流域群在水管理方面产生的重要问题的临时概要；

—水体整治与管理指导大纲预定生效之日以前至少 1 年，公示水体整治与管理指导大纲的草案，以及本法典第 L122 – 4 条要求的环境评价报告。

上述文件通过电子途径公示。公众可在指定地点免费使用电子信息设备来查阅相关文件的电子版本。

自以上述方式公示之日起，公众可在指定地点查阅上述文件的纸质版本。

在通过电子途径和当地出版物的形式公示上述文件之前，须至少提前 15 日告知公众上述文件的查阅方式。

流域委员会可根据公众提出的观点和意见对大纲草案进行修改。

在每一阶段公众参与结束时并且最迟在指导大纲通过之日，流域委员应会发布概要，汇报所收集的观点和意见以及委员会对上述观点和意见进行考虑的方式。

3. 水体整治与管理指导大纲由流域委员会通过后，应交行政机关批准，并供公众查阅。

4. 水体整治与管理指导大纲每6年更新一次。

5. 可在《城市规划法典》第L300－6－1条规定的条件下对水体整治与管理指导大纲予以调整。

6. 最高行政法院提出资政意见后颁布的政令具体规定本条的实施细则。若流域委员会不能在规定期限内完成任务，由政令规定行政机关可取代流域委员会的条件以及为此需实行的程序。

第L212－2－1条

行政机关为每一流域或流域群制定一项多年措施计划，并定期更新。多年计划旨在促进水体整治与管理指导大纲中的目标的实现和规定的实施。行政机关根据第L212－2条第2款规定的方式组织公众参与多年措施计划的制订。该计划及其定期更新，应征求流域委员会意见。

第L212－2－2条

在流域委员会发表意见后，行政机关为每一流域或流域群制定一份水状况监测计划，并对其进行更新。

非公有的河流、湖泊和水体沿岸的所有权人应在其土地上为行政机关委任的工作人员保留自由通行的通道，以便其能够进入上述河流、湖泊和水体并对水状况监测计划的实施和跟踪采取必要的措施，通道的保留以完成该任务之必要的为限。

实施水状况监测计划所必要的水、生物和沉积物分析由以环境保护的名义得到认可的实验室进行。

第L212－2－3条

在流域或流域群跨境的情况下，行政机关在制定第L212－2－1条和第L212－2－2条规定的计划时，应与外国有权机关协调配合。

第二节　水体整治与管理纲要

第L212－3条

为亚流域、构成一体化水文地理单元的亚流域群或含水系统所制定的水体整治与管理纲要，应确定总体目标以及满足第L211－1条和第L430－1条所指的原则的措施。

水体整治与管理纲要应不违背第 L212 - 1 条规定的水体整治与管理指导大纲;水体整治与管理指导大纲更新后,应在 3 年内使水体整治与管理纲要不违背指导大纲。

制定与修订纲要的范围和期限由水体整治与管理指导大纲规定。在大纲未作出相应规定时,在经地方政府提议或征求地方政府意见、并征求流域地方公共机构和流域委员会的意见后,省内国家代表可规定该范围和该期限。在此种情况下,省内国家代表可以增补地方水务委员会的组成人员,但应遵守第 L212 - 4 条第 2 款所规定的席位分配。

第 L212 - 4 条

1. 省长设立地方水务委员会,负责制定、修订和修正水体整治与管理纲要,并跟踪其实施情况。

当流域地方公共机构根据 2005 年 2 月 7 日《关于界定流域地方公共机构的干预范围的政令》所规定的认定程序成立时,或者当流域地方公共机构所实施的水体整治与管理纲要的范围在 2010 年 7 月 12 日《关于国家环境义务的第 2010 - 788 号法》颁布后才划定,且该范围不被包括在地方政府联合体的范围而是在流域地方公共机构的管辖范围内时,由流域地方公共机构确保水体整治与管理纲要的实施。

2. 地方水务委员会由以下成员组成:

(1)第 L212 - 3 条规定的纲要适用范围内的地方政府及地方政府联合体、地方公共机构的代表,以及如果有地方流域公共机构,还包括流域地方公共机构的代表。上述代表在其内部推选出委员会主席。

(2)第 L212 - 3 条规定的纲要适用范围内的用户、土地所有权人、职业机构与相关协会的代表。

(3)国家及其相关公共机构的代表。

上述三类代表中,第(1)项提及的代表类别至少在委员会中占有全部席位的半数,第(2)项提及的代表类别至少应占全部席位的四分之一。

由政令规定不同类别的代表的选定规则。

第 L212 - 5 条

水体整治与管理纲要应对水资源与水环境状况进行认定。纲要应统计现有水资源的各种用途。

水体整治与管理纲要应考虑国家、地方政府及地方政府联合体、地方联合会、公共机构、其他公法法人的指导性文件和计划，以及2004年7月1日《关于对水资源的质量、分布或使用有影响的所有权人联合会组织的第L2004－632号法令》规定的混合经济公司与自由联合会组织的指导性文件和计划。纲要也应考虑对分地理区域对水力发电潜力进行评价，该潜力按照2000年2月10日《第L2000－108号法》第6条第1款进行确定。

第L212－5－1条

1. 水体整治与管理纲要应包含水资源与水环境治理与可持续管理规划。纲要应具体规定实现第L212－3条规定目标的条件，尤其要对实施纲要所必要的资金进行评估。

该规划也可：

(1)识别第L211－3条第2款第(5)项所指的区域；

(2)建立对水环境有显要影响的水利工程名录，并在考虑到上述工程的经济用途的基础上，规定为提高沉积物运输、减少河流与河道淤积可采取的措施；

(3)在第L211－1条第1款第(1)项规定的湿地内，识别水资源管理战略区，对该区域的保护或恢复有助于实现第L212－1条第4款规定的目标；

(4)识别洪泛区，以便对其加以保护。

2. 水体整治与管理纲要也包括一项规章，该规章可以：

(1)确定水资源使用的优先级以及每种用途抽取水的总量的分配；

(2)根据水的不同用途，确定为恢复与保护水质和水环境所需采取的必要措施；

(3)在第1款第(2)项规定的名录的沿河水利工程中，指明有义务定期开闸的水利工程，以便提高沉积物的自然输运并确保生态连续性，出于公益原因不开闸的除外。

3. 最高行政法院提出资政意见后颁布的政令具体规定本条的实施细则。

第L212－5－2条

水体整治与管理纲要一经批准与公布，为确保第L214－2条提及的所有设施、工程、施工或活动的执行，其条例及其绘图文件的效力及于所有公法人和私法人。

行政机关在水方面所作出的、适用于纲要定义的范围内的决定，在水体整治与可持续管理规划规定的情况和期限内应不违背水体整治与可持续管理规划。

第 L212－6 条

纲要草案应按照本法典第一卷第二编第三章的规定开展公众调查。调查结束后，应结合公众意见对草案进行修订，并将最终修订后的草案提交省内国家代表批准。省内国家代表的批准条例应予公布。公众有权查阅纲要。

如果未在第 L212－1 条第 10 款规定的期限内制定纲要，应由省内国家代表制定草案，并在听取地方水务委员会意见的基础上，实施前款规定的程序。

第 L212－7 条

在地方水务委员会发表意见后或经地方水务委员会提议，省内国家代表可对第 L212－3 条规定的纲要进行修订。以下情况可适用该修订程序：不违背更高级别的文件；修订笔误；调整纲要中的文件，且该调整不会对第三人造成影响，且不影响纲要的基本精神。

公众可通过本法典第 L123－19 条规定的电子途径参与修订草案。草案应提交省内国家代表批准。省内国家代表做出的批准条例应予公布。

也可在《城市规划法典》第 L300－6－1 条规定的条件下对草案进行调整。

第 L212－8 条

当公众调查中的操作违反了第 L212－5－1 条第 2 款所述条例的规章时，省内国家代表应征求当地水务委员会意见，向当地水务委员会提交该规章的修订草案及其绘图文件。如果 4 个月内未收到答复，则认定该委员会持赞同意见。只有在修订草案也已接受公众调查的情况下，才可对该操作进行公用申报或公益申报。

第 L212－9 条

在地方水务委员会发表意见后或经地方水务委员会提议，省内国家代表可对水体整治与管理纲要的全部或部分进行修正。

公众可通过本法典第 L123－19 条规定的电子途径参与修正草案的制定。

参与结束后，经修正的纲要草案应提交省内国家代表批准。省内国家代表做出的批准条例应予公布。公众有权查阅该纲要。

第 L212－10 条

1. 在第 L212－11 条规定的政令颁布之日起 3 年内，可按照此前的法律与法规所规定的程序，批准地方水务委员会在第 L212－11 条规定的政令颁布之日制定的水体整治与管理纲要草案。已获批准的纲要构成第 L212－5－1 条第 1 款规定的资源整治与可持续管理规划。

2. 上述 2006 年 12 月 30 日《第 2006 – 1772 号法》颁布之日或本条第 1 款实施过程中已获批准的水体整治与管理纲要,须在上述法律颁布之日起 6 年内按照第 L212 – 5 – 1 条第 2 款规定的规章进行补充,并按照第 L212 – 6 条所规定的程序批准。

第 L212 – 11 条

最高行政法院提出资政意见后颁布的政令根据需要确定本节的适用方式。

第三章　行政与财政机构

第一节　国家水务委员会

第 L213 －1 条

国家水务委员会执行以下任务：

（1）对流域及流域群的水文地理情况及两个及以上流域或流域群的所有共同问题发表意见；

（2）对所有全国性的水整治和分配项目以及大区的重大整治项目发表意见；

（3）对所有有关鱼类和贝类保护的政令草案发表意见；

（4）根据其内部设立的咨询委员会的建议，对向用户收取的水价以及供水与污水处理的公共服务质量发表意见。

第二（乙）节　流域协调省长

第 L213 －7 条

在流域委员所在的地区，流域协调省长负责在每一流域内推动和协调水治安和水资源管理方面的国家政策，以便实现国家在该领域内在相关大区和省的权力下放行动的统一性和一致性。此外，流域协调省长负责推动和协调第五卷第六编第六章所规定的洪涝风险评价和管理领域的国家政策。

第 L211 －2 条规定的政令具体规定了流域协调省长的干预条件，尤其是关于危机情况的管理，以及完成本编第一章至第七章中所赋予的任务所需要的一切性质的必要措施。

第三节　流域委员会与水务局

第一分节　一般规定

第 L213－8 条

在第 L212－1 条所指的每一水文地理流域或流域群，均设立流域委员会。委员会的组成如下：

(1)第一选举团占人数比例的 40%，包括至少 1 名国民议会议员或参议员，省议会和大区议会的代表，以及占多数的在水领域有管辖权的市镇或地方政府联合体的代表。

(2)第二选举团占人数比例的 40%，包括用户代表，水环境、海洋环境以及生物多样性的代表，社会职业组织代表，经认可的环境保护协会与消费者保护协会的代表，渔业代表性机构的代表以及合资格人士的代表。此选举团成员由 3 个子选举团组成，每个子选举团分别包括非职业性用户的代表，农业、林业、渔业、水产养殖业、内河航运业、旅游业领域的职业性用户的代表，以及工业和手工业领域的职业性用户代表。

(3)第三选举团占人数比例的 20%，包括国家代表或相关国家公共机构的代表。

流域委员会主席由第一选举团和第二选举团的代表选举产生。第(2)项提及的第二选举团的每一子选举团在其内部选出 1 名副主席。

对于在相关流域开展涉及共同利益的重大行动的时机，应征求流域委员会意见；总体而言，凡属于本编第一章至第七章所涉及的问题，均应征求流域委员会意见。

流域委员会规定水务局的行动方针，并在第 L213－9－1 条规定的条件下参与水务局财政决定的制定。当水务局在位于山区的领土开展活动时，流域委员会负责监督在水务局财政决定制定过程中因考虑山区特殊性而产生的超额成本。

上述三个选举团的成员中，代表同一亚流域的成员可组成地方委员会。地方委员会负责向流域委员会建议对该亚流域必需优先采取的行动，并监督上述建议的实施情况。

第 L213－8－1 条

在第 L212－1 条所述的每一流域或流域群中，均设立水务局。水务局为具有行政性质的国家公共机构，通过促进水资源与水环境的平衡与可持续管理、饮用水的供给、洪水的治理以及经济活动的可持续发展，进而落实第 L212－1 条和第 L212－3 条所述的纲要。尤其在实施第 L110－3 条规定的生物多样性国家战略和大区战略以及第 L219－9 条规定的海洋环境行动规划的框架内，水务局能够为陆地和海洋生物多样性和海洋环境的认识、保护和维护作出贡献。

水务局由管理委员会管理，管理委员会由以下人员组成：

（1）主席 1 名，由政令任命；

（2）第 L213－8 条第（1）项中的主席在其内部指定的代表；

（3）第 L213－8 条第（2）项中的代表指定的代表，每一子选举团在其内部指定各自的代表；

（4）国家或国家公共机构的代表；

（5）水务局工作人员的代表 1 名。

本条第（2）项、第（3）项与第（4）项的类别具有相同数量的席位。本条第（3）项的类别的代表至少包括 3 名来自非职业性用户子选举团的被指定代表。

最高行政法院提出资政意见后颁布的政令确定本条的适用条件。

第 L213－8－2 条

除第 L213－8－1 条所定义的任务外，水务局还实施保护流域委员会批准的湿地的土地政策。

为此，水务局可为大区自然空间研究院、地方政府及地方政府联合体或公共机构购买组成受保护湿地的地块提供帮助。

为对抗土壤人工化和开发利用的目的，特别是农业开发利用，水务局可购买或要求其他机构购买湿地内的地块。

可实施欧盟理事会 2009 年 1 月 19 日《建立在共同农业政策的框架内惠农的直接扶持制度的共同规则以及惠农的部分扶持制度、修订〈欧盟理事会第 1290/2005 号条例〉、〈第 247/2006 号条例〉以及〈第 378/2007 号条例〉并废除〈第 1782/2003 号条例〉的第 73/2009 号条例》第 33 条规定的一次性付款制度的土地上，经水务局提议，由《农村与海洋渔业法典》第 L143－1 条规定的土地整治与农村建设公司实现优先购买。

在其他土地上，土地的购买由水务局在本法典第 L322－3 条至第 L322－6 条、第 L322－7 条以及第 L322－8 条所规定的海岸带与湖岸带研究院的收购所规定的条件下进行。水务局可授权某一土地整治与农村建设公司行使第 L322－4条规定的优先购买权。但是，上述购买不得涉及位于第 L322－1 条第 1 款和第 3 款规定的在研究院干预范围内的地块。

如地块在租赁期中被税务局购买，承租人若想行使《农村与海洋渔业法典》第 L411－29 条规定的允许其选择的可能性，必须在操作开始前至少提前 1 个月通过附有回执的挂号信通知水务局，如有必要，还需通知水务局委托管理的地方政府或组织。承租人根据本法典第 L214－2 条和第 L214－3 条中有关地块的规定所提出的任何许可申请或申报，都应立即通知水务局或管理人。

续租时，水务局可向承租权人提议旨在保护被收购地块的湿地特性的规定。如果承租权人不接受全部或部分条款，可以拒绝续约。在此情况下，承租权人有权按照其受到的损失获得补偿金。

第 L213－8－3 条

每一管理委员会下设援助委员会，由援助委员会决定水务局援助资金的分配。

援助委员会由在管理委员会占有席位的不同选举团的代表组成。委员会的审议和决定都应公开。

第 L213－8－4 条

为防止利益冲突，水务局管理委员会成员履行职能应受职业道德的约束。

水务局管理委员会成员须提供公用申报。

第二分节 资金规定

第 L213－9 条

水务局的资金主要来源于根据第 L213－10 条及其后续条款的规定收取的费用、对水务局贷款的清偿以及公法人给予的补助金。

第 L213－9－1 条

为执行第 L213－8－1 条所规定的任务，水务局的多年行动计划应规定水务局的行动范围和条件，并预测实施计划所必要的经费支出与收入总额。

议会具体确定水务局多年行动计划的优先方针，并确定其在相应时段内经费支出的最高总额，及其对法国生物多样性署缴纳的使用费的最高总额。

水务局管理委员会审议多年行动计划与使用费费率，应听取流域委员会意见，并遵守由负责环境事务的部长和财政部部长在听取国家水务委员会意见后共同颁布的政令中关于水务局管理委员会多年总使用费支出金额及其按大行动范围所进行的金额分配的规定。

执行在上述计划的框架内实现收入与支出的水务局多年行动计划，应每年在财政法草案后附一份报告。

水务局管理委员会有关使用费费率的审议应公布在官方公报上供公众查阅。

第 L213－9－2 条

1. 在多年行动计划的框架内，水务局以补贴、绩效奖励或贷款的方式直接或间接为公私法人提供资金援助，以实现促进水资源、水环境、海洋环境以及生物多样性的平衡与可持续管理的、具有流域或流域群共同的利益的行动或工程。

只有在遵守有关水资源、海洋环境以及生物多样性的限制性规定的情况下，才能获得水务局的资金援助。

2. 水务局为制定水体整治与管理纲要提供经费支持。

3. 在遵守法国国际承诺的前提下和在受流域委员会意见制约的公约框架内，水务局可以开展水和污水处理领域的国际合作行动，以其经费的 1% 为限，并应遵守每一类别人员的现行法定规则，可以由其工作人员协助。

4. 应流域地方公共机构的请求，并为该机构利益，水务局可收取该机构因按照第 L211－7 条提供服务的使用费。所收取使用费的收益扣除管理费之后，全部重新转入流域地方公共机构的预算中。

5. 水务局为法国生物多样性署所开展的行动提供经费支持。经费数额由负责环境事务的部长和财政部部长的共同颁布的政令规定。经费数额根据水文地理流域的经济潜力与其农村人口的相对数量计算。水务局与法国生物多样性署为完成公共机构的任务所进行的合作，应根据负责环境事务的部长决议中所规定的格式协议来缔结合作协议。

6. 水务局向地方政府及地方政府联合体提供资金补贴，以使其在农村市镇实施饮用水供给和污水处理工程。

为此，水务局对补贴流域内各省领土的总金额作出规定。当一省参与此类工程的融资时，水务局与其签订协议，确定资金分配标准。

7. 最高行政法院提出资政意见后颁布的政令具体规定本条的适用方式。

第 L213 -9 -3 条

第 L213 -8 条至第 L213 -9 -2 条不适用于海外省,但第 L213 -9 -2 条第 5 款规定的法国生物多样性署的干预除外。

第三分节 水务局收取的相关费用

第一段 一 般 规 定

第 L213 -10 条

根据预防原则和环境损害赔偿原则,水务局对公法人或私法人使用水资源、海洋环境和生物多样性资源进行收费,尤其是收取水污染治理、现代化污水收集网络建设、扩散污染、水资源抽取、枯水期储水、河流障碍和水环境保护等费用。

第二段 污 水 费

第 L213 -10 -1 条

污水费由非生活污水费和生活污水费组成。

第 L213 -10 -2 条

1. 除了主要用于居住用途的房屋的所有权人和占有人,以及订购饮用水服务等其从事活动所需用水与生活用水类似的主体以外,凡是其从事活动会直接或通过污水收集网络向自然环境中排放第 4 款规定的污染元素之一的,均应缴纳非生活污水费。

2. 非生活污水费的计价基数是 1 年中排放到自然环境中的污水量,污水量的计算方式为月平均污水量和月最高污水量的平均值的 12 倍。此计价基数由第 4 款规定的元素构成。

计价基数根据对总排放量的定期跟踪结果直接确定。由水务局委托的机构认可和检查跟踪措施。当活动造成污染的理论水平低于政令所规定的界限或无法进行定期监测时,计价基数按该类活动的理论污染水平和纳税人或污水收集网络管理人因安装污水处理设备避免的污染水平之差进行间接确定。

一类活动的理论污染水平,以对其代表性样本的一般调查或研究所确定的此类活动的规模和污染系数为基础进行计算。

被避免的污染量以每年采取的措施为基础计算。监测措施应得到水务局认可;在未经认可的情况下,被避免的污染量以评估污水处理设备效率的系数为基础计算。当所产生的污染来自直接施肥时,因安装污水处理设备所避免的污染量按废水回收方法和肥料质量间接计算。

施播源于甲烷产生的沼气的,不需要缴纳第1款规定的非生活污水费。

3. 经纳税人申请,第2款规定的污水排放定期监测旨在检测其所从事的活动造成的额外年污水量。

4. 对于构成污染的每一种元素,最高收费价格以及收取费用的起始界限规定如下:

污染元素	价格 (欧元/单位)	界限
悬浮物质(每千克)	0.3	5200千克
排放到海岸线5千米外、超过250米深的海域的悬浮物质(每千克)	0.1	5200千克
化学需氧量(每千克)	0.2	9900千克
每5日的生化需氧量(每千克)	0.4	4400千克
还原氮(每千克)	0.7	880千克
氮氧化物、亚硝酸盐和硝酸盐(每千克)	0.3	880千克
总磷、有机磷或无机磷(每千克)	2	220千克
有毒金属(每千克)	3.6	200千克
排放到地下水体中的有毒金属(每千克)	6	200千克
急性毒性物(每平衡常数)	18	50平衡常数
排放到海岸线5千米外、超过250米深的海域的急性毒性物(每平衡常数)	4	50平衡常数
排放到地下水体中的急性毒性物(每平衡常数)	30	50平衡常数
可吸附在活性炭上的卤代化合物(每千克)	13	50千克
排放到地下水体中的可吸附在活性炭上的卤代化合物(每千克)	20	50千克
排放到地表水体的对环境有害物质(每千克)	10	9
排放到地下水体的对环境有害物质(每千克)	16.6	9

续表

污染元素	价格（欧元/单位）	界　限
溶解盐（立方米×［西门子/厘米］）	0.15	2000 立方米乘以西门子/厘米
除冬季外排放到海里的热量（每千卡）	8.5	100 千卡
除冬季外排放到河流的热量（每千卡）	85	100 千卡

从事养殖业的主体所需缴纳的使用费根据其饲养的大型牲畜的单位的数量和每公顷农业用地上超出 1.4 单位大型牲畜的数量确定。使用费费率是 3 欧元每单位。

收取使用费的起始界限为 90 单位。对于 1985 年 1 月 9 日《关于发展和保护山区的第 85 – 30 号法》第 3 条和第 4 条规定的地区，其起始界限为 150 单位。对于饲养的单胃动物，动物数量转换成大型牲畜单位时应考虑到减少氮化合物排放的良好饲养方法，使用费从饲养的第 41 单位的大型牲畜开始收取。对于违反水质保护规章而被刑事处罚的养殖行为，应收取原使用费的 3 倍。

对于所有污染元素的计价基数，除养殖业活动以外，收费价格应按照相关地理单位确定，并考虑如下因素：

（1）水体状况；

（2）污染物渗入或流出地下水体的风险；

（3）所施加的水治安限制性规定或与水相关的其他治安限制性规定；

（4）水体整治与管理指导大纲和水体整治与管理纲要中确定的目标。

第 L213 – 10 – 3 条

1. 下述主体应缴纳生活污水费：

（1）所有订购饮用水服务的主体，第 L213 – 10 – 2 条第 1 款中规定的主体除外；

（2）第 L213 – 10 – 2 条第 1 款规定的主体中，其从事的活动排放的污染元素量低于本条第 4 款规定界限的主体；

（3）《地方政府总法典》第 L2224 – 12 – 5 条规定的用户；

（4）自行打井取水并安装有用水量计算装置的主体。

2. 生活污水费基数为向订购人索取费用的水量。对于本条第 1 款第（2）项中所规定的主体，计价基数以 6000 立方米为最高限额。对于上述第 1 款第（3）

项和第(4)项中所规定的主体,计价基数的计算也包括供水网络之外的其他用水资源的用水量。养殖业的用水量如果采用专门的水表计算,则不包括在此计价基数之内。

当水费收取标准不包括与用水量成正比的期限,并且无法计算用水量时,计价基数以政令规定的每位居民的固定用水量为基础计算。

3. 水务局在每立方米0.5欧元的限额内确定每相地理单位的价格,并考虑:

(1)水体状况;

(2)污染物渗入或流出地下水体的风险;

(3)所施加的水治安限制性规定或与水相关的其他治安限制性规定;

(4)水体治理与管理指导大纲和水体整治与管理纲要中确定的目标。

4. 生活污水费由水务局向确保收取《地方政府总法典》第L2224－12－3条规定的饮用水费的服务经营者收取。可在按被分配的水的价格收取费用的同时,要求其支付生活污水费。经营者依据政令规定的行政与财政条件,向第1款规定的饮用水服务订购人收取生活污水费。

在友好协商阶段和诉讼阶段,由确保收取第L2224－12－3条规定的饮用水使用费的服务部门确保向缴费人收取生活污水费。

5. 如果某一装置能够避免水质恶化,可对安装装置的公共或私人业主或装备代理人给予奖励。奖金根据装置所消除或避免的自然环境中的生活污水数量计算。此项奖励也可以参考上述主体遵守所施加的水治安限制性规定的情况而作出调整。

同时,还可对在监测和保养非集体污水处理设施方面作出贡献的市镇和市镇共同体给予奖励。此项奖励的金额根据其监测的结果和所负责的服务活动确定,最高不得超过无法接入集体污水处理网络的订购人所缴纳的生活污水费总额的80%。

第L213－10－4条

第L213－10－1条至第L213－10－3条的适用方式由最高行政法院提出资政意见后颁布的政令具体规定。

第三段　现代化污水收集网络建设费

第L213－10－5条

支付第L213－10－2条规定的污水费,且其从事活动将导致向收集公共网络排放废水的主体，应缴纳现代化污水收集网络建设费。

现代化污水收集网络建设费在进行可能的减免前，应以用于计算《地方政府总法典》第L2224－12－3条规定的污水费所考虑的水量为基础进行计算。通过其所出资的特定收集器直接将废水输送到净化站的主体，可免于缴纳现代化污水收集网络建设费。如果考虑排放到污水处理网络中的废水量以计算污水处理服务费的分摊额，现代化污水收集网络建设费应以该废水量为基础进行计算；污水处理服务费按照缴纳人与污水处理网络经营者签订的协议确定。

水务局按照第L213－9－1条规定的干预计划的优先级和融资需求来确定费率，以每立方米0.3欧元为最高限额。费率可按照排放量分段递减。

第L213－10－6条

支付第L213－10－3条规定的污水费，且缴纳《地方政府总法典》第L2224－12－3条规定的污水处理费的主体，应缴纳现代化污水收集网络建设费。

现代化污水收集网络建设费应以计算污水费所考虑的水量为基础进行计算，第L213－10－5条规定的为计算污水费基数而考虑的水量除外。

当水价不包括与用水量成正比的项且无法计算所分配的水时，现代化污水收集网络建设费的基数以政令确定的每位居民的估算数额为基础进行计算。

水务局按照第L213－9－1条规定的干预计划的优先级和融资需求来确定费率，以每立方米0.3欧元为最高限额。

现代化污水收集网络建设费由水务局向确保在缴纳污水处理使用费时开具该使用费发票的服务经营者收取。水经营者依据政令规定的行政与财政条件，向第1段规定的主体收取现代化污水收集网络建设费。在友好协商阶段和诉讼阶段，由确保收取《地方政府总法典》第L2224－12－3条提及的污水费的服务部门向缴费人收取现代化污水收集网络建设费。

第L213－10－7条

由最高行政法院提出资政意见后颁布的政令具体规定第L213－10－5条至第L213－10－6条的适用方式。

第四段　扩散型污染费

第L213－10－8条

1. 除从事《农村与海洋渔业法典》第L254－1条第2款第(1)项或第L254－6条第2款规定的职业活动的主体以外，凡取得欧盟理事会《第1107/2009号条例》第 2 条第 1 款意义上的植物病药物学产品或通过该等产品加工种子的主体，或支配通过该等产品加工种子的补助金的主体，应缴纳扩散型污染费。

2. 扩散型污染费的基数为第 1 款规定的产品中所含物质的质量，上述物质根据欧盟理事会《第 1272/2008 号条例》进行分类：

(1) 根据其急性毒性分为 1 类、2 类和 3 类；

(2) 根据物质一次暴露或反复暴露于特定器官时产生的特定毒性，分为 1 类；

(3) 根据其致癌性、其对生殖细胞的诱变性或其对生殖的毒性；

(4) 根据其对环境造成的危险。

3. 扩散型污染费的费率以欧元每千克表示，规定如下：

(a) 属于根据第 2 款第(4)项收取的使用费基数的物质，其费率为 2 欧元，其中属于矿物化学类的物质除外。属于矿物化学类的物质的费率为 0.9 欧元。

(b) 属于根据第 2 款第(1)项至第(3)项收取的使用费基数的物质，其费率为 5.1 欧元。

对于第 1 款提到的每一种产品，负责投放市场、持有投放市场许可的主体，应当将计算费用额度所必要的产品相关信息提供给水务局和水务办公室、分销商、通过该产品加工种子的服务提供者，以及将通过该产品加工的种子投放市场的负责人。将通过同一产品加工的种子投放市场的负责人，应当将计算使用费所必要的产品相关信息提供给水务局和水务办公室，以及该等种子的分销商。

4. 可对以下人员收取扩散型污染费：

(1) 从事《农村与海洋渔业法典》第 L254－1 条第 1 款第(1)项规定的活动的主体，向本款第(2)项规定的主体收取扩散型污染费除外。收费的事实依据，即收费或免费取得产品或加工过的种子。

(2) 作为服务提供者，从事受到《农村与海洋渔业法典》第 L254－1 条第 1 款第(2)项规定的认可规制的种子加工活动的主体，或者出售、要约出售或免费分发加工过的种子的主体。收费的事实依据分别为向服务提供者订购种子加工，以及通过收费或免费取得产品或加工过的种子。

(3) 有义务掌管《农村与海洋渔业法典》第 L254－3－1 条规定的登记簿的缴纳人。收费的事实依据为通过收费或免费取得产品或加工过的种子，或向服务提供者订购种子加工。

植物病药物学产品的分销商，应在其发票上注明其以分销产品的名义缴纳的扩散型污染费金额，带有“花园内经许可使用”标志的分销产品除外。《农村与海洋渔业法典》第L254－3－1条和第L254－6条规定的登记簿上，也应注明用于计算扩散型污染费基数所必要的要素，如有必要，还应注明发票的接受者和相应的扩散型污染费金额。上述登记簿应提供给水务局和行政机关。

5. 2012年到2018年，为法国生物多样性署的利益对扩散型污染费收入进行年度提款，以便实施旨在减少农业中农药使用和控制农药使用风险的国家计划。此提款最高限额为4100万欧元，根据各水务局从扩散型污染费中提款的年度收入按比例分配。每年9月1日前，按照对国家公共机构收入所规定的方式，进行结算、拨款和收取。

6. 最高行政法院提出资政意见后颁布的政令具体规定本条的适用方式。

第五段 水资源抽取费

第L213－10－9条

1. 从事需要抽取水资源的相关活动的主体，应当缴纳水资源抽取费。

2. 以下活动免除水资源抽取费：

(1)海上抽取；

(2)已停止活动的矿井的排水，或因实施地下工程所必要的抽取，或为保持建筑物或工程的干燥，或根据行政限制性规定为降低地下水位进行排水时的抽取；

(3)水产养殖相关的抽取；

(4)地热相关的抽取；

(5)为了回灌自然环境的工程，在枯水期以外进行的抽取；

(6)多年生作物防冻相关的抽取；

(7)在每个喷泉5000立方米的最高限额内，专用于位于山区的遗产性质的喷泉的水供应、从1类水资源中的抽取，以及与上述最高限额、用途和资源类别相同，但用于多种用途的部分，从1类水资源中的抽取。遗产性质的喷泉，是指1950年以前已经存在的喷泉。

3. 以1年中抽取的水量为基础，收取水资源抽取费。

为自供水打井的人，应该安装用水量的计算装置。计价基数根据其用水量提高。

若缴纳人未进行相应的抽取量计量，将根据计算的统包量收取水资源抽取费，同时应考虑通过一般的测量活动或基于代表性样本的研究所确定的不可测量性，以及此活动的特征变量是否属实。

4. 由水务局确定需要缴纳的使用费的用水量起始限额。起始限额的数值在1类水资源抽取中不得超过每年1万立方米，在2类水资源使用中不得超过每年7000立方米。

5. 为确定水价，当各流域水资源位于第L211－2条第2款第(2)项中规定的分布区时，该水资源被归于1类水资源，否则将被归于2类水资源。

水价由水务局制定，按欧分每立方米收取，根据不同的抽取用途，分别在以下的最高限额内收取：

用途	1类	2类
灌溉(重力灌溉除外)	3.6	7.2
重力灌溉	0.5	1
饮用水供给	7.2	14.4
循环率超过99%的工业冷却	0.5	1
运河水供给	0.03	0.06
其他经济用途	5.4	10.8

水务局在以上最高限额的范围内，确定相应每地理单元的价格，在确定价格时应考虑到水体整治与管理指导大纲与水体整治与管理纲要中确定的目标。尤其是当两份文件要求实施干预计划和特定资金援助时，水务局也应将水文条件考虑在内。

不论丘陵水库的地理位置如何，对于所有用于丘陵水库灌溉的抽取，都按照1类水资源收取水资源抽取费。

对于2类水资源，若第L211－3条第2款第(6)项中规定的机构由行政机关指定，水费与1类水的水资源抽取费费率相同。

从2类水资源中抽取专用于山区遗产性质的喷泉用水供给的计价基数按统包量固定在每个喷泉5000立方米，可直接测量用水量的喷泉除外。此种情况下，若水未经化学处理，其中的化学处理不包括灭菌处理，水价根据“其他经济用途”确定。上述水价的确定也适用于与遗产性质的喷泉具有相同性质的喷泉，其用水量以同样的方式确定，且在2类水资源的抽取用于多种用途。遗产性质的喷泉是指1950年以前就存在的喷泉。

用于重力灌溉的计价基数按统包量固定在每公顷灌溉面积1万立方米水量。

如果在2014年12月31日尚未制定《地方政府总法典》第L2224－7－1条中规定的饮用水运输和分配工程的详细说明，自2014年起，以水资源抽取的名义而应当承担的用于“饮用水供给”用途的水资源抽取费费率提高到100%。

同样，如果认定损失率高于《地方政府总法典》第L2224－7－1条规定的政令所确定的损失率，且未在规定期限内制定上述规定的行动计划时，自应当制定行动计划的年份起，以水资源抽取的名义而应当承担的用于“饮用水供给”用途的使用费的费率提高到100%。

如果除有关制定详细说明的条件外，以下两个条件中至少一项得到满足，自该年份起，前两段规定的提价不再适用于以水资源抽取的名义而应当承担的使用费：

(1)已制订行动计划；

(2)地方政府网络的水损失率低于《地方政府总法典》第L2224－7－1条中政令规定的损失率。

地方政府网络水损失减少时，水务局可向地方政府提供资金激励。

5－2.在本条规定的价格上限2倍的限度内，在2005年2月7日《关于界定流域地方公共机构的干预范围的政令》规定的认定程序实施后，或在2010年7月12日《关于国家环境义务的第2010－788号法》通过后，第L213－12条规定的流域地方公共机构可在水体整治与管理纲要的范围内，要求水务局根据本条第1款的规定实施水资源抽取费提价，由此收取的款项在扣除管理费之后重新转入流域地方公共机构。

提价不得超过适用于相关地理单元的价格的25%。重新转入流域地方公共机构的款项中，在纲要范围内进行跟踪和实施活动的机构的运行使用费不可超过总使用费的50%。

6.在以下情况下，实施水资源抽取费特别计算方式：

(1)若抽取用于多种用途，水资源抽取费按每一用途使用量的比例计算。

(2)若抽取用于运河水供给，水资源抽取费按该抽取量计算，抽取量应减去从运河中抽取并按当前使用费计算的量。

为保护水生态系统或湿地区域或湿地而供给运河的抽取量，应从计价基数中扣除。

(3)如果抽取用于水力发电设备的运行,水资源抽取费按年度以立方米为单位的涡轮机送水量与以米为单位的该设备在其管理栏目中所显示的总跌落高度的乘积计算。

水务局根据水体状况和水体整治与管理指导大纲和水体整治与管理纲要确定的目标,在每百万立方米和每跌落1米1.8欧元的最高限额内,确定水资源抽取费费率。

如果上述设备未在水中运行,按水资源抽取费费率的1.5倍进行收费。

如果涡轮机送水量低于100万立方米,则不收取水资源抽取费。

7. 最高行政法院提出资政意见后颁布的政令具体规定本条的适用方式。

第六段　枯水期储水费

第L213-10-10条

1. 拥有超过100万立方米的储水设备或枯水期河流所有或部分流量的人,应缴纳枯水期储水费。

2. 计价基数按枯水期所储存的水量计算。水量等于枯水期末和期初所储存水量之差。若在洪水高于5年间洪水频率时储水,并在从洪水达到最大值之日起30日内泄水,则该储水量不计入计价基数中。

水务局根据河流制度确定每一流域的枯水期。

3. 水务局在每立方米0.01欧元的最高限度内,确定纳枯水期储水费费率。

4. 最高行政法院提出资政意见后颁布的政令具体规定本条的适用方式。

第七段　河流阻塞费

第L213-10-11条

1. 凡长期堵塞河流两岸的工程的所有权人,都应缴纳河流阻塞费。

缴纳水资源抽取费的水利设施的工程所有权人可免除河流阻塞费。

2. 按以米为单位的工程上游水位和下游水位的水准差与工程所在地河流的河段的流量系数和阻塞系数的乘积为基础,计算河流阻塞费。

流量系数依据相关河流河段的年间平均流量变动进行确定。河流流量系数在0.3到40,年间平均流量低于0.3立方米每秒的河段的河流流量系数是0.3,年间平均流量高于或等于1000立方米每秒的河段的河流流量系数是40。

阻塞系数根据泥沙运输和鱼类游动的阻塞程度，在0.3到1变动，如下表所示：

阻塞系数	允许泥沙运输的工程	不允许泥沙运输的工程
鱼类可以双向游动的工程	0.3	0.6
鱼类可以单项游动的工程	0.4	0.8
鱼类不可游动工程	0.5	1

3. 若水准差低于5米，并且河流平均流量低于0.3立方米每秒，则无须缴纳河流阻塞费。

4. 水务局在每相关地理单元150欧元的最高限度内，考虑到所实施工程对泥沙运输和鱼类自由游动的影响，确定河流阻塞费费率。

5. 本条的适用方式由最高行政法院提出资政意见后颁布的政令具体规定。

第八段 水环境保护费

第L213-10-12条

1. 第2款规定的主体都应缴纳水环境保护费。水环境保护费由经认可的渔业组织和水环境保护组织的省级或跨省联合会、经认可的使用器械和渔网的业余渔民组织、大布里耶尔莫提耶尔工会委员会以及经认可的专业淡水渔业组织共同收取。

2. 水务局在以下最高限额内，每年确定收费金额：

(a)对于在1年之内在第1款规定的组织机构的管理范围内从事捕鱼活动的成年人，每人收取10欧元；

(b)对于连续7日在第1款规定的组织机构管理范围内从事捕鱼活动的人，每人收取4欧元；

(c)对于日间在第1款规定的组织机构管理范围内从事捕鱼活动的人，每人收取1欧元；

(d)对于在第1款规定的组织机构管理范围内从事捕捉鳗鱼、鲑鱼和海鳟的鱼苗的活动的人，每人每年额外收取20欧元。

第四分节　申报义务、审查与征收方式

第 L213 - 11 条

第 L213 - 10 - 2 条、第 L213 - 10 - 5 条、第 L213 - 10 - 8 条、第 L213 - 10 - 9 条、第 L213 - 10 - 10 条和第 L213 - 10 - 11 条规定的可能需要缴纳各类费用的主体，以及索取或收取第 L213 - 10 - 3 条、第 L213 - 10 - 6 条和第 L213 - 10 - 12 条规定的各类费用的主体，应在应当支付上述费用的第二年的 4 月 1 日之前，向水务局申报计算第 L213 - 10 条规定的费用要素信息。上述主体为第 L213 - 11 - 1 条至第 L213 - 11 - 13 条规定的纳税人。

对于第 L213 - 10 - 11 条规定的河流阻塞费，除工程特点发生改变的情况外，所申报的计价元素可延续不变，并无须进行年度申报。

转让或终止企业运营时，应立即付清相关费用。纳税人在转让或终止企业运营之日起 60 日内，申报本条第 1 段规定的费用要素信息。

如果在相关年度内，水服务经营者或确保收取污水处理服务的经营者已收取第 L213 - 10 - 3 条和第 L213 - 10 - 6 条规定的使用费，并且在该年度内根据本条第 1 段进行的申报表明，造成水污染的元素的排放等于或高于第 L213 - 10 - 2 条第 4 款规定的界限，应从根据第 L213 - 10 - 2 条和第 L213 - 10 - 5 条的规定应征收的总额中，扣除已向经营者缴纳的金额。

如果在某一活动年度内，主体未缴纳第 L213 - 10 - 3 条和第 L213 - 10 - 6 条规定的费用，而根据本条第 1 款所进行的最新申报表明，污染元素的排放等于或高于第 L213 - 10 - 2 条规定的界限，且此活动年度所作的申报表明，造成水污染的元素的排放低于第 L213 - 10 - 2 条第 4 款规定的界限，水务局在扣除根据第 L213 - 11 - 12 条的规定已缴纳的金额后，应根据第 L213 - 10 - 3 条和第 L213 - 10 - 6 条的规定征收该活动年度应当支付的使用费总额。

第 L213 - 11 - 1 条

水务局审查能够帮助核实计价基数的所有要素，尤其包括纳税人向收费机构递交的申报和文件，会对计价基数产生影响的设施、工程或活动，以及有可能会对价格确定提供有用信息的仪器。审查可在办公室或现场进行。

水务局可要求纳税人出示书面文件及审查所必需的一切信息和理由说明。由水务局确定答复期限，答复期限自行政相对人收到请求后起算且不少于 2 个

月。若纳税人答复不够充分,水务局可通知其在30日内作出补充答复,并向纳税人具体说明水务局希望获取的答复的补充部分。

水务局进行现场审查,应提前通过邮寄信件或发送通知通知纳税人。通知中应说明审查年限和负责审查的人员的身份,还应具体说明纳税人可在审查期间得到其所选择的顾问的协助。

在进行现场审查时,审查人员只能带走经由纳税人签署的清单所列出的文件。清单应具体说明文件的性质和数量以及是副本或原件。原件需在审查后30日内归还纳税人。

水务局将审查报告移交给纳税人。纳税人可在30日内向水务局提出异议。水务局应通知纳税人审查的后续结果。

现场审查由水务局局长授权的人员进行。水务局可在第L213－11－6条中最高行政法院提出资政意见后颁布的政令规定的条件下,将任务委托给被授权的机构,上述机构可经由水务局局长委托进行技术监管。

第L213－11－2条

国家行政机关和地方政府、公法人的特许公司以及接受行政机关审查的所有性质的机构,应水务局的要求,应向水务局通报其所持有的第L213－10条至第L213－10－12条规定的计价和收费审查所必要的文件,不得以保守商业秘密为由拒绝。

第L213－11－3条

如果水务局认为在作为使用费计算基础的要素信息中,存在信息不足、不准确、遗漏或者隐瞒,水务局可向纳税人提出合理修改意见,纳税人在30日内提出异议或接受修改。

水务局否决纳税人提出的异议应说明理由。

第L213－11－4条

收回期在应缴纳相关费用的第三年年末截止。

第L213－11－5条

《税收程序编》的第L189条第1段规定的情形可构成收回期中断。

第L213－11－6条

1. 以下主体须被强制缴纳所欠费用:

在水务局提前通知下达后的30日的期限到期后,未在第L213－11条规定的日期之前申报费用计算要素的主体；

未在指定期限内对第 L213－11－1 条规定的信息或解释要求作出答复的主体；

拒绝接受监管或妨碍监管活动的主体。

2. 在强制收缴的情况下，在收取费用前至少 30 日，水务办公室应以通知的形式，将用于计算费用的要素告知纳税人，在通知中具体说明要素的确定方式和应付数额，并告知纳税人在此期限内有提出异议的权利。

第 L213－11－7 条

若未对费用确定要素进行申报或未按时申报，或申报内容不充分、不准确或不完整，或出现第 L213－11－6 条第 1 款第（2）项和第（3）项规定的强制收缴，纳税人除缴纳费用外，还应缴纳延迟利息，如有必要，应根据当年 1 月 1 日生效的《税务总法典》中关于所得税的规定收取附加费。

第 L213－11－8 条

应向纳税人下发由水务局局长签发并经会计人员负责核算的收缴令，通知其费用的征收以及在相应的情况下所伴随的延迟利息和附加费。在收入令中应说明每种应缴纳费用的金额、收取日期、截止日期和付款期限。

第 L213－11－9 条

对其应缴纳的全部或者部分使用费存在疑问的纳税人，须在提起诉讼之前向水务局局长提出复议。

第 L213－11－10 条

在本条最后 3 款的规定内，由水务局会计人员根据适用于国家行政性质的公共机构款项收取的规定收取费用。

截止日期为费用收取日期下月的最后 1 日。

付款期限为费用收取日期之后的第 2 个月的 15 日。超过此日期，将对应收费用或部分尚未结清的应收费用收取 10% 的附加费。会计人员应通过附回执的挂号信的方式向纳税人发送催款单。若催款单发送之后还未付款，会计人员可在 20 日期满之后提起诉讼。

低于 100 欧元的费用或附加费将不予收取。

第 L213－11－11 条

水务局可应纳税人的请求，按照《税收程序编》第 L247 条规定的方式，或在接受保护、破产或司法清算程序的公司法定代表人的请求下，全部或部分免除费用、附加费和延迟支付利息。

会计人员可按照《税收程序编》第 L247 条规定的方式，全部或部分免除延期付款的附加费和诉讼费。当应缴费用的金额高于立法机关规定的界限时，经立法机关批准可予以免除。

第 L213 – 11 – 12 条

第 L213 – 10 – 1 条至第 L213 – 10 – 12 条规定的费用每年可以以分期付款的方式缴纳。

第 L213 – 11 – 12 – 1 条

第 L213 – 10 – 8 条规定的污染扩散费作为每年 1 月 1 日到 12 月 31 日期间内的运营活动所应缴纳的费用，应在同年 6 月 30 日之前，按前一年 1 月 1 日到 12 月 31 日期间内的运营活动所应缴纳的使用费金额的 40% 进行预付。

低于 1000 欧元的预付款将不予收取。

第 L213 – 11 – 13 条

负责收取使用费费用的会计人员提起诉讼的时效为自费用应收之日起 4 年。纳税人承认的文件或其他中断行为构成时效的中断。

会计人员应以普通法的形式提起诉讼。但是，会计人员发出的付款命令的通知应以附回执的挂号信形式发出。

水务局会计人员可向代表纳税人利益、需向纳税人支付债务或者支付报酬的资金持有者表明对第三方持有人的异议，收取使用费。

会计人员在向第三方持有人提出异议的同时应告知纳税人。

根据 1991 年 7 月 9 日《关于改革民事执行程序的第 91 – 650 号法》第 43 条的规定，针对税务局所获得、已达到执行异议款项数额的可用款项，对第三方持有人的异议具有立即分配的效力。本法典第 L162 – 1 条和第 L162 – 2 条规定的措施同样适用。第三方持有人在被要求支付附加法定利率的款项时，必须在收到异议起 30 日内向负责收取使用费的会计人员支付此款项。

对第三方持有人的异议可在有条件或期限的款项上行使；在这种情况下，应在款项到期时支付给负责收取使用费的会计人员。

若某主体同时是同一纳税人的数个第三方持有人异议的对象，在该主体资金不足的情况下，根据数个异议的数额比例执行。

第三方持有人所持有或亏欠的资金不可用，其必须在收到异议后立即将此告知向负责收取费用费的会计人员。

第 L213－11－14 条

《税收程序编》第 L281 条的规定适用于关于费用收取的异议。

第 L213－11－15 条

被要求履行职责或职权介入到第 L213－10 条规定的费用的计价基数、监管、收费或诉讼中的主体，应保守《税收程序编》第 L103 条规定的商业保密。

然而，根据本法典第 L124－2 条的规定，费用计算所必要的、构成与环境有关的要素信息，在最高行政法院提出资政意见后颁布的政令所规定的情况下可供公众查阅。

第 L213－11－15－1 条

可委托由政令指定的某个水务局来进行第 L213－10－2 条、第 L213－10－8 条和第 L213－10－12 条规定的收入款项的设立和费用的收取。由水务局局长和会计人员执行第 L213－11 条至第 L213－11－15 条规定的监管和收费任务。

每个水务局从其所在地区的欠款人处收取的款项自收款之日起 60 日内重新转入。对于计价基数费和收取费，负责收取费用的水务局根据相关费率，按照转入费用的 0.1%～2% 的比例进行收取。计价基数费和收取费的费率以及本条实施细则由最高行政法院提出资政意见后颁布的政令确定。

第 L213－11－16 条

第 L213－11 条至第 L213－11－15 条的具体实施细则由最高行政法院提出资政意见后颁布的政令具体规定。

第 L213－11－17 条

第 L213－11 条至第 L213－11－16 条的规定不适用于海外省。

第四节　工程实施机构

第一分节　流域地方公共机构

第 L213－12 条

1. 流域地方公共机构是根据《地方政府总法典》第 L5711－1 条至第 L5721－9

条设立的地方政府联合体，旨在在一个流域或一个水文地理支流流域群中预防洪水和海水倒灌、促进水资源平衡与可持续管理和水生态系统和湿地的生物多样性管理和修复，以及在相应的情况下，促进水体整治与管理纲要的起草和监测。

流域地方公共机构负责确保各水规划和管理公共机构的工程活动的连贯性。其活动需遵守地方互助原则，尤其指向构成洪水风险管理基础的洪水扩张区。

《地方政府总法典》第 L5712 – 20 条第 2 段不适用于流域地方公共机构。

根据《地方政府总法典》第 L5421 – 1 条至第 L5421 – 6 条设立并在 2014 年 1 月 27 日《关于地方公共行动现代化和确认大都市的第 2014 – 58 号法》的生效日被承认为流域地方公共机构的跨省机构或组织，应保留其身份性质直至其联合会的地位发生变化，且最晚延续至 2018 年 1 月 1 日。

2. 水规划和管理公共机构是根据《地方政府总法典》第 L5711 – 1 条至第 L5721 – 9 条的规定设立的地方政府联合体，确保在经常经历洪水的沿岸河流流域或大河流的水文地理支流流域的洪水和淹灌的预防，以及非公有河流的管理。水规划和管理公共机构尤其包括根据本法典第 L211 – 7 条第 1 – 1 款在水环境管理和洪水预防方面相关的地方政府和有独立税制的乡镇间合作公共机构。

流域地方公共机构的活动需遵守地方互助原则，尤其指向构成洪水风险管理基础的洪水扩张区。

《地方政府总法典》第 L5712 – 20 条第 2 段不适用于流域地方公共机构。

3. 在本法典第 L212 – 1 条规定的水体整治与管理指导大纲的起草或修订的框架下，流域协调省长确定能够证明流域地方公共机构或水规划和管理公共机构活动范围的设立和修改的流域、支流流域或水文地理支流流域群。

若在水体整治与管理指导大纲被批准后的 2 年内没有收到提议，流域协调省长在第 4 款的框架内，在有需要的流域、支流流域或水文地理支流流域群设立一个流域地方公共机构或水规划和管理公共机构。

4. 考虑到最高行政法院提出资政意见后颁布的政令在本条第 8 款所规定的准则，尤其是流域地方公共机构拥有能够给其成员完成第 L211 – 7 条第 1 款第（1）项、第（2）项、第（5）项和第（8）项规定的任务带来必要技术支持的服务的必要性，流域地方公共机构或水规划和管理公共机构的活动范围由流域协调省长的决议进行界定：

（1）应地方政府的要求，在听取流域委员会的意见后，如有必要，在听取地方水务委员会的意见后进行界定；

（2）或者经流域协调省长提议，在听取流域委员会的意见后，如有必要，在听取相关地方水务委员会的意见后，进行界定。如果在 4 个月内未得到反馈，则视为同意。

此决议应根据本法典第 L211－7 条第 1－1 款的规定，列出水环境管理和洪水预防方面相关的地方政府和有独立税制的乡镇间合作公共机构的名单。

自下发此决定通知之日起，各地方政府的相关机构和相关有独立税制的乡镇间合作公共机构有 3 个月的时间对范围草案和新公共机构的地位进行表态。若在此期限内没有审议，则视为同意。

公共机构的设立由流域协调省长的决议决定或由省内国家代表、地方政府机构和有独立税制的乡镇间合作公共机构的决议名单中的水环境管理和洪水预防方面的各地方政府的相关机构和有独立税制的乡镇间合作公共机构的联合决议决定。此决定只有在获得代表其超过一半总人口的地方政府机构和有独立税制的乡镇间合作公共机构的三分之二的赞成票数或在代表其三分之二人口的地方政府机构和有独立税制的乡镇间合作公共机构的至少半数赞成票数时才能通过。

公共机构的设立必须征得人口超过总人口的四分之一的有独立税制的乡镇间合作公共机构的相关机构的同意。

《地方政府总法典》第 L5211－5 条第 3 款和第 4 款适用上述情形。

5. 根据本条第 2 款和第 3 款设立的流域地方公共机构或水规划和管理公共机构，可按照《地方政府总法典》第 L1111－8 条规定的条件通过移交或委托，并根据各自的目标，执行全部或部分属于本法典第 L211－7 条第 1－1 款规定的水环境管理和洪水预防的权限的任务。

6. 流域地方公共机构在听取流域委员会的意见后，如有必要，在听取相关地方水务委员会的意见后，同样可以制定一个共同利益规划草案。流域地方公共机构将此草案提交乡镇、乡镇间合作公共机构以及相关水规划和管理公共机构批准，若上述机构批准草案，则应向流域地方公共机构移交或委托此草案实施所必要的权限。

7. 流域地方公共机构的收入包括其成员的税金、补贴、贷款以及根据第 L213－10－9 条第 5－1 款的规定应机构请求水务局所收取的款项。

水规划和管理公共机构的收入包括成员的税金、补贴和贷款。

7 -1. 如果符合第 1 款规定的条件，联合工会可根据第 1 款的规定改制成流域地方公共机构。

改制应由工会委员会向相关流域协调省长提出。若流域协调省长认为联合工会符合第 1 款和第 2 款规定的条件，并且符合第 8 款中最高行政法院提出资政意见后颁布的政令所确定的标准，可将改制草案提交给流域委员会和相关地方税务委员会征求意见。改制草案以及所提出的意见应转达给工会成员。

改制应按照工会委员会的建议，由工会成员的审议机关一致审议决定。工会委员会及其成员自收到提出改制的审议通知起 3 个月内提出审议意见。若在此期限内没有审议意见，则视为同意。由相关国家驻地方代表的决议批准改制草案。

改制后工会的一切财产、权利和义务都视情况移交给流域地方公共机构或水规划和管理公共机构。自改制之日起，联合工会的所有决议和行为都由流域地方公共机构或水规划和管理公共机构自动接收。除非当事人另有约定，合约应在之前的条件下执行至到期日。共同签约人应被告知法人的更换。工会缔结的合约中法人的更换并不意味着共同签约人有任何终止或获得赔偿的权利。联合工会的所有人员视其职位和就业条件被认为属于流域地方公共机构或水规划和管理公共机构。

8. 由最高行政法院提出资政意见后颁布的政令规定此条的实施细则。

第二分节　普瓦图沼泽地水管理

第 L213 -12 -1 条

1. 应设立一个行政性国家公共机构，对普瓦图沼泽地的水和生物多样性进行管理。

上述机构应负责执行第 L213 -12 条第 1 款所提到的除洪水预防之外的任务，以促进普瓦图沼泽地流域及流域含水层的水资源平衡和可持续管理。上述机构还应协调和促进第 L212 -1 条和第 L212 -3 条规定的水体整治与管理指导大纲的实施。考虑到地方政府的权限，该机构的其他任务如下：

(1) 研究和监测水资源、水环境和水的使用，饮用水供给除外。

(2) 监测沼泽水位的有效管理以及与由负责环境事务的部长的决议所指定

的成员所组成的咨询委员会的支持进行配合。咨询委员会的成员包括地方政府代表、地方政府联合体代表以及水位管理机构代表。

(3)履行第 L211 - 3 条第 2 款第(6)项规定的唯一机构的职能。灌溉者或由各个地理区域根据与地方公共机构所签订的委托协议进行的收费分配，按照由机构的管理委员会成员以及根据农业部部长决议所指定的农业专门机构代表和农业工会代表组成的专业委员会作出的决定进行。

(4)保障用水用户的知情。

(5)提升良好水体状况的总量，尤其是通过实施和管理对于替代资源的调动和根据第 L212 - 3 条规定的水体整治与管理指导大纲，或第 L212 - 1 条第 4 款规定的目标中的水经济的重要补充措施的实施所必要的工程。

为确保生物多样性的保护和恢复，该机构：

(1)确保第 3 款与第 L414 - 2 条第 4 款第 2 句规定的行政机关的职能。

(2)能够在第 L322 - 1 条规定的海岸和湖岸保护处的活动范围之外，根据第 L322 - 3 条至第 L322 - 6 条中规定的条件，执行用以保护湿地和第 L414 - 2 条规定的地区的土地方面的行动。

(3)能够为其利益要求设立第 L211 - 12 条规定的地役权。

该机构可向行政机关提议关于地表水和地下水分配规则的必要规划，以及第 L211 - 1 条规定的湿地保护和可持续管理的所有必要措施。

该机构可向国家或其他公共团体提出任何与其任务有关的建议，并可被委托实施国家或其他公共团体所决定实行的行动计划的全部或部分。

2. 该机构设立管理委员会对其进行管理。管理委员会构成如下：

(1)包括管理委员会主席在内的国家代表以及相关公共机构代表；

(2)地方政府及地方政府联合体的代表；

(3)用水用户、对沼泽水利工程有权限的公共机构、相关组织、农业商会和专业组织的代表；

(4)合资格人士。

管理委员会主席由政令任命。

由 1 名工作人员代表以顾问身份担任管理委员会成员。

3. 执行办公室负责筹备管理委员会的决定。

3 - 1. 该机构的收入包括提供服务所获取的费用、开展活动所获得的收入、捐赠和遗赠和国家、地方政府机构及其联合体，以及其他公法和司法人的补贴和分红和金融产品。该机构在其职能范围内每年向卢瓦尔－布列塔尼水务局收取税金，税金数额是水务局根据第L213－10－9条的规定所收取的前一年水资源抽取费数额的25%，且不低于50万欧元。此项税金根据国家行政公共机构收取税金的方式进行清算、拨款和征收。

该机构同样可向卢瓦尔－布列塔尼水务局要求，为地方政府联合体实施普瓦图沼泽地水体整治与管理指导大纲的需要，根据第L213－10－9条的规定，对流域地方公共机构进行第L213－10－9条第5－1款规定的费用上调。

4. 由最高行政法院提出资政意见后颁布的政令确定本条的实施细则。

第五节 水与生物多样性委员会与海外省水务办公室

第L213－13条

1. 在每一海外省设立一个水务办公室，水务办公室为行政性地方公共机构，隶属于海外省。

水务办公室与水与生物多样性委员会配合，根据第L110－1条规定的资源与自然环境治理原则，负责促进在水和水环境方面各种共同利益的行动的实施。在不损害国家和地方政府相应权力的前提下，水务办公室执行以下任务：

(a)研究和监测水资源、水环境和海岸环境及其用途；

(b)向业主提供建议和技术帮助，水和水环境管理方面的培训和知情；

(c)在听取水与生物多样性委员会的意见后，对行动和工程进行规划和融资。

在遵守法国的国际承诺的前提下，并在听取流域委员会意见后制定的公约框架内，水务办公室可以开展在水与污水处理领域的国际合作，以其经费的1%为限，如有必要，按照现行对每类人员的法定规定，可以由其工作人员协助。

2. 水务办公室由1个管理委员会管理，该管理委员会构成如下：

(1)大区、省、乡镇代表，以及在水领域具有权限的乡镇间合作公共机构或联合工会代表；

(2)省内国家代表；

(3)用户代表和社会职业代表；

(4)经认可的消费者组织和环境保护组织代表;

(5)在水资源、水环境和海岸环境方面的合资格人士。

第(1)项的成员应至少占管理委员会人数的一半。

由1名工作人员代表以顾问身份担任管理委员会成员。

办公室主任由省议会主席在听取省长的意见后颁布的决议任命。

省长负责履行水务办公室的政府专员职务。

3. 在适用于领土公共服务的法律和法规规定的框架内,对水务办公室人员进行招聘和管理。

4. 水务办公室的收入的组成如下:

(1)第L213－14条规定收取的费用;

(2)提供服务收取的费用;

(3)补贴;

(4)现行法律和制度所规定的财政收入。

根据《地方政府总法典》第L3241－1条的条款对水务办公室行为的合法性和预算进行监管。

第L213－13－1条

在海外省,水与生物多样性委员会的组成如下:

(1)位于整个或部分流域的地方政府代表;

(2)用水用户代表和合资格人士;

(3)国家、相关公共机构以及国家指定的社会职业领域代表。

流域内的工程和具有公益性质的规划的适当性,以及本编第一章到第四章、第六章和第七章中的所有问题,都应咨询水与生物多样性委员会。

如有必要,水与生物多样性委员会负责对本编第一章到第四章、第六章和第七章中的条款进行适应性调整,以促使其在省内实施。

水与生物多样性委员会确保移交给第L371－3条规定的区域生物多样性委员会的任务的完成。水和生物多样性委员构成对所有与陆地、海岸或海洋相关的问题,尤其是生态连续性方面的信息、交流和咨询机构。所有可能对生物多样性有显要影响的问题都可咨询水与生物多样性委员会。此外,委员会还确保本法典规定的水与生物多样性委员会的作用和任务在每个海外省的流域的实现。

第L213－14条

1. 若水与生物多样性委员会根据第L213－13条第1款第(c)项的要求,授权水务办公室对行动和工程进行规划和融资，水务局可制定一个多年行动计划，在规划中确定其行动条件并对实施规划的花销和收入作出预算。

2. 在征求水和生物多样性委员的意见后，在上述的多年行动计划的框架内，水务办公室设立并向公法或私法人收抽取资源取用、水污染治理、现代化污水收集网络建设、污染扩散、枯水期储水、河流阻塞和保护水环境的等费用。

第 L213 -14 -1 条

1. 向取用自然环境中的水资源的公法人或私法人收取的水资源抽取费按其取水体积所对应的费率计算，上述费率的确定应考虑到不同的取水用途。

2. 水资源抽取费若被设立，则按 1 年内在自然环境中所抽取的水的体积为基础进行计算。抽取人需缴纳这笔费用。抽取人应根据政令规定的方式，每年提交 1 份能够计算其应该缴纳数额的申报材料。

3. 水资源抽取费的费率由水务办公室的水务委员会在征求水与生物多样性委员会后颁布的审议确定，并遵循以下限定：

对于用于饮用水供给的抽取：费率在每立方米 0.5 欧分到 5 欧分；

对于用于农用地灌溉的抽取：费率在每立方米 0.1 欧分到 0.5 欧分；

对于用于其他经济活动的抽取：费率在每立方米 0.25 欧分到 2.5 欧分。

如果所抽取的水是用于多种用途，使用费按照根据每种用途的用水量按比例收取。

如果所抽取的水用于公共供给，水资源抽取费应平均分摊给每位消费者。

如果《地方政府总法典》第 L2224 -7 -1 条规定的运输和饮用水供给工程的详细说明在 2014 年 12 月 31 日尚未被制定，对自 2014 年起对以抽取水资源的名义用于“饮用水供给”的收费费率提高至 100%。

同样，若水的损失率高于《地方政府总法典》第 L2224 -7 -1 条中政令所规定的损失率，且该条规定的行动计划未在规定期限内制定，对从行动计划应被制定的年份起对以抽取水资源的名义用于“饮用水供给”的收费费率提高置 100%。

如果从某年起，除了具体规定的制定情况外，以下两项中至少一项得到满足，可停止实施前面两款规定的费用的提高：

(1)行动计划已经被制订；

(2)地方政府供水网络的水损失率低于《地方政府总法典》第 L2224 -7 -1 条中政令所规定的损失率。

水务局可向地方政府提供减少供水网络中水损失的资金激励。

4. 以下取水免于缴纳水资源抽取费：

(1)海上抽取；

(2)矿井排水以及因实施地下工程所必要的抽取，且所取用的水不直接用于生活、工业或农业的情况下；

(3)水产养殖相关的抽取；

(4)为了回灌自然环境的工程；

(5)用于抵抗火灾的抽取；

(6)生产可再生能源抽取；

(7)为保持建筑物或工程干燥所进行的排水所抽取的地下水。

5. 水资源抽取费的征收门槛由水务局决定，且不得低于每年 1 万立方米。

6. 若缺少用水量的计量手段，水资源抽取费根据活动按照统包量收取。

特定活动统包量的额度由在征求国家水务委员会的意见后的政令中规定的条件确定。

若抽取的水是用于重力灌溉，水资源抽取费按统包量的价格计算，统包量的价格不能高于每公顷灌溉面积 15000 立方米每年。

第 L213－14－2 条

因水污染治理、现代化污水收集网络建设、污染扩散、枯水期储水、河流阻塞和保护水环境产生的费用按照本编第三节第三分节的规定计算。

但是，对于第 L213－10－11 条第 4 款规定的阻塞河流收取的费用的最高额为 450 欧元每立方米。

相关费用的费率由水务办公室管理委员会在征求水与生物多样性委员会的意见后所做出的审议进行确定。

欠款人应根据第 L213－14－1 条第 2 款中政令规定的方式，每年签署能够用于计算他们所需缴纳数额的材料并进行申报。但是，河流阻塞费的缴纳人若不改变工程特点，无须在每年都更新他们的申报。

第 L213－15 条

1. 水务办公室负责监管所有有助于核实计价基数的要素。监管可在办公室或现场实施。

2. 水务办公室可要求撰写必要的文件以及有助于监管的一切凭证。

3. 现场监管由水务办公室主任授权的工作人员进行。水务办公室应提前告知欠款人，有权在监管期间得到其选择的顾问的协助。

4. 水务办公室应将监管结果告知欠款人。

5. 由国家最高行政法院颁布政令来具体规定本条的实施细则。

第 L213－16 条

1. 水务办公室享有通信权，使其能够查阅并在必要时复制第三人持有的文件，用于计价基数或费用控制。

2. 国家行政部门、地方政府、国有企业以及接受行政机关监管的所有性质的机构或组织，都应该按照水务办公室的要求，通报其所持有的完成其监管所必要的文件，不得以保守商业秘密为由拒绝。

3.《刑法典》第 226－13 条规定，商业秘密保守义务适用于被要求履行职责或职权介入费用的计价基数、监管、收费或诉讼中的人员。

但是，根据本法典第 L124－2 条的规定，费用计算所必要的、构成与环境有关的信息要素，在最高行政法院提出资政意见后颁布的政令所规定的情况下可供公众查阅。

第 L213－17 条

1. 以下人员必须被强制缴纳所欠费用：

(1)自水务办公室提前通知下达之日起 30 日内，未在第 L213－14－1 条和第 L213－14－2 条规定的日期之前申报费用计算要素的主体；

(2)未对根据第 L213－15 条的规定提出的查询、解释或澄清要求作出答复的主体；

(3)拒绝接受监管或妨碍监管活动的主体。

2. 在反对监管导致强制收缴的情况下，纳税人所应缴纳的附加费增加 100%。

3. 在强制收缴的情况下，在收取费用前至少 30 日，水务办公室应以通知的形式，将用于计算费用的要素告知欠款人，在通知中具体说明要素的确定方式和应付数额，并告知欠款人在此期限内有提出异议的权利。

此通知构成时效的中断。

第 L213－18 条

若计价基数全部或部分遗漏，或缴纳不足、不准确或存在错误，水务办公室可在第三年年底费用到期时进行纠正。

第 L213－19 条

水务办公室可按规定宣布减免或恢复收费，以及逾期罚款的数额。

对其应缴纳的全部或者部分费用存在疑问的纳税人，须在提起诉讼之前向水务办公室主任提出复议。

水务局可应纳税人的请求，按照《税收程序编》第 L247 条规定的方式，或在接受保护、破产或司法清算程序的公司法定代表人的请求下，全部或部分免除费用、附加费和延迟支付利息。

会计人员可按照《税收程序编》第 L247 条规定的方式，全部或部分免除延期付款的附加费和诉讼费。当应缴费用的金额高于立法机关规定的界限时，经立法机关批准可予以免除。

第 L213 –20 条

水务办公室主任负责设立与费用有关的收入款项并使具备可执行性。

费用作以直接税收的方式由水务办公室的会计人员收取。

收取日期为本条规定的生效之日。

截止日期为费用收取日期下月的最后 1 日。

付款期限为费用收取日期之后的第二个月的 15 日。超过此日期，费用的金额将提高 10%。

低于 100 欧元的费用或附加费将不予收取。

费用每年可以分期付款的方式缴纳。

第六节　水坝与水利工程常设技术委员会

第 L213 –21 条

设立水坝和水利工程常设技术委员会。应相关部委要求，委员会对一切与水坝和水利工程安全的问题提供意见。委员会为检查特定项目或工程所产生的花销由相关业主承担。

第 L213 –22 条

由最高行政法院提出资政意见后颁布的政令对此节的实施条件，尤其是对征询水坝和水利工程常设技术委员会意见后的建造、运行模式和工程作出具体规定。

第四章　活动、设施与用途

第一节　许可或申报制度

第 L214－1 条

所有自然人或法人、公法人或私法人建立或实施、非生活用途的设施、工程、施工或活动，同时抽取地表水或地下水、引起排水水位或模式改变、破坏产卵场、鱼类生长区或饲养区，或者同时导致直接或间接、长期或间歇的排水、流水、排放或沉积的，都应遵守第 L214－2 条至第 L214－6 条的规定，无论是否对上述水资源抽取进行修复，且无论上述排水、流水、排放或沉积是否有污染。

第 L214－2 条

第 L214－1 条规定的设施、工程、施工或活动列于一份目录中。在税务委员会发表意见后，由最高行政法院提出资政意见后颁布的政令设立该目录。根据危险程度和对水资源、水生态系统的影响程度，尤其是考虑到为保护水和水环境所设立的区域和范围的存在，上述设施、工程、施工或活动应进行许可或申报。

除确定生活用水的标准，尤其是生活用水的抽取量外，政令还确定其他形式的对水环境影响极弱、可不应经过许可或申报的用水类型。

第 L214－3 条

1. 可能对身体或公共安全造成危险、阻碍水的自由流动、减少水资源、显著增加洪水风险、严重损害水环境的质量或多样性，尤其是严重损害鱼类密度的设施、工程、施工或活动应当取得行政机关的许可。该许可为第一卷第八编全一章的规定所规制的环境许可，但不影响本编规定的适用。

2. 不会造成上述危险的设施、工程、施工或活动需进行申报，并遵守依据第

L211－2 条和第 L211－3 条颁布的限制性规定。

在最高行政法院提出资政意见后颁布的政令所规定的期限内，若拟议的行动违背水体整治与管理指导大纲或水体整治与管理纲要，或对第 L211－1 条规定的利益造成任何限制性规定均无法弥补的损害，行政机关可对此拟议的表示反对。

如果通过实施依据第 L211－2 条和第 L211－3 条颁布的限制性规定、第 L211－1 条规定的利益未能得到保障，行政机关可在任何时间通过条例施加任何必要的特别限制性规定。

3. 第 1 款和第 2 款中限制性规定的设立、修改和告知第三人的条件，由政令确定。

4. 最高行政法院提出资政意见后颁布的政令规定多个相关行动的或归属于同一活动的多个行动的多个许可和申报申请适用共同程序的条件。

第 L214－3－1 条

若需按照第 L214－3 条第 2 款的规定进行申报，或属于第 L214－4 条第 1 款或第 L214－6 条规定的设施、工程、施工或活动最终得以确定，经营者应将场地恢复到未受损害的状态，以实现第 L211－1 条规定的水资源平衡管理的目标；在没有经营者的情况下，应由所有权人承担此项义务。经营者或所有权人应将相关活动的停止和所采取的措施通知行政机关。为使场地恢复原状，行政机关可随时向经营者或所有权人施加限制性规定，但上述规定不影响《矿产法典》第 L163－1 条至第 L163－9 条和第 L163－11 条的适用。

第 L214－4 条

1. 临时性的、不会对自然环境造成重大和持续影响的设施、工程、施工和活动，可在最高行政法院提出资政意见后颁布的政令规定的条件下获得许可，无须根据本法典第一卷第二编第三章进行事先公众调查。

2. 在以下情况下，在不影响国家行使行政管制权力的前提下，可废除或修改许可：

（1）为了公共卫生的利益，尤其是对居民饮用水供给而言，有必要废除或修改许可；

（2）预防洪水或者使洪水消除，或者公共安全的受到威胁；

（3）对水环境造成重大威胁，尤其是水资源适用与水资源保护不符的重要的水利条件；

(4)工程或设施被遗弃,或者不再进行定期保养。

2-1.从2014年1月1日开始,根据水体整治与管理指导大纲的目标和方针,对于按照第一编第L214-17条进行分类的河流、河流段或运河段,若工程或设施不能保护交替生活在淡水和咸水里的移栖物种,在不影响国家行使行政管制权力的前提下,可废除或修改许可。

3.拒绝、废除或修改许可都应向申请人说明理由。

4.针对临时性的、周期性的且不会对自然环境造成重大和持续影响的施工或活动许可而言,在未开展事先公众调查的情况下,由政令确定提出申请的被许可水电企业获得许可的条件。如果从2005年7月13日《第2005-781号法》颁布之日起生效的确定能源政策的方针的政令条款与上述政令中的条款不一致,确定能源政策的方针的政令条款将被废除。

第L214-4-1条

1.若须经许可或特许的水利工程的存在或开发对公共安全构成危险,可设立与土地使用有关的公用地役权。只有在申请许可或特许之后,该权力才能被授予。

2.第1款规定的地役权包括以下内容:

(1)限制或禁止建造建筑物或工程、规划露营场地或大篷车停车场进场;

(2)使建设许可服从旨在减少使人身置于溺水的危险下的技术性限制性规定。

3.第1款规定的地役权应考虑到所涉及的风险发生的可能性、动态关系、性质和强度,并可在同一范围内灵活调整应用。上述地役权不可强制拆除或遗弃按照现行法律和条例在地役权设立之前就存在的建筑物。

4.第1款规定的地役权的范围和内容,应根据本法典第一卷第二编第三章的规定开展公众调查。当工程应经授权时,应遵守第一卷第八编第一章的特别条款的规定。

5.地役权根据《城市规划法典》第L153-60条和第L163-10条规定的条件,附于地方城市规划图和乡镇地图后。

只有在地役权导致直接的、物质性的和确定的损害的情况下,才能得到赔偿。

第L214-5条

有关特许水电企业的水利条例的条款,参见《能源法典》第L521-2条。

第L214-6条

1.在任何情况下,均应对第三人的权利予以保留。

2.1992年1月4日以前、根据有关水利的法律或法规被申报或许可的设施、工程或活动,应视作根据本节的规定被申报或许可。对于既有设施或工程,也按上述处理。

3. 对于不属于第2款的适用范围、根据第L214－2条规定的目录从1992年1月4日起有申报或授权义务且尚未履行该项义务的设施、工程和活动,如果经营者最迟于2006年12月31日向行政机关提供了1993年3月29日《第93－742号政令》第41条规定的信息,可继续运行或继续进行该等设施、工程和活动;如果没有经营者,所有权人按上述规定向行政机关提供信息,可继续运行或进行该等设施、工程和活动。

但是,如果该等设施和工程的运行或活动的继续进行存在严重侵犯第L211－1条规定的利益的风险,行政机关可要求经营者或所有权人进行申报或提出许可申请。

2006年12月31日后,行政机关可接受并审查本第3款第1段规定的信息。如果有证据证明通过根据第L214－3条的政令接受授权或申报的设施、工程或活动的合法性,且开发活动两年来未停止,又未对第L211－1条规定的利益构成危险或不便,行政机关可同意设施或工程的继续运行或相关活动的继续实施。

4. 定期投入服务或运行后、应根据法律或第L214－2条规定的目录进行申报或许可的设施、工程、施工或活动,如果经营者已告知行政机关,或在新的义务被设立之日起1年内告知行政机关的,可继续运行;如果没有经营者,由所有权人按上述规定告知行政机关,可继续运行。

由最高行政法院提出资政意见后颁布的政令具体规定须向行政机关提供的信息以及行政机关为保护第L211－1条规定的利益可施加的措施。

5. 第2款和第3款的规定适用于在2005年7月18日《第2005－805号法令》颁布之前进行的产生既判力的最终司法裁定。

6. 第2款、第3款和第4款规定的设施、工程或活动应遵守本节的规定。

第L214－7条

如果有必要适用第L214－1条和第L214－7条,省长可与地方政府及地方政府联合体协商,划定第L211－1条规定的湿地的全部或部分的范围。

最高行政法院提出资政意见后颁布的政令具体规定本条的适用条件。

第L214－8条

第L214－1条至第L214－6条规定的须经许可或申报的能够用于地表水的

非生活使用或排水的设施，以及所有地下水抽取设施，都应适用适当的测量或评估方法。其经营者应确保设施安装和运行，将相关数据保存 3 年，并将数据交由行政机关和公法人；在没有经营者的情况下，由所有权人履行该项义务；公法人的名单由政令确定。如果通过抽水设施抽取，应当通过水表测量。

自 1992 年 1 月 4 日起 5 年内，现有设施须符合本条规定。

第 L214－9 条

1. 如果根据《能源法典》第五卷第一编被特许或许可的水利整治以外的水利整治能够调节河流流量或在枯水期增加河流流量，在不影响第 L211－8 条实施的前提下，可在根据第一卷第二编第三章进行公众调查后，通过公用申报申报规定某一特定时期内在该河流的一段的全部或部分人工流量的特定用途。

在全部或部分的人工流量与规划的目的、确保电力系统安全的供应以及特许合同的资金平衡相一致的条件下，第 1 段适用于根据《能源法典》第五卷第一编被特许或许可的水利整治。

2. 公用申报的受益人可以是国家、地方政府、地方政府联合体或公共机构。

公用申报的受益人可转让被规定用途的流量的管理。受让人应根据第 3 款第（4）项承担用户使用费。

3. 公用申报相当于本节的许可，且在政令规定的条件下确定如下事项，安装和运行限制性规定除外：

（1）根据一年中不同时期的可用资源进行确定，并被优先分配给公用申报的受益人的被指定用途的流量；

（2）被指定用途的流量的用途；

（3）在尊重水生态系统的前提下，在最合理以及对于河流的其他用户来说损失最少的情况下，相关河流段的全部或部分被指定用途的流量流通的必要的限制性规定；

（4）公用申报的受益人可向流量的用户收取全部或部分用于确保被指定用途的流量和在河流中流通的使用费；

（5）如有必要，对特许或许可的规范作出的修改。

4. 若被指定用途的流量被交付的条件造成了根据《能源法典》第五卷第一编中的特许或许可工程管理人的损失，公用申报的受益人应对其进行赔偿，以弥补其在特许或许可期间所遭受的损失。

赔偿由根据第 L214－8 条在河流中产生的最小流量的保持来计算，并且仅限于超过此价格的人造流量体积。

行政法院有权处理与上述赔偿有关的争议。

5. 本条适用于水利整治施工和水利工程，不论其被许可或特许的日期为何。

第 L214 – 10 条

针对根据第 L214 – 1 条至第 L214 – 6 条和第 L214 – 8 条的规定所作出的决定，可在第 L181 – 17 条至第 L181 – 18 条规定的条件下向行政法院提起诉讼。

第 L214 – 11 条

许可农用污水的扩散的条件由政令规定。

第二节　设备与船舶的通行

第 L214 – 12 条

如果水体整治与管理纲要未被通过，河流中非机动水上娱乐设备应遵守管制法律和条例，并尊重沿河地区所有权人的权利。

省长在与有关各方协商后，可对非机动水上娱乐设备在全部或部分非公有河流的运行或旅游、娱乐和水上运动进行管理，以保证其遵守第 L211 – 11 条规定的保护原则。

非公有河流的沿河地区所有权人在其不当行为对非机动水上娱乐设备通行或旅游、娱乐和水上运动的规定造成损失时，需承担民事责任。

第三节　水供给与净化

第 L214 – 14 条

关于水分配和净化的规定，参见《地方政府总法典》第二部分第二卷第二编第四章第二节和《公共健康法典》的第 L1331 – 1 条至第 L1331 – 16 条。

第五节 工程相关义务

第 L214－17 条

1. 在征求相关省议会、流域地方公共机构、流域委员会以及科西嘉议会的意见后，行政机关为每个流域或支流域设立以下内容：

（1）一份列入了或处于非常好的生态状况，或被水体整治与管理指导大纲认定在生物库保护中发挥作用，对于交替生活在淡水和咸水里的洄游鱼类予以完全保护，且未给予任何阻碍了生态连续性的新工程建造的许可或特许，以维持或达到流域河流的良好生态状况河流、河流段或运河段名单。

在上述河流、河流段或运河段定期安装的现有工程特许或许可的更新，应遵守能够维持非常好的生态状况、或维持或达到流域河流的良好生态状况，或确保交替生活在淡水和咸水里的洄游鱼类的保护的限制性规定。

（2）一份列入了必须确保足够的泥沙运输和洄游鱼类的游动的河流、河流段或运河段名单。所有工程都应根据行政机关在和所有权人协商后确定的规则进行管理、维护和装备；在没有所有权人的情况下，应与经营者协商。

2. 第 1 款第（1）项和第（2）项规定的名单由相关行政机关在对第 L211－1 条规定的不同水用途分类的影响进行研究后的决议确立。上述名单在水体整治与管理指导大纲修订时被更新，以考虑到认知进步和不同用途的重要性的变化。

3. 第 1 款规定的义务应在上述名单公布之日起开始履行。第 1 款第（2）项规定义务，在对应的名单公布之后 5 年内适用于定期安装的已有工程。如果能够完成第 1 款第（2）项中的义务的施工不能在此期限内完成，但与工程管理方式的规划或改变申请相关的文件已经被递交给负责水政策的部门的，工程的所有权人将有额外的 5 年补充期限来完成施工；在没有所有权人的情况下，则经营者将拥有该等补充期限。

1919 年 10 月 16 日《关于水利资源的法》第 2 条第 5 段以及本法典的第 L432－6 条仍然适用，直至上述义务在前段规定的期限内被替换。在上述期限届满后，最迟于 2014 年 1 月 1 日，上述 1919 年 10 月 16 日《关于水利资源的法》第 2 条第 5 段被删除，第 L432－6 条被废除。

本条第 1 款的义务无权获得赔偿，除非该义务对工程所有权人或经营者造成特别和过高的使用费。

4. 实施本条规定的措施应在尊重保护、保存和重视遗产保护，即根据《遗产法典》第六卷规定的遗迹、边界或重要遗址的目标的条件下实施，或根据《城市规划法典》第 L151 – 19 条实施。

第 L214 – 18 条

1. 任何需要在河床上建造的工程都应在工程安装时实施用以维持河床最小流量以永久保证水生物种的生命、流动和繁殖的措施，如有必要，还应实施防止鱼类进入引水运河和输水运河中的措施。

最小流量不得低于即时下游河流年平均流量的十分之一，或不低于工程所在地对应的根据不少于 5 年的有用信息测量出的平均年间流量，或工程所在地的即时上游流量。对于年平均流量高于 80 立方米每秒的河流或河流段，或对于凭借其年平均流量对在用电高峰期的发电作出贡献，且经由最高行政法院在征求能源高级理事会的意见提出资政意见后颁布的政令确定的河流或河流段，其最小流量不得低于即时下游河流年平均流量的二十分之一或不低于同样情况下测量出的工程所在地对应的流量，或工程所在地的即时上游流量。但是，对于出现非典型作业使得上述情况的最小流量的确定不准确的河流或河流段，其最小流量可固定在一个较低值。

2. 许可或特许的行为可依据 1 年中的不同时期确定不同的最小流量值，前提是最小流量值的年平均值不低于第 1 款规定的最小流量。此外，最低处流量应高于最小流量的一半。

若河流或河流段遭受特殊的自然枯竭，行政机关在枯水期间可确定低于第 1 款规定的最小流量的临时最小流量。

3. 工程经营者应负责河床中确保前段规定的最小流量的设施的运行和维护。

4. 对于在 2006 年 12 月 30 日《第 2006 – 1772 号关于水和水环境的法》颁布时业已存在的工程，该法律设立的义务自特许和许可更新之日起，且不晚于 2014 年 1 月 1 日进行新旧义务的替换。上述替换只有在第 L214 – 17 条第 3 款中规定的条件下才能请求赔偿。

5. 本条不适用于莱茵河，以及国际河流的共同部分。

第 L214 – 18 – 1 条

所有权人、被委派为代表的第三人或地方政府以发电为目的在第 L214 – 17 条第 1 款第（2）项规定的河流、河流段或运河段中配备的定期安装的水磨坊，无须遵守行政机关制定的第 L214 - 17 条第 1 款第(2)项中的规定。本条只适用于在 2017 年 2 月 24 日《批准 2016 年 7 月 27 日关于自身耗电的第 2016 - 1019 号法令和 2016 年 8 月 3 日关于用可再生能源发电的第 2016 - 1059 号法令的第 2017 - 227 号法》颁布时业已存在的磨坊,且旨在适应有关电网、燃气网和可再生能源的某些措施。

第 L214 - 19 条

本节的适用条件由最高行政法院提出资政意见后颁布的政令规定。

第五章　非公有河流的相关规定

第一节　沿河地区所有权人的权利

第 L215 -1 条

沿河地区所有权人只有在法律规定的范围内，才能使用与其所有的河流相接或相交的流水。沿河地区所有权人在行使上述权利时，应遵守行政部门颁布的法规和许可的规定。

第 L215 -2 条

非公有河流的河床属于河流两岸的沿河地区所有权人。

若河流两岸分属不同的沿河地区所有权人，除非另有说明或限制性规定，应根据假定的河的中间线，各方拥有河床的一半。

每位沿河地区所有权人都有权在不改变水状况的情况下，在其所有的河床部分取用所有自然产物，从河床中开采淤泥、黄沙和石头，并根据第 L215 -14 条的规定进行河床的维护。

保留沿河地区所有权人或其他相关方为获得土地而开发河流段的权利。

第 L215 -3 条

如果自然地或在合法施工之后河床被遗弃，每位沿河地区所有权人在遵守上一条规定的前提下，可以自由处置该河床。

第 L215 -4 条

若非公有河流的河床被自然废弃，新河床建立区域的土地所有权人应在免除补偿的情况下允许河流通过；土地所有权人可以在河床改变后的第二年采取必要措施恢复旧河道，但上述措施不对第 L211 -7 条的水管理行动的实施造成障碍。

废弃河床的沿河地区所有权人拥有同样的权利，并可在同年、同样情况下继续实施恢复原始河道所必要的工程。

第 L215－6 条

在非公有河流中形成的冲积物、沙洲、沉积物、岛屿和小岛的所有权受《民法典》第 556 条、第 557 条、第 559 条、第 561 条和第 562 条的规制。

第二节 水的管制与保护

第 L215－7 条

行政机关负责保护和治理非公有河流。行政机关采取一切措施来确保水的自由流动。

在任何情况下均应保留第三人权利。

第 L215－7－1 条

在一个自然河床中、有水源供给且流量在 1 年的大部分时间充足的流水构成河流。

考虑到当地水文和地质条件，河流的流动可以不是永久流动。

第 L215－8 条

关于上述河流的一般制度，在尊重财产和前文确立的权利和用途的基础上，通过调和不同类型水用户利益的方式，在进行公益调查之后，由河流或河流段所属管辖区域的部长的决议确定。

第 L215－9 条

一条非公有河流的沿河地区所有权人只有在不损害河流流动和不对相邻河流造成损害的情况下，才可在河流上或其附近施工。

第 L215－10 条

1. 在不损害国家管理职权形式的前提下，可在下列情况下撤销或修改非公有河流上建立的工程所得到的许可或准许：

(1) 为了公共卫生利益，尤其是为保障被居住的中心的饮用水供给有必要进行撤销或修改时；

(2)为了预防洪水或使洪水消退;

(3)在第 L215-8 条规定的一般性法规的情况下;

(4)若撤销或修改涉及制定或管理水规划的工程,或在 1993 年 3 月 30 日以来未被维护达 20 年以上的机构或工厂,所有相关的政府机构或公共机构可在获得准许人或许可持有人违约的情况下,在省长发出命令之后,继续实施撤销或修改准许或许可之后的工程,并向获得准许人或许可持有人请求对上述工程进行赔偿。

1-2. 自 2014 年 1 月 1 日起,根据水体整治与管理指导大纲的目标和方针,对于第 L214-17 条第 1 款所分类的河流,一旦其运营不能保护交替生活在淡水和咸水里的迁徙物种,在不损害国家行使管制权力的前提下,可对机构或工厂获得的许可或准许进行修改。

2. 第 1 款和第 1-1 款的规定适用于根据第 L214-1 条至第 L214-6 条的规定取得或在上述规定生效之前取得的准许或许可,或合法存在的机构和根据《能源法典》第五卷第一编被特许或许可的公司。根据本条第 1-1 款对《能源法典》第五卷第二编的特许权进行修改时,只有在造成合同的经济失衡的情况下才可获得赔偿。

3. 第 1 款第(4)项的实施条件由最高行政法院提出资政意见后颁布的政令确定。

第 L215-11 条

对于磨坊和工厂的所有权人或承租权人,无论是否经过许可或是否已合法存在,都应对道路或不动产造成的损害负责。

第 L215-12 条

市长可根据省长的命令,采取一切对于河流管理所必要的措施。

第 L215-13 条

地方政府、其受让人、工会组织或任何其他公共机构用于公共利益的非公有河流、水源或地下水的分流,须通过公用申报取得许可。

第三节　水环境的维护与修复

第 L215-14 条

在不影响《民法典》第 556 条和第 557 条以及本编第一章、第二章、第四章、

第六章和第七章适用的前提下，沿河地区所有权人应对河流进行定期维护。定期维护旨在维护河流平衡剖面，使水能够自然流动，为河流的良好生态状况作出贡献，或在相应情况下，通过修剪或短截河岸植被，尤其是通过清除漂浮或不漂浮的淤塞、碎片和沉积物，对河流达到良好生态状况的潜力作出贡献。由最高行政法院提出资政意见后颁布的政令规定本条的适用条件。

第 L215－15 条

1. 在一个相关水文单位范围内确立河流、运河或水体的定期集中维护行动以及山区的洪流安全行动在与水体整治与管理纲要的目标相一致的管理规划的框架内进行。根据第 L214－1 条至第 L214－6 条的规定确立的管理规划执行的许可有效期为数年。

若地方政府、地方政府联合体或根据《地方政府总法典》第 L5721－2 条创立的联合工会负责根据本法典第 L211－7 条设立的集中维护，为申报公益所进行的公众调查应与第 L181－9 条规定的调查共同进行。在此情况下，公益申报的有效期为 5 年，可以续期。

可以对管理规划进行调整，尤其是考虑到洪水或其他重大自然事件发生后所应采取的必要的、不可预见的局部干预行动和为保障非机动水上设备的安全所采取的干预行动，以及所有包含在洪水行动和预防计划中的行动。上述调整应经过行政机关批准。

2. 如果未实施第 L215－14 条规定的维护，或者如果恢复阶段对于山区河流的安全行动确有必要，第 1 款提及的管理规划可包括一个恢复阶段，该阶段可规定疏浚等局部干预行为。采取疏浚措施应限于以下目标：

—补救泥沙自然运输中妨碍第 L211－1 条第 2 款规定的用途、阻止水的自由流动或损害水环境的正常运作的功能障碍；

—治理富营养化；

—为建立或恢复一项工程或进行一项整治而整治河流、运河或水体的一部分。

疏浚产品的沉积或扩散应根据其对水土保护的安全性进行评估。

3. 由最高行政法院提出资政意见后颁布的政令来确定本条的实施条件。

第 L215－15－1 条

只要与第 L215－14 条和第 L215－15 条规定的目标相一致，定期维护可根据有关水环境维护的旧条例和当地的用途进行。如若不一致，行政机关可对上述旧条例和用途进行更新，使其生效，对其进行调整，或如有必要，全部或部分的废除这些旧条例和用途。未被更新的旧条例和用途将自2014年1月1日开始失效。

第L215－16条

当所有权人不履行第L215－14条规定的定期维护的义务时，乡镇、乡镇联合体或具有权限的工会在对第L435－5条的规定进行强调的确定期限结束后催告无果的，可派人履行，并由行政相对人承担费用。

市长或乡镇联合体主席或相关工会主席向所有权人发出一份工程实施对应的征费凭证。收取的这笔款项将为乡镇、乡镇联合体或相关工会使用，如用于偿还外国的税收债务或不动产债务。

第L215－17条

凡与工程执行、开支分配和本节提到的纳税人的减免要求有关的诉讼，均应向行政法院提起。

第L215－18条

在第L215－15条和第L215－16条规定的施工期间，所有权人应允许公务人员或负责监管的人员、企业家或工人以及施工必需的金属设备在6米宽的范围内的通行。

在1995年2月3日建造的场地或围墙以及邻近住宅的庭院和花园，可免除设备通行的地役权。

第1段规定的地役权应在河岸尽可能多的设立，并保护现有的树木和植被。

第六章　检查与处罚的相关规定

第一节　行政措施与行政处罚

第 L216－1 条

为实施本节的规定，根据第 L171－7 条和第 L171－8 条所进行的通知可规定一切由经营者或所有权人承担费用的检查、专家鉴定或分析。

为实施本节的规定，根据第 L171－8 条第 2 款第(2)项的实施办法，可在经由第 L171－7－1 条规定的主体同意后由其执行。

第二节　刑 事 规 定

第一分节　违法行为的认定

第 L216－3 条

除了第 L172－1 条规定的司法管制官员和公务人员，以及环境监察人员之外，以下主体有权查证和认定违反本编第一章至第七章规定的行为以及实施的文件或决定：

(1)因其在林业方面的能力被委任并宣誓就职的国家林业部门人员；

(2)因其在林业方面的能力被委任并宣誓就职的国家森林资源办公室人员；

(3)在第五卷第九编第六章规定的条件下的核安全监察人员；

(4)宣誓就职于法国海洋开发研究所的研究员、工程师和技术人员；

(5)港务官员和副港务官员；

(6)乡村警卫；

(7)海关人员；

(8)在本条规定的条件下开展行动的第 L322－10－1 条规定的海岸警卫；

(9)在本条规定的条件下开展行动的第 L322－20 条规定的自然保护区人员。

第 L216－4 条

在被定罪的情况下，检查、专家鉴定或分析产生的一切费用，都由经营者或所有权人承担。

第 L216－5 条

如果犯罪行为导致产卵场、鱼类生长或进食区域的破坏，或对生态连续性或河流的最小流量造成损害，应将第 L172－16 条规定的笔录的副本交由经认可的渔业组织和水环境保护组织的省级联合会主席和经认可的专业淡水渔业组织的主席。

第二分节　刑 事 处 罚

第 L216－6 条

直接或间接在领水范围内的地表水、地下水或海水中投掷、排放或放任一种或多种作用或反应，导致第 L218－73 条和第 L432－2 条规定的损害之外的长期或临时对人体健康或动物有害的物质，或对正常供水制度造成重大改变或限制河流洗浴区的物质使用的行为，应处以 2 年监禁和 75000 欧元罚金。若该投掷活动由决议许可，则此段的规定只有在该投掷活动未遵守决议限制性规定的情况下适用。

法院同样可要求被定罪者按照第 L173－9 条规定的程序修复水环境。

同样的处罚和措施还适用于在水域范围内的地表水、地下水或海水中、在沙滩上或在海岸大量投掷或倾倒垃圾的行为。

对本条规定的行为的公诉期自知道损失之日起算。

第 L216－7 条

对违反以下相关条款进行工程开发的行为，处以 75000 欧元的罚金：

(1)第 L214－17 条及其所替代的规定所规定或确定的、有关洄游鱼类的游动的规定；

(2)第 L214 –18 条所规定或确定的、有关最小流量的规定;

(3)第 L214 –9 条所规定或确定的、有关用于公用用途的流量的规定。

第 L216 –13 条

如果出现违反第 L181 –12 条、第 L211 –2 条、第 L211 –3 条以及第 L214 –1 条至第 L214 –6 条限制性规定的情况,释放和拘押法官可应检察官的要求,自行或应行政机关、受害者或经认可的环境保护协会的请求,命令相关自然人和法人在最多 1 年内采取一切有用措施,包括中止或禁止开展违反刑事法规的行动。

在进行司法调查时,预审法官有权在同样情况下采取第 1 段规定的措施。

裁定应在听取行政相对人意见后或在行政相对人收到传票的 48 小时内作出;当行政机关、受害者或经认可的环境保护协会提出申请时,裁定还应当在听取该等主体意见后作出。

裁定生效后被暂时执行,在释放和拘押法官作出决定,或当原裁定成为最终裁定时,原裁定效力终止。

相关人员或检察官可在决定公布或送达后 10 日内,对释放和拘押法官的决定提出上诉。

预审法庭庭长或上诉法院院长在预审法官或轻罪法院作出决定公布之后的 24 小时内,可暂缓该决定直至上诉决定作出之日,但此期限不可超过 20 日。

本条的规定也适用于第五卷第一编中的分类设施。

第七章　国　　防

第 L217 - 1 条

最高行政法院提出资政意见后颁布的政令确定第 L214 - 1 条至第 L214 - 6 条和第 L214 - 8 条,以及第一卷第七编第二章对关于国防部部长管辖或应遵守国防秘密保护规定的设施或区域的行动、施工或活动的实施条件作出规定。

第八章　对海洋水域与海上航道的特别规定

第一节　船舶排放污染

第一分节　一 般 规 定

第 L218－1 条

适用本节的规定时：

“《防止船舶污染国际公约》(《MARPOL 公约》)”，是指 1973 年 11 月 2 日在伦敦签订、由 1978 年 2 月 17 日的议定书及其后经合法批准或通过的修正案修正的《防止船舶污染国际公约》。

“船舶”一词，是指在任何类型的海洋环境中行驶的海上航船，包括水翼船、气垫船、潜水设备、漂浮设备。如果固定或浮动平台以及船只或河流漂浮设备处于海洋横向边界下游，也应被认定为船舶。

第 L218－2 条

1. 航行在法国主权范围内或司法管辖区域内的水域的船舶应当符合以下规定：

(1) 如果船舶在《防止船舶污染国际公约》附则六第 14.3 条规定所指的硫排放控制区域以外航行，在 2019 年 12 月 31 日前，其使用的燃料的总体含硫量不超过 3.5%。自 2020 年 1 月 1 日起，其使用的燃料的总体含硫量不超过 0.5%。

(2) 如果船舶在硫排放控制区域内航行，其使用的燃料的含硫量不超过 0.1% 的燃料。

2. 出入欧盟成员国港口并提供定期服务的客船，在 2019 年 12 月 31 日前，在硫排放控制区域以外使用的燃料的含硫量应不超过1.5%。自从2020年1月1日起，使用的燃料的含硫量不超过0.5%。

3. 按照公布的时间表在码头连续停泊超过2个小时的船舶，应使用含硫量不超过0.1%的船用燃料，停泊在港口码头时关闭所有机器并使用码头电路的船舶除外。

4. 如果船舶长期减少的二氧化硫排放量不低于其使用符合要求的船用燃料所达到的排放量，则用于减少硫排放方法测试的船舶，或使用减少硫排放方法的船舶可根据情况免于使用第1款至第3款所提到的硫含量不得超过规定值的船用燃料。若船舶在进行测试，则无须遵守长期性要求。

5. 本条的实施条件以法规的形式确定。

第二分节　关于船舶污染物排放的惩罚性规定

第一段　控告与刑罚

第L218－10条

在本分节的实施中：

“船长”一词，是指船舶的船长或负责人。固定或浮动平台的运营负责人或船只或河流漂浮设备的负责人也应被认定为船长。

“排放”的定义见《防止船舶污染国际公约》第2条第3款的规定。

第L218－11条

对于任何违反《防止船舶污染国际公约》附则一第15条和第34条关于控制碳氢化合物的排放规定、或违反附则二第13条关于控制散装运输的有毒液体物质残留的规定的行为，对排放污染物的船舶的船长，应处以5万欧元罚金。

对再犯或累犯者，最多可处以1年监禁和10万欧元罚金。

第L218－12条

对于所有总吨位低于150吨的油轮的船长或总吨位低于400吨、发动机动力超过150千瓦的其他船舶的船长，针对与第L218－11条第1段中的行为相关的处罚，最高可处以10年监禁和1500万欧元罚金。

第L218－13条

对于所有总吨位等于或高于150吨的油轮的船长或总吨位等于或高于400

吨的其他船舶的船长,以及所有从事船上平台运营的负责人,针对与第 L218 - 11 条第 1 段中的行为相关的处罚,最高可处以 10 年监禁和 1500 万欧元罚金。

第 L218 - 14 条

对于所有违反《防止船舶污染国际公约》附则三第 7 条的规定,向海洋排放以包裹运输的有害物质的船长,处以 7 年监禁和 100 万欧元罚金。

第 L218 - 15 条

1. 对于所有违反《防止船舶污染国际公约》附则四第 11 条与附则五第 3 条、第 4 条和第 5 条规定的船长,处以 1 年监禁和 20 万欧元罚金。

2. 对于所有违反《防止船舶污染国际公约》附则六第 12 条、第 13 条、第 16 条和第 18 条的规定的,以及违反第 L218 - 2 条第 1 款到第 4 款规定的船长,处以 1 年监禁和 20 万欧元罚金。

第 L218 - 16 条

对于所有在海洋航行界线内的航道实施第 L218 - 11 条至第 L218 - 15 条提到的犯罪行为的船长,应视具体情况处以第 L218 - 11 条至第 L218 - 15 条规定的处罚。

第 L218 - 17 条

在海上或内水和海洋航行界线内的法国航道中,突发《防止船舶污染国际公约》第一议定书中所提到的情况之一时,对于未根据议定书的规定起草和提交一份报告的船舶船长或其他在第一议定书第 1 条中所提到的船舶负责人,处以 2 年监禁和 20 万欧元罚金。

第 L218 - 18 条

当所有权人、法人的经营者、其法定代表人或实际领导人,或者除了船长以外任何在法律上或事实上对船舶的管理或运行行使检查权力或领导权力的人违反第 L218 - 11 条至第 L218 - 17 条和第 L218 - 19 条的规定进行排放,或者未采取避免该等排放的必要措施时,本分节所规定的处罚适用于该等人员。

第 L218 - 19 条

1. 对于所有由于过失、疏忽或未遵守法律法规造成污染物质排放的船长,处以 4000 欧元罚金。

对于所有由于过失、疏忽或未遵守法律法规造成 1969 年 11 月 29 日《国际干预公海油污事故公约》规定的海上事故的船长,或事故造成水污染后未采取措施避免污染的船长,处以同样的刑罚。

最高刑罚可达到:

(1)如果行为通过属于第L218－12条规定的类型的船舶实施,最高可处以40万欧元罚金;

(2)如果行为通过属于第L218－13条规定的类型的船舶或平台实施,最高可处以80万欧元罚金;

(3)如果行为通过属于第L218－12条规定的类型的船舶实施,且直接或间接地造成了不可逆转的或对环境特别严重的损害后果,最高可处以450万欧元罚金;

(4)如果行为通过属于第L218－13条规定的类型的船舶实施,且直接或间接地造成了不可逆转的或对环境特别严重的损害后果,最高可处以750万欧元罚金。

2. 如果第1款提及的行为是由于直接或间接地故意违反法律或法规规定的特定安全或审慎义务,或源于将环境暴露于肇事者不可忽视的特别严重的危险的显著过错,最高刑罚可达到:

(1)如果行为通过属于第L218－12条或第L218－13条规定的类型的船舶实施,最高可处以6000欧元罚金;

(2)如果行为通过属于第L218－12条规定的类型的船舶实施,最高可处以3年监禁和450万欧元罚金;

(3)如果行为通过属于第L218－13条规定的类型的船舶或平台实施,最高可处以5年监禁和750万欧元罚金。

3. 如果第2款中提及的行为直接或间接地造成了不可逆转的或对环境特别严重的损害,处罚可达到:

(1)如果行为通过属于第L218－12条规定的类型的船舶实施,最高可处以5年监禁和750万欧元罚金;

(2)如果行为通过属于第L218－13条规定的类型的船舶实施,最高可处以7年监禁和1050万欧元罚金。

4. 如果行为人被认定故意违反法律或法规规定的特定安全或审慎义务,或犯下将环境暴露于其不可忽视的特别严重的危险中的显著过错,其行为虽未直接造成损失,但为损失的造成创造了条件,或促进造成损失的条件的形成,或没有采取措施来避免损失,尽管有《刑法典》第121－3条第4段的规定,行为人仍须承担刑事责任。

第 L218－20 条

如果符合《防止船舶污染国际公约》附则一第 4.1 条或第 4.3 条、附则二第 3.1 条或第 3.3 条、附则三第 7.1 条、附则四第 9a 条、附则五第 6a 条和第 6c 条或附则六第 3.1.1 条规定的条件，船舶出于安全、救援或防治污染的目的进行排放的行为可免于处罚。

如果符合《防止船舶污染国际公约》附则一第 4.2 条、附则二第 3.2 条、附则四第 9b 条、附则五第 6b 条或附则六第 3.1.2 条规定的条件，在法国领水以外并因船舶或船舶设备突发故障造成的排放行为，不应被认定为由所有权人、船长或按船长命令行动的船员实施的犯罪行为。

如果船长的行为符合下述规定，其不遵守第 L218－2 条第 1 款至第 3 款规定的行为免于处罚：

（1）提供证据证明其未能在旅行规划规定的地点购买规章规定的船用燃料；

（2）已经向船旗国或目的地港口的有权机关通报其无法获取规章规定的船用燃料；

（3）提供证据证明其只能通过脱离预定路线或不当地延迟其行程才能获取规章规定的船用燃料。

第 L218－21 条

第 L218－11 条至第 L218－19 条的规定不适用于战舰和辅助战舰，也不适用于一国拥有或经营的、专门用于政府非商业性活动的其他船舶。

第 L218－22 条

对发生在领海范围以外的第 L218－11 条至第 L218－19 条规定的犯罪行为，只可处以罚金。

第 L218－23 条

1. 法院可考虑事实情况，尤其是相关人员的工作条件，根据第 L218－11 条至第 L218－19 条的规定作出决定，由所有权人或经营者承担对船长处以的全部或部分罚金。

法院只有在所有权人或经营者受到传唤时才可行使第 1 段规定的职权。

2. 作为附加刑，犯有本分节规定的犯罪行为的自然人，须在《刑法典》第 131－35 条规定的条件下接受公示或发布刑罚判决的处罚。

第 L218－24 条

根据《刑法典》第 121－2 条规定的条件，判罚对第 L218－11 条至第 L218－19 条规定的犯罪行为负刑事责任的法人，除应根据《刑法典》第 131－38 条规定的方式缴纳罚金外，还应适用《刑法典》第 131－39 条第(9)项规定的刑罚。

第二段　程　　序

第 L218－26 条

以下独立于根据《刑事诉讼法典》行使职权的司法管制官员和公务人员的主体，有资格确定违反本编条款及违反适用本编条款而援引的法规的行为：

(1)海洋事务管理人员；

(2)海洋事务技术和行政部门官员；

(3)根据负责海洋事务的部长的命令或安排被分配到海洋事务监管部门的公务员；

(4)(已废除)；

(5)(已废除)；

(6)宣誓就职并被委任于海洋部门、海洋自治港和大型海洋港口的公务员和职员；

(7)被分配到负有环境保护职责的部委下属机构或环境、整治与住房区域办事处的矿业工程师、工业和矿业工程师、桥梁、水和森林工程师以及国家公共工程工程师；

(8)港务官员、副港务官员和拥有公务员资质的港务监督员；

(9)宣誓就职于法国海洋开发研究所的研究员、工程师和技术人员；

(10)海关人员；

(11)国家海军舰艇上的武装部队指挥官、副指挥官或专员，以及国家海军航空器和负责海上监视的国防航空器的机长。

第 L218－27 条

以下主体负责调查构成污染海水罪的违法行为，收集所有相关信息以查明犯罪行为人，并就此向根据《刑事诉讼法典》规定行使职权的司法管制官员或根据负责海洋事务的部长的命令或安排被分配到海洋事务监管部门的 A 类官员或公务员进行报告：

(1)国家海洋船舶的指挥官；

(2)民事保护航空器和用于监视海洋水域的国家航空器的指挥官；

(3)灯塔和航标部门人员；

(4)法国海洋开发研究所的人员；

(5)河流垂钓治安人员。

第 L218－28 条

第 L218－26 条规定的主体所做的笔录在出现相反证据之前即被视为真实。做笔录者应立即将笔录转交给共和国检察官。若涉及船舶或平台，应同时将副本交给海洋事务管理人员。若涉及港口设备、驳船或油轮，应同时将副本交给负责海洋服务的桥梁、水和森林工程师。

第 L218－29 条

对于有关处理本分节规定的违法行为的专门刑事法院的管辖权规则，由《刑事诉讼法典》第 706－107 条至第 706－111 条作出规定，转载如下：

第 706－107 条：对于《环境法典》第二卷第一编第八章第一节第二分节规定并予惩处的在法国领水、内水和航道上造成海水污染与海上航道污染的违法行为的调查、起诉和预审，如果涉及轻罪还包括对违法行为的审判，大审法院的管辖权可扩大至一个或数个上诉法院的辖区。

第 1 段所提到的违法行为在专属经济区或生态保护区内实施的，第 1 段的规定同样适用。

但是，对于极其复杂或看起来极其复杂的案件，第 1 段所指的大审法院临近的共和国检察官可要求预审法官按照第 706－110 条至第 706－111 条规定的条件和方式放弃管辖，并将案件移送巴黎大审法院管辖。

巴黎大审法院也可从调查阶段开始处理极其复杂或看起来极其复杂的违法行为。

该管辖权范围扩大到相关的违法行为。

沿海的该等法院的名单和管辖权，由政令确定。该等法院内设专门处理该等违法行为的检察院分部以及负责该等犯罪案件预审和审判的专门法庭。

第 706－108 条：对在法国司法管辖的海洋区域外的法国船舶上实施的第 706－107 条所指的违法行为进行调查、起诉、预审和审判，巴黎大审法院拥有管辖权。

巴黎大审法院也对在法国专属经济区或生态保护区内实施的《环境法典》第 L218－22 条所指的违法行为以及相关联的违法行为有调查、起诉、预审和审判的权力。

第 706 - 109 条：共和国检察官、预审法官、第 706 - 107 条所提到的大审法院设置的专门轻罪法庭，在按照本条确定的辖区范围内行使与第 43 条、第 52 条、第 382 条与第 706 - 42 条相竞合的管辖权。

共和国检察官、预审法官、第 706 - 107 条所提到的大审法院设置的专门轻罪法庭，按照相同条件行使以下管辖权规则产生的竞合管辖权：

(1)船舶、设备或平台的注册地点或其隶属海关地点；

(2)找到或可以找到船舶、设备或平台的地点。

不论在对案件做出处理或判决时认定的罪名为何，已经手案件的专门法院仍有管辖权。但是，若犯罪事实构成违章，预审法官应宣告将案件移送至按照第 522 条的规定有管辖权的治安法院。

第 706 - 110 条：除第 706 - 107 条所指之外的邻近大审法院的共和国检察官，对于属于本条适用范围的犯罪，可要求预审法官放弃管辖，由按照该条规定有管辖权的法院管辖。预审法官应事先通知各方当事人并请其提出意见，自该项通知起最早 8 日、最迟 1 个月内做出裁定。

如果预审法官决定放弃管辖，其所作出的裁定只有在第 L706 - 111 条规定的 5 日期限经过后方可生效。如果按照本条的规定提出上诉，预审法官仍然具有管辖权，直至其获知预审法庭作出的产生既判力的判决或最高法院刑事庭作出的判决为止。

所做裁定一经产生既判力，共和国检察官将案卷移送给依据第 706 - 109 条的规定具有管辖权的法院邻近的共和国检察官。

本条的规定适用于预审法庭。

第 706 - 111 条：若受命令或被拒绝向其转移管辖的专门法院与原受理案件法院在同一上诉法院的辖区内，根据第 706 - 110 条的规定作出的裁定，除排除任何上诉途径之外，可应检察院或当事人的请求，在 5 日内提交给预审法庭；相反情况下，可提交给最高法院刑事庭。预审法庭或最高法院刑事庭在接受案卷之日后 8 日内，指定负责继续侦查的预审法官。若预审法官在第 706 - 110 条第 1 段规定的 1 个月期限内未作出裁定，检察院也可直接向预审法庭或最高法院刑事庭提出请求。

预审法庭或最高法院刑事庭作出的判决应告知预审法官与检察院，并通知当事人。

本条的规定适用于预审法庭在第706－110条最后一段的基础上作出的判决。在此情况下，应向刑事庭提出上诉。

第L218－30条

对用于实施第L218－11条至第L218－19条规定的犯罪行为之一的船舶，可根据共和国检察官或预审法官的决定进行扣押。

扣押的费用由船东承担。

若船东向有权司法机关按照其规定的方式缴纳一笔金额由有权司法机关确定的保证金，司法机关可下令释放船舶。

分配、使用和归还保证金的条件根据《刑事诉讼法典》第142条、第142－2条和第142－3条的规定进行确定。

对于司法机关做出的扣押裁定，当事人可于通知下达后5日内，向受理调查的大审法院的释放和拘押法官提出异议。

释放和拘押法官可追认扣押或命令解除扣押，如有必要可按照《刑事诉讼法典》第142条规定的条件，要求船东按照其规定的方式提前支付一笔规定金额的保证金以解除扣押。

释放和拘押法官应在接收本条第5段所提到的异议请求起3个工作日内作出裁定。

释放和拘押法官将根据本条规定作出的、说明理由的裁定交给共和国检察官、审理案件的预审法官和当事人，以及在相关主体被认定的情况下，交给能够在通知下达5日内在法庭书记处进行申报就裁定向预审法庭提起诉讼的所有权人和对船舶享有权利的第三人。当事人、船舶所有权人和对船舶享有权利的第三人可向预审法庭提出任何书面意见，或者由预审法庭听取其证词。预审法庭应在上诉申请提出后5日内做出裁定。

根据本条的规定对释放和拘押法官做出的裁定提起的上诉不可暂停判决的执行。但是，如果释放和拘押法官裁定恢复船舶通行，但存在极大的再次犯罪的风险或有必要保证罚金的支付，共和国检察官可要求上诉法院院长或其代表宣布暂停执行判决。在此情况下，共和国检察官应在接到裁定通知后6小时内提出上诉，并附带说明再次发生违法行为的严重风险或就支付罚金缴纳保证金的必要性的申请书，并传送给上诉法院院长或其代表。上诉法院院长或其代表应立即决定，是否通过一说明理由的、不可上诉的裁定赋予该上诉暂停执行判决的效力。在作出裁定前，船舶交由司法机关处置，若裁定赋予共和国检察官的上诉以暂停执行判决的效力，在作出最后裁决前，船舶交由司法机关处置。

第 L218－31 条

如果构成第 L218－11 条至第 L218－19 条规定的违法行为的事实对海洋公共区域造成了损害，根据大道路违章程序，行政机关只能就该损害的赔偿向行政法院提起诉讼。

第二节 海底及其底土的勘探或开采造成的污染

第 L218－32 条

在不影响适用《矿产法典》的规定，尤其是第 L161－1 条及为实施该条而采用的规定以及第 L161－1 条、第 L173－2 条、第 L163－1 条至第 L163－9 条及其适用于大陆架自然资源勘探和开采活动的实施细则的情况下，禁止向海洋排放任何可能对公共健康、海洋动植物以及沿海地区经济和旅游业发展造成损害的烃类化合物或烃类化合物的混合物。

勘探活动直接造成的排放，必须除去烃类化合物。

开采活动直接造成的排放，包括贮存，其中烃类化合物的平均含量均不得高于百万分之二十，也不能导致向海洋里排放的烃类化合物的平均含量超过 2 厘升每日每公顷开采面积。

可根据开采或环境保护的当地情况或特殊情况，以法规形式施加比上述规定更加严苛的标准。

对凭证所覆盖区域内的海洋环境的生物学和生态学状况进行评估前，不得实施任何开采行动；评估由开采权持有人承担费用。在开采凭证有效期内，状况评估应每年至少更新一次。

本条的实施方式由最高行政法院提出资政意见后颁布的政令规定。

第 L218－33 条

本章第一节第二分节的规定适用于：

(1)以下没有正在实施过程中的勘探或开采活动的设施或设备：

(a)勘探或开采的平台和其他设备，及其附属设备；

(b)直接参与勘探或开采行动的海船。

(2)不直接用于勘探或开采活动的设施或设备的操作。

第 L218－34 条

1. 实施违反第 L218－32 条规定的违法行为的，须处以 2 年监禁和 18000 欧元罚金。

2. 如果勘探或开采凭证持有人、其代表或在该等设施和设备上负责指挥勘探或开采施工的人命令而实施了违法行为，开采施工包括贮存，上述主体应接受前一段规定的处罚的双倍处罚。

3. 如果所有须对上述操作负责的勘探或开采凭证持有人的代表未下达书面命令，要求直接在现场负责指挥施工的人遵循第 L218－32 条第 1 段至第 4 段的规定，应将该代表视为违法行为的共犯。

4. 但是，如果采取了遵守第 L218－32 条的规定的所有必要措施，以下行为不构成违法行为：

（1）为保证第 L218－33 条规定的设施或设备的安全，或为避免严重的危及人员安全或环境保护的海损，或为营救海上人员的生命而进行排放；

（2）因为不可预测与不可避免的海损或泄漏造成的排放，且在发生海损或发现泄漏之后采取了一切必要的措施来阻止、停止或减少该排放以减轻后果。

第 L218－35 条

第 L218－32 条至第 L218－34 条的规定适用于法国领水，但应根据《矿产法典》的规定或为保护渔业和海洋作物规定采取更具有约束力的措施。

第 L218－36 条

1. 以下主体负责调查本节所规定的犯罪行为：

（1）司法管制的官员和公务人员；

（2）海洋事务管理人员；

（3）海洋事务技术和行政部门官员；

（4）国家海洋舰艇的指挥官、副指挥官或副官；

（5）根据负责海洋事务的部长的命令或安排被分配到海洋事务监管部门的 A 类公务员；

（6）被分配到工业、研究和环境区域办事处或环境、整治与住房的相关区域办事处的矿业工程师或国家公共工程工程师；

（7）被分配到海洋部门的桥梁、水和森林工程师和国家公共工程工程师，以及被该等海洋部门委任的人员；

（8）港务官员和副港务官员；

(9)海关人员。

2. 以下主体负责调查构成污染海水罪的罪行,收集所有相关信息以查明行为人,并就此向海洋事务管理人员、海洋事务技术和行政部门官员或根据主管海洋的部长的命令或安排被分配到海洋事务监管部门的 A 类公务员或司法管制官员进行汇报:

(1)航行和海洋垂钓监管的治安人员;

(2)国家海洋船舶的指挥官;

(3)军用航空器、民事保护航空器和用于监视海洋水域的国家航空器的机长;

(4)灯塔和航标部门人员;

(5)法国海洋开发研究所的人员。

第 L218 – 37 条

根据第 L218 – 36 条的规定所做的笔录在出现相反证据之前即被视为真实。做笔录者应立即将笔录转交给共和国检察官,同时应将副本交给具有管辖权的矿区主管和海洋事务部门主管。

第 L218 – 38 条

在刑事诉讼中,行政机关根据大道路违章程序保留对公共领域的损失提起赔偿诉讼的权利。

第 L218 – 39 条

第 L218 – 33 条规定的设施和设备,以及可在距离上述设施和设备外缘的各个点 500 米外建立的安全区,受所在管辖区内大审法院或初审法院所在地现行的刑事法律和刑事诉讼法律的管辖。

第 L218 – 40 条

就毗邻海外领土的大陆架以及在相应情况下,在领海海底的大陆架上实施的行动对本节做出调整的条件,由最高行政法院提出资政意见后颁布的政令确定。

本节的规定适用于 1976 年 7 月 16 日《关于共和国沿海经济区的第 76 – 655 号法》第 1 条规定的经济区的海底及其底土。

第 L218 – 41 条

本节的适用条件,尤其是关于第 L218 – 39 条的适用条件,由最高行政法院提出资政意见后颁布的政令确定。

第三节 倾倒造成的污染

第一分节 一 般 规 定

第 L218－42 条

本节的规定适用于：

(1)在所有海洋水域以及海底及其底土的法国船舶、航空器、平台或其他工程。

但是，如果战舰和国家公共机构的船舶在海上管制行动的框架内采取行动，并尽可能遵守现行国际条约和协定中海洋动植物保护的规定，则本节的规定不适用于上述战舰和船舶；

(2)在专属经济区、领海和法国内水的外国船舶、航空器、平台和其他外国工程、其海底及其底土。

第 L218－43 条

禁止 1972 年《伦敦公约》框架下的 1996 年 11 月 7 日的《防止倾倒废弃物及其他物质污染海洋的公约 1996 年议定书》第 1 条规定的废弃物或其他物质的倾倒。

第 L218－44 条

1. 作为第 L218－43 条规定的例外，以下行为可被许可：

(1)疏浚挖出物的倾倒；

(2)国家海上代表在遵守现行国际条约和协定下的船舶的倾倒。

2. 疏浚挖出物的倾倒应遵守第 L214－1 条至第 L214－4 条和第 L214－10 条的规定。

3. 在 2005 年 7 月 18 日《第 2005－805 号法令》颁布之前正常签发的倾倒许可证，其效力持续至许可证过期为止，但最长不得超过 10 年。

第 L218－45 条

在极度危险的情况下，如果倾倒是能够营救人命或保障船舶、航空器、平台或其他工程的安全的唯一方法，此情形不适用第 L218－43 条和第 L218－44 条的规定。但倾倒应尽可能将安全的迫切需要与海洋动植物保护的要求相协调。

第 L218－46 条

在任何情况下,第三人保留且始终保留针对污染肇事者的权利。

第 L218－47 条

在刑事诉讼中,行政机关根据大道路违章程序保留对公共领域的损失提起赔偿诉讼的权利。

第二分节 刑事规定

第 L218－48 条

对于任何船舶的船长、航空器的机长或在平台或其他工程上指挥倾倒行动的人,其自身违反第 L218－43 条和第 L218－44 条规定的行为,处以 2 年监禁和 18000 欧元罚金。

作为附加刑,因本节规定的违法行为而有罪的自然人,须在《刑法典》第 131－35条规定的条件下接受张贴或传播被宣布的决定的刑罚。

若犯罪行为发生在共和国沿海经济区或生态保护区,只能根据 1982 年 12 月 10 日在蒙特哥湾签订的《联合国海洋法公约》对外国侨民处以罚金。

第 L218－49 条

在第 L218－45 条规定的情况下,第 L218－48 条规定的任一主体必须在最短的时间内将倾倒行为通知国家海上代表,违者将被处以 3750 欧元罚金。

通知必须明确提及倾倒是在何种情况下发生的。

第 L218－50 条

在不妨碍实施第 L218－48 条规定的刑罚的情况下,如果船舶、航空器、平台或其他工程的所有权人或经营者命令而实施其中一项违法行为,该所有权人或该经营者应接受该条所规定的处罚的双倍处罚。

如果船舶、航空器、平台或其他工程的所有权人或经营者未下达书面命令要求船长、机长或在平台或其他工程上负责指挥倾倒操作的人遵守本节的规定,可视上述所有权人和经营者为该违法行为的共犯。

如果所有权人或开发者为法人,前两段所规定的责任由法定代表人、负责领导或管理的实际领导人或任何接受上述人员授权的人承担。

第 L218－51 条

第 L218－48 条规定的刑罚适用于所有无法证明获得本节规定的、向海上倾倒废弃物或其他物质的许可、在法国领土离岸或装载货物的船舶的船长和机长。

第 L218－52 条

如果忽视第 L218－44 条规定的许可所确定的一个或多个条件，第 L218－48 条所规定的处罚视情况适用于许可持有人、用于海上倾倒的废弃物或其他物质的所有权人或第 L218－48 条、第 L218－50 条和第 L218－51 条分别规定的人。

第 L218－53 条

1. 除司法管制官员和公务人员以外，以下主体有权查证和认定违反本节规定的违法行为：

（1）海洋事务管理人员，海洋事务技术和行政部门官员和经主管海洋的部长的命令或安排、被分配到海洋事务监管部门的 A 类公务员；

（2）被分配到海洋部门的桥梁、水和森林工程师和国家公共工程工程师，以及受该等海洋部门委任的人员；

（3）被分配到工业、研究和环境区域办事处或环境、规划与住房的相关区域办事处的矿业工程师和国家公共工程工程师；

（4）港务官员和副港务官员，航行和海洋垂钓监督的治安人员；

（5）国家海洋舰艇的指挥官、副指挥官或副官；

（6）被委任的民航技术部门的公务员、桥梁和道路工程师和负责空军基地的国家公共事务的工程师；

（7）被委任的军备部门的工程师、被委任的航空研究与制造的技术人员；

（8）法国海洋开发研究所的研究员、工程师和技术人员；

（9）海关人员；

（10）在国外的法国领事，不包括领事馆人员。

2. 以下主体负责调查违反本节规定的违法行为，收集所有相关信息以查明行为人，并就此向海洋事务管理人员、海洋事务技术和行政部门官员或根据主管海洋的部长的命令或安排被分配到海洋事务管控部门的 A 类公务员或被分配到海洋部门的桥梁、水和森林工程师和国家公共工程工程师或司法管制官员汇报：

（1）国家海洋船舶的指挥官；

（2）军用航空器、民事保护航空器和用于监视海洋水域的国家航空器的机长；

（3）法国海洋开发研究所的人员。

第 L218－54 条

根据第 L218－53 条的规定所做的笔录在出现相反证据之前被视为真实。做笔录者将该等笔录立即交给共和国检察官，同时应将副本交给相关部门。

第 L218－55 条

若基于调查或侦讯的必要性以及犯罪行为的严重性，对用于实施第 L218－48 条、第 L218－50 条、第 L218－51 条和第 L218－52 条规定的犯罪行为之一的船舶、航空器、平台或其他工程，可根据共和国检察官或预审法官的决定进行扣押。

在任何时候，如果向有权司法机关按照其规定的方式缴纳一笔金额由有权司法机关规定的保证金，司法机关可下令释放船舶。

分配、使用和归还保证金的条件根据《刑事诉讼法典》第 142 条、第 142－2 条和第 142－3 条的规定确定。

对于司法机关做出的扣押裁定，可在通知下达后 5 日内，向开展调查或侦讯的大审法院的释放和拘押法官提出异议。本法典第 L218－30 条的最后四段适用。

第 L218－56 条

1. 违反本节规定的违法行为由行为发生地或行为人居住地具有管辖权的法院审判。

2. 此外，以下机关具有管辖权：

（1）若涉事船舶、平台或其他工程为法国国籍，其注册地的管辖区法院具有管辖权；若其为外国国籍或为未注册的平台或其他工程，其所在地的管辖区法院具有管辖权；

（2）若涉及航空器，航空器在实施犯罪的飞行后的降落地的法院具有管辖权。

3. 如果没有其他法院具有管辖权，则巴黎大审法院具有管辖权。

第 L218－57 条

1. 在《刑法典》第 121－2 条规定的条件下，对本节所规定的犯罪行为负有刑事责任的法人，除应根据《刑法典》第 131－38 条规定的方式缴纳罚金外，还应接受《刑法典》第 131－39 条第（2）项至第（6）项、第（8）项和第（9）项规定的刑罚。

2.（已废除）。

3.《刑法典》第131－39条第(2)项所提及的禁令涉及正在进行或实行违法行为后的活动。

第三分节　国　　防

第L218－58条

可由海上国家代表许可,倾倒被土壤分解时会对人类或环境造成重大危险的弹药。倾倒时应使人员安全的迫切需要与保护海洋动植物的要求相协调。

本节关于法国军队船舶和航空器的规定的实施,由国防部人员实施监管。

本节规定的刑罚适用于按照《军事法典》,尤其是其第165条和第171条的规定应由军队的军事法庭审判的主体。

第四节　焚烧作业造成的污染

第L218－59条

禁止在海上焚烧。

第L218－60条

为适用本节,定义如下:

(1)"海上焚烧",是指任何以在海上消除为目的、从船只或者固定人造结构上对船上的废弃物、物质、产品或材料进行燃烧的行为;

(2)"船舶",是指所有类型的海船,包括水翼船、气垫船、浮式平台和任何浮动设备,无论这些设备能否自推进;

(3)"固定人造结构",是指所有非浮动设备、设施、平台或固定设备。

第L218－61条

1.本条规定在下列条件下适用于外国船舶:

(1)在法国拥有主权的或司法管辖区域内的水域内进行焚烧的船舶;

(2)虽然在法国拥有主权的或司法管辖区域的水域以外进行焚烧,但在法国领土上着陆或装载货物的船舶。

2.但是,只有在经济区或生态保护区发生违法行为时,才可根据第L218－64

条和第 L218 - 65 条的规定判处罚金。

第 L218 - 62 条

在刑事诉讼中，行政机关根据大道路违章程序保留对公共领域的损失提起赔偿诉讼的权利。

第 L218 - 63 条

在所有情况下，第三人保留且始终保留针对污染肇事者的权利。

第 L218 - 64 条

若实施了海上焚烧行为，对所有法国船舶的船长处以 2 年监禁和 75000 欧元罚金；在没有船长的情况下，所有在法国船舶或属于法国管辖的固定人造结构上负责指挥焚烧操作的主体将被处以上述刑罚。

本节规定的刑罚，适用于在法国境内着陆或进行装载活动的，焚烧排放物、其他物质或船上的物料的船舶的船长。

作为附加刑，因本条规定的违法行为而有罪的自然人，须在《刑法典》第 131 - 35 条规定的条件下接受张贴或传播被宣布的决定的刑罚。

第 L218 - 65 条

在不影响实施第 L218 - 64 条规定的刑罚的情况下，如果经船舶或固定人造结构的所有权人或者经营者命令而实施了违法行为，应对该所有权人或经营者处以第 L217 - 64 条所规定的双倍处罚；船舶和固定人造结构由第 L218 - 60 条的规定定义。

第 L218 - 66 条

1. 除了司法管制官员和公务人员，以下主体有资格查证和认定违反本节规定的犯罪行为：

(1)海洋事务的管理人员；

(2)根据主管海洋的部长的命令或安排被分配到海洋事务监管部门的 A 类公务员；

(3)海洋事务技术和行政部门官员；

(4)(已废除)；

(5)被分配到海洋部门的桥梁、水和森林工程师和国家公共工程工程师，以及该等海洋部门委任的人员；

(6)分配到有关矿产区的矿业部门的矿业工程师和国家公共工程工程师；

(7)港务官员、副港务官员；

(8)(已废除)；

(9)国家海洋舰艇的指挥官、副指挥官或副官；

(10)受委任的军备部门的工程师；

(11)法国海洋开发研究所的研究员、工程师和技术人员；

(12)海关人员；

(13)在国外的法国领事，不包括领事馆人员。

2. 以下主体负责调查违反本节规定的违法行为，收集所有相关信息以查明行为人，并就此向海洋事务管理人员、海洋事务技术和行政部门官员、根据主管海洋的部长的命令或安排被分配到海洋事务管控部门的A类公务员或者被分配到海洋部门的桥梁、水和森林工程师和国家公共工程工程师或司法管制官员汇报：

(1)国家海洋船舶的指挥官；

(2)军用航空器、民事保护航空器和用于监视海洋水域的国家航空器的机长；

(3)法国海洋开发研究所的人员。

第L218-67条

根据第L218-66条规定所做的笔录在出现相反证据之前被视为真实。做笔录者将该等笔录立即交给共和国检察官，同时应将副本交给相关部门。

第L218-68条

如果基于调查或侦讯的必要性以及犯罪行为的严重性，对用于实施第L218-64条和第L218-65条规定的犯罪行为之一的船舶，可根据共和国检察官或预审法官的裁定进行扣押。

在任何时候，若向有权司法机关按照其规定的方式缴纳一笔金额由有权司法机关规定的保证金，司法机关可下令释放船舶。

分配、使用和归还保证金的条件根据《刑事诉讼法典》第142条、第142-2条和第142-3条的规定确定。

对于司法机关做出的扣押裁定，可在通知下达后5日内，向开展调查或侦讯的大审法院的释放和拘押法官提出异议。本法典第L218-30条的最后四段适用。

第L218-69条

1. 违反本节规定的犯罪由犯罪行为的发生地或行为人居住地的法院审判。

2. 此外以下机关具有管辖权：

(1)如果涉事船舶为法国国籍，其注册地的管辖区法院具有管辖权；

(2)如果其为外国船舶或未注册的设备或平台，则船舶、设备或平台发现地所在的管辖区法院具有管辖区；

3. 如果没有其他法院具有管辖权，巴黎大审法院具有管辖权。

第 L218－70 条

1. 在《刑法典》第 121－2 条规定的条件下，对本节所规定的犯罪行为负有刑事责任的法人，除应根据《刑法典》第 131－38 条规定的方式缴纳罚金外，还应接受《刑法典》第 131－39 条第(2)项至第(6)项、第(8)项和第(9)项规定的刑罚。

2.(已废除)。

3.《刑法典》第 131－39 条第(2)项规定的禁令涉及正在进行或实行犯罪行为后的活动。

第 L218－71 条

本节关于法国海军舰艇、船舶和军用人工固定结构的规定的实施由国防部人员实施监管。

本节规定的刑罚适用于按照《军事法典》，尤其是其第 165 条和第 171 条的规定应由军队的军事法庭审判的主体。

第五节　紧急海上管制措施

第 L218－72 条

在船舶、航空器、设备或平台发生海运损失或海上事故时，若符合 1969 年 11 月 29 日《布鲁塞尔国际干预公海油污事故公约》第Ⅱ－4 条所述，运输或载有可能严重损害海岸或相关利益的有害或危险物质或碳氢化合物时，可催告船长或船舶所有权人，以及航空器、设备或平台的所有权人或经营者采取一切必要措施，以防止危险发生。当用集装箱、包裹、油罐运载或散装的船舶货物发生海损，且可能对环境造成直接或间接的严重危险时，本条也同样适用。

如果催告无效或在相关措施规定期限内没有产生预期的效果，或为指定的紧急情况时，国家可命人采取必要措施，由船东、所有权人或经营者承担费用、风险和危险，或向船东、所有权人或经营者追偿。

本条第 1 段和第 2 段的规定也适用于在公共海域、海港及其通道发生海损或海上事故的船舶、航空器、设备或平台。

根据本条规定或 1969 年 11 月 29 日《布鲁塞尔国际干预公海油污事故公约》采取措施所需的货物和服务补助，可通过友好协议或申请获取。

在 1959 年 1 月 6 日《关于申请货物和服务的第 59－63 号条例》第二编、第四编和第五编规定的条件下，确定国家应支付的赔偿金额。

本节的实施条件由最高行政法院提出资政意见后颁布的政令规定。

第六节　适用于对海洋或咸水的有害排放的其他规定

第 L218－73 条

对直接或间接向海洋、河流、运河、咸水水体丢弃、倾倒或排放对海洋哺乳动物、鱼类、甲壳类动物、贝类、软体动物或植物的保护或繁殖有害的物质或有机体的行为，处以 22500 欧元罚金。

第 L218－74 条

无论渔船的船东是否为所有权人，均有可能由于船主或船员的行为而被处以第 L218－73 条规定的罚金；经营海洋种植设施或开采贝类沉积的船东，有可能由于其代理人或雇员的行为而受到该等处罚。

在任何情况下，船东均需承担民事责任。

第 L218－75 条

如果根据第 L218－77 条规定的条件认定了第 L218－73 条所规定的犯罪行为，大区国家代表可以取消属于船长、船主或履行相应职责的人员的专利、文凭或证书的权利和特权，以及捕鱼执照、特别捕鱼许可证，即广泛意义上所有根据国家或共同体条例颁发的捕鱼许可，中止期限最长为 3 个月。

在最高行政法院提出资政意见后颁布的政令规定的条件下，在纪律委员会出具的意见基础上作出说明理由的决定并宣布处分。

需要参与诉讼的有关人员会事先收到相关事实的通知。

以书面形式使有关人员了解案件，并通知其在 2 个月期限内提交其辩护意见。

大区国家代表不能以发生于 1 年以前的事实为由取消涉及的权利或许可。

缓期执行的判决可向行政法院申请完全管辖之诉的救济。

第 L218－76 条

对第 L218－73 条规定的犯罪行为进行定罪时，法院应在必要时确定为终止犯罪行为或防止再犯需采取的措施、执行措施的期限、逾期执行措施或履行规定义务时每日的罚款金额，罚款最高达 300 欧元。

自完全履行措施或义务当天起停止逾期罚款。法院应当事人的要求对逾期罚款进行结算，由有权公共会计师以刑事罚款的名目进行追讨。逾期罚款不导致司法拘留。本条仅适用于沉积物或固定设施的排放、倾倒或溢出。

第 L218－77 条

以下主体有权查证和认定违反第 L218－73 条规定的犯罪行为：

(1)1852 年 1 月 9 日《关于海上捕鱼行为的政令》第 16 条规定的职员；

(2)本法典第三卷第三编第一章规定条件下的国家公园职员；

(3)本法典第三卷第三编第二章规定条件下的自然保护区职员。

第 L218－78 条

1852 年 1 月 9 日《关于海上捕鱼行为的政令》第 17 条至第 21(乙)条的规定适用于第 L218－73 条所规定的违法行为。

第 L218－79 条

作为附加刑，因第 218－73 条规定的违法行为而有罪的自然人，须在《刑法典》第 131－35 条规定的条件下接受张贴或传播被宣布的决定的刑罚。

第 L218－80 条

1. 在《刑法典》第 121－2 条规定的条件下，对第 L218－73 条所规定的犯罪行为负有刑事责任的法人，除应根据《刑法典》第 131－38 条规定的方式缴纳罚金外，还应接受《刑法典》第 131－39 条第(2)项至第(6)项、第(8)项和第(9)项规定的刑罚。

2. (已废除)。

3.《刑法典》第 131－39 条第(2)项规定的禁令涉及正在进行或实行犯罪行为后的活动。

第七节 生态保护区

第 L218－81 条

在 2016 年 12 月 8 日《关于法兰西共和国主权或管辖权内的海洋空间第 2016－1687 号法令》第 12 条至第 15 条规定的条件下，法国政府在专属经济区、生态保护区或大陆架行使有关建设、组织、开发和使用人工岛屿、设施或工程，保护和维护海洋环境，海洋科学研究，批准管道布线，批准为勘探大陆架或开发资源而安装或使用的电缆布线的国际法承认的职权。

第八节 关于控制和管理船舶压载水与沉积物的规定

第 L218－82 条

本节规定旨在通过控制和管理船舶压载水和沉积物，防止、减少并最终消除有害和致病的水生生物的移动。

第 L218－83 条

进入法国主权或管辖权内的水域或在上述水域航行的船舶必须：

—在法规规定的条件下，利用有权机关批准的船载设备更换压载水或管理压载水和沉淀物；

—或证明船舶的特征和中途停靠港的条件不会导致在法国主权或管辖权内的水域排放压载。

本条的适用条件，特别是压载水排放标准、压载水更换条件、核准文件和颁发压载水管理许可证的条件、豁免条件以及控制和检查方式由法规作出规定。

第 L218－84 条

对于船长违反第 L218－83 条的规定排放压载水的行为，处以 1 年监禁和 30 万欧元罚金。

第 L218－85 条

有管辖权的法院可以根据事实情况，特别是当事人的工作条件，按照第

L218 - 84 条的规定，决定由经营者或所有权人承担全部或部分对船长或船上负责人员的罚金。

只有在所有权人或经营者受传唤出庭时，法院才可以行使前一段规定的职权。

第 L218 - 86 条

第 L218 - 83 条至第 L218 - 85 条的规定不适用于下列情形：

(1) -1 并非设计或建造用于运载压载水的船舶和船上未安装密封压载舱的船舶；

(1)遭遇困难、海损或紧急情况、排放的目的是确保船舶的安全或海上人员的人身安全或尽量减少污染造成的损失的船舶；

(2)军舰、辅助军舰以及属于国家或由国家运营、专用于非商业服务的其他船舶。

第九章　海洋环境政策

第一节　海洋和海岸综合管理

第 L219－1 条

国家海洋和海岸战略，是由一份以保护环境、实现或维持第 L219－9 条第 1 款规定的良好生态状况、海洋资源的可持续使用、对于除以国防或国家安全为唯一目标以外的海洋和海岸有关活动的综合协调管理为目的构成参考框架的文件制定的。

文件规定涉及法国主权或管辖权内的本土和海外海洋空间、毗邻空中领域、海床和海底的原则和总体方针。

文件同时规定涉及沿海行政区域领土上或海外行政区域领土上的活动，且规定了活动对上述空间产生影响的原则和总体方针。

文件适用于本土海岸以及海外海盆。

上述海岸和海盆因其空间的水文、海洋学、生物地理学、社会经济和文化特征而被列入原则和方针的实施范围。本土海岸的界限划定与欧洲议会与欧盟理事会 2008 年 6 月 17 日《建立海洋环境政策领域的共同体行动框架的第 2008/56/CE 号指令》第 4 条确认的海洋区域和分区域一致，并考虑到共同的渔业政策。

文件规定对实施情况的评估方式。

第 L219－2 条

国家海洋和海岸战略由国家与涉及的地方政府、科学界、社会经济参与者以及环保协会协商制定。

在颁布通过战略的政令之前，应按照第 L120－1 条规定的程序向公众提供国家战略草案及其内容综述。

国家海洋和海岸战略每6年修订一次，以制定战略时规定的形式进行。

第L219－3条

战略文件在尊重国家海洋和海岸战略规定的原则和方针的前提下，规定海洋和海岸综合管理的目标以及与目标对应的关于各个海岸和海盆的规定。

作为海岸或海盆的战略文件草案的补充，应根据第L120－1条规定的程序向公众提供一份内容综述。

第L219－4条

1. 下述文件必须符合海岸或海盆的战略文件的目标与规定：

（1）与专门在第L219－1条第2段规定的空间开展的活动有关的规划、计划和纲要；

（2）在上述空间开展的、接受第L122－1条规定的效果评估的公共或私人施工项目、工程项目或整治项目，以及《矿产法典》第L122－1条和第L132－2条规定的、涉及除《矿产法典》第L111－1条列举之外的矿物质的决定；

（3）海洋开发纲要；

（4）《农村和海洋渔业法典》第L923－1－1条规定的大区海洋水产养殖发展纲要。

2. 除本条第1款提及的可能对海洋产生显要影响的规划、计划和纲要，适用于本法典第L219－1条第2段和第3段规定的空间和领土的规划、计划和纲要需将海岸战略文件或海盆战略文件纳入考虑范围。

第L219－5条

最高行政法院提出资政意见后颁布的政令分别为本土海岸和海外海盆制定战略文件的内容及文件制定、通过、修改和修订的方式。

该政令列明第L219－4条第1款第（1）项和第2款提及的规划、计划和纲要的清单，必要时还应规定本条适用的条件。

第L219－5－1条

海洋空间规划的建立和实施，旨在促进海洋经济和海洋空间的可持续发展，以及海洋资源的可持续利用。

海洋空间规划是国家从生态、经济和社会角度分析和组织海上人类活动的过程。它不适用于以国防或国家安全为唯一目标的活动。

在第L219－1条规定的海岸和第L219－8条规定的空间上，在制定海岸战略文件的框架内进行海洋空间规划。根据2009年8月3日《关于关于综合环境协商和政策实施的第2009－967号法》第35条，海岸战略文件规定海洋和海岸的综合管理，并将社会经济和环境方面的问题纳入考虑范围；根据本法典第L219－7条规定的基于生态系统的方法，海岸战略文件将陆海相互作用纳入其中，促进活动和用途的最优共存。海岸战略文件将这些用途对环境、自然资源和安全有关方面的影响纳入考虑范围。

海岸战略文件为每个区域采用最适合海洋空间规划过程的地理尺度。该地理尺度促进所订立的规划与其他程序之间的一致性，如与沿海地区综合管理之间的一致性。

海岸战略文件包含在此过程中产生的规划。这些规划旨在促进海洋能源产业、海运、渔业和水产养殖产业的可持续发展，以及海洋环境的维护、保护和改善，包括应对气候变化影响的抗击能力。此外，这些规划还可以实现其他目标，如促进可持续旅游业和对矿产原材料的可持续管理。海洋环境行动规划为第L219－9条规定的海岸战略文件开设一个特别章节。

最高行政法院提出资政意见后颁布的政令规定了本条的适用方式。

第L219－6条

在海外领土，地方政府与国家一起根据各自职权制定各个海外海盆的战略，必要时制定跨境的战略，称为海盆战略文件。

对海外海盆的定义应考虑各个海外领土的重大问题，特别是与沿岸国家和地区的合作。在各个海盆建立起一个海外海事委员会。最高行政法院提出资政意见后颁布的政令规定委员会的组成和运作。

第L219－6－1条

为每个本土海岸设立一个为利用、整治、保护和开发沿海地区的委员会，称为海岸委员会。该委员会由国家、地方团体及其公共机构、分散港口、海上和沿海专业人士、民间组织和环境保护协会的代表组成。委员会每年至少举行一次会议。

海岸委员会就其职权范围内的所有问题提出建议，特别是关于海上和沿海空间分配的一致性问题。在不违背《农村与海洋渔业法典》第L923－1－1条规定的前提下，由委员会确定因动植物群丰富需要保护的自然区域、有利于经济活动包括水产养殖的发展的区域以及未来需要分配的区域。

国家在制定本法第 L219－3 条规定的战略文件，以及第 L219－9 条规定的海洋环境行动规划时，应当参考相关海岸委员会的建议。

海岸委员会的组成和运作由负责海事的部长的条例决定。

第二节　海洋环境的保护与维护

第一分节　原则与一般规定

第 L219－7 条

海洋环境是国家共同遗产的一部分。在尊重海洋栖息地和海洋生态系统的前提下，保护海洋环境、保护海洋环境的生物多样性、通过海上和沿海活动的海洋环境的可持续利用涉及公共利益。

保护和维护海洋环境旨在：

(1)避免海洋环境的恶化，并在可行的情况下保证环境退化地区的海洋生态系统的恢复；

(2)防止和减少对海洋环境的排放，以逐步减少污染，确保不会对海洋生物多样性、海洋生态系统、人类健康和对于海洋的合理利用造成重大影响或严重威胁；

(3)将基于生态系统的方法应用于人类活动管理，以确各项保活动产生的集体压力保持在与海洋环境良好生态状况相一致的水平，避免海洋生态系统对自然界和人类所引起的变化的应对力受损，同时允许当代和后代对海洋物资和服务的可持续利用。

第 L219－8 条

在本节中：

(1)“海洋水域”包括：

—与 1982 年 12 月 10 日《联合国海洋法公约》的规定一致的，位于用于测量领水宽度且延伸至法国享有和行使管辖权的区域边缘的基准线之上的水域、海床和海底；

—欧洲议会与欧盟理事会 2000 年 10 月 23 日《建立水领域的共同体政策框架的第 2000/60/CE 号指令》规定的沿海水域，包括海床和海底，其前提是有关海洋的生态状况的特定方面尚未被上述指令涵盖；

(2)“生态状况”，是指海洋环境的整体状况，应考虑构成海洋环境的生态系统的结构、功能和过程，以及自然地理、地理、生物，地质和自然气候因素，还有尤其是源于人类活动的物理、声学和化学条件；

(3)“环境目标”与对海洋水域各组成部分所需状态的定性或定量描述以及施加其上的压力和影响有关；

(4)“良好生态状况”，是指有利于维护海洋和大洋的生态多样性、活力、清洁度、和良好、多产的卫生状况的海洋水域的生态状况；

(5)“污染”，是指由于人类活动直接或间接引入的废弃物、物质或能源，包括海底声源或人为光源，对生物资源和海洋生态系统造成或可能造成的不利影响，尤其是生物多样性的贫化、对人类健康的威胁，对海上活动尤其是对捕鱼、旅游业、娱乐活动和其他海洋利用的障碍、从使用的角度使水质受到损害和降低海洋环境的娱乐价值。

第二分节 海洋环境行动规划

第 L219 -9 条

1. 行政机关应采取一切必要措施，以最迟在 2020 年实现或保持海洋环境的良好生态状况。

对于根据本条第 2 款划定的海洋区域或次区域，由行政机关制定海洋环境行动规划，并向公众公开后实施。海洋环境行动规划包括：

(1)对当前海洋水域生态状况以及人类活动对水域的环境影响的初步评估，包括：

—对水域的生态状况的基本特性及特征的分析；

—对水域的生态状况受到的主要影响和压力的分析，特别是源于人类活动的影响和压力；

—对水域的使用以及海洋环境恶化成本的经济和社会分析。

对于根据第 L212 -1 条第 1 款的规定属于流域或流域群的海洋水域，需要特别考虑适用第 L212 -1 条第 2 款第(1)项的规定开展的分析所得的可用数据。

(2)对水域的“良好生态状况”的定义应特别考虑到：

—物理和化学特征、栖息地类型、生物特征和水貌学；

—人类活动的对每个海洋区域或次区域造成的压力或影响。

(3)一系列为达到良好生态状况而制定的环境目标和相关指标。

对于根据第 L212－1 条第 1 款的规定属于流域或流域群的海洋水域，上述目标和指标需符合水域整治和管理指导纲要。

(4)为长期评估和定期更新目标制定的监测计划。

(5)基于第(1)项提到的初步评估的措施计划，旨在实现和维持海洋环境的良好生态状况或保护海洋环境；该计划特别将预期措施的社会和经济反响及其相对成本的预估效率纳入考虑范围；该计划有助于建立一个代表良好生态状况和海洋生物多样性的严密的海洋保护区网络，其中海洋生物多样性特别包括第 L334－1 条规定的海洋保护面积以及根据国际或区域协定设立的海洋保护区域。

2. 应根据相关空间的水文、海洋学、生物地理学、社会经济和文化特征定义海洋地区。该海洋地区应与欧洲议会与欧盟理事会 2008 年 6 月 17 日《第 2008/56/CE 号指令》第 4 条所确定的海洋区域和次区域相一致。

为了将地区特性纳入考虑范围，行政机关可在必要时对海洋区域进行再次划分，前提是再分区域同欧洲议会与欧盟理事会 2008 年 6 月 17 日《第 2008/56/CE 号指令》第 4 条所确定的海洋次区域可以并存。

3. 海洋环境行动规划为第 L219－3 条规定的海岸战略文件开设一个特别章节。

4. 海洋环境行动规划规定与法国共享海洋区域或次区域的国家开展合作和配合，以确保在每个区域或次区域中心，为实施或维持海洋环境良好生态状况所需的措施，可以与尤其是本条第 1 款规定的这一规划的要素达成一致，并在整个区域或次区域层面相互配合。

5. 针对根据第 L212－1 条第 1 款的规定属于流域或流域群的海洋水域所作的规定，海洋环境的目标草案应提交有关流域委员会征求意见。

第 L219－10 条

1. 第 L219－9 条第 1 款第(1)项至第(3)项的规定应不晚于 2012 年 7 月 15 日开始实施。

第 L219－9 条第 1 款第(4)项的规定应不晚于 2014 年 7 月 15 日开始实施。

第 L219－9 条第 1 款第(5)项规定的措施计划的制订，应不晚于 2015 年 12 月 31 日完成。

措施计划应不晚于2016年12月31日进行启动。

2. 第L219－9条第1款所列出的要素，自首次制定起每六年更新一次。

第L219－11条

第L219－9条第1款规定的行动计划的要素草案摘要，以及关于获得所有草案的方式的指示，应至少在各要素实施或完成前5个月通过电子途径向公众公布，收集公众意见的期限为3个月。

在公布前至少3个月，应向公众告知咨询的方式。

行政机关应编制公众意见摘要和说明作出决定的理由。最迟应该在批准规划中各要素的决定公布当天通过电子途径将摘要和理由告知公众，公开期限不得少于3个月。摘要需对纳入考虑范围的意见进行阐明。

第L219－12条

行政机关对以下原因进行辨明，说明通过采取相关措施无法实现海洋水域环境目标或良好生态状况的各个方面情况：

(1)不可归咎于国家政府、地方政府及其联合体以及公共机构和其他履行公共服务职能的机构的作为或不作为；

(2)自然原因；

(3)不可抗力；

(4)因出于重大公益而采取的措施造成的海洋水域的物理特征的变化或变质，且重大公益比对环境造成的消极影响更重要，包括跨境影响。

行政机关可辨明当自然条件不利于在规定期限内实现海洋水域状况改善，通过采取的措施无法实现海洋水域环境目标或良好生态状况的各个方面的情况。

行政机关应在措施计划中指明上述情况，并说明理由。

第L219－13条

在实施第L219－12条时，行政机关应采取适当措施以实现环境目标、避免出于第L219－12条第(2)项、第(3)项、第(4)项列举的原因导致的海水状况的进一步恶化，并减轻对有关海洋区域或次区域或其他成员国海域的不利影响。应尽量将上述适当措施纳入措施计划中。

在第L219－2条第(4)项规定的情况下，变化或变质不得最终排除或阻止有关海洋区域或次区域的良好生态状况的实现。

第 L219 - 14 条

如果不会对海洋环境造成重大风险，或者采取措施的成本与对海洋环境造成的危险不成比例，只要海洋水域状况没有进一步恶化，行政机关可调整第 L219 - 9 条第 1 款规定的行动规划要素，但不包括初步评估。

第 L219 - 15 条

当行政机关适用第 L219 - 12 条和第 L219 - 14 条的规定时，需要为其决定说明理由，同时应避免最终损害良好生态状况的实现。

第 L219 - 16 条

当海洋环境处于严峻状况，亟须采取紧急行动时，行政机关可以与其他有关成员国协商，制定海洋环境行动规划，并规定早日启动措施计划。必要时，应规定采取更严格的保护措施，但上述措施不得妨碍另一个海洋区域或次区域的良好生态状况的实现或维持。

第 L219 - 17 条

本节不涉及以国防或国家安全为唯一目标的海上活动。

本节不适用于海外省和海外大区。

第 L219 - 18 条

本节的适用方式由最高行政法院提出资政意见后颁布的政令规定。特别规定：

—对区域的划定和划定次区域及第 L219 - 9 条第 2 款规定的再分区域的可能性；

—指定实施本分节规定的海洋环境行动规划的行政机关；

—关于第 L219 - 9 条第 1 款规定的海洋环境行动规划要素的规定。

第二编　空气与大气层

第 L220 –1 条

国家及其公共机构、地方政府及其公共机构，以及个人在其职权和责任范围内，应推动政策的实施，以保证每个人都呼吸不损害身体健康的空气的权利。

这项公益行动是为了防止、监测、减少或消除大气污染物，保持空气质量，节约和合理利用能源。大气层保护措施包含防止空气污染和减少温室气体排放。

第 L220 –2 条

本编所指的空气污染意味着人类直接或间接引入大气和密闭空间，或存在于大气和密闭空间的可能危害人体健康的化学、生物或物理物质，它们对生物资源和生态系统产生危害，对气候变化造成影响，并损害有形资产和制造过多臭味。

第一章　空气质量监测与公共宣传

第一节　空气质量监测

第 L221 –1 条

1. 国家应在地方政府的配合下，出于对自由行政的尊重和权力下放原则，确保对空气质量及其对健康和环境的影响的监测。负责空气质量监测的技术协调的机构由负责环境事务的部长颁布的条例指定。在征询国家食品、环境和劳动卫生局的意见的情况下，按照欧盟所定义的空气质量标准，以及在必要情况下世界卫生组织的规定，由最高行政法院提出资政意见后颁布的政令对空气质量标准作出规定，并定期对上述标准进行重新评估，以将医疗和流行病学研究的结果考虑在内。

降低大气颗粒物每日浓度年均值的多年目标，经与国家食品、环境和劳动卫生局协商后，由负责环境事务的部长和卫生部长的命令设立。

2. 为了防止对健康的不良影响，环境空气中花粉和霉菌的监测由负责环境事务的部长和健康部长的命令指定的机构进行。监测结果应向公众和利益相关者通报。

3. 比照第 1 段规定的标准，对排放到大气中会造成空气质量恶化的物质进行监测，尤其是通过监测参数的变化来证明这种恶化。同时对可能受空气质量变化影响的公共卫生参数进行监测。

第 L221 －2 条

对空气质量及其对健康和环境的影响的监测系统覆盖整个国家领土。监测模式适应每个区域的需要，特别是对拥有超过 10 万居民的集聚区。

最高行政法院提出资政意见后颁布的政令列出了监测物质清单和第 L221 －1 条规定的空气质量标准。属于超过 10 万居民的集聚区的市镇名单由负责环境事务的部长和运输部长的联合条例确定。该条例至少每五年更新一次。

第 L221 －3 条

在每个大区以及科西嘉地方行政区，国家委托一个经认可机构进行第 L221 －2 条所规定的空气质量参数监测。

该机构以平衡的方式将国家、环境与能源监控署、地方政府及其联合体的代表、促进受监测物质的排放的各种活动的代表、第 L141 －1 条提及的经认可的环境保护协会和经认可的消费者协会的代表联系起来，必要时还包括与上述协会属于同一团体的合资格人士。

本条的适用方式由最高行政法院提出资政意见后颁布的政令规定。

第 L221 －4 条

测量空气质量和大气中物质排放的设备、进行污染物排放分析和控制的实验室须经行政机关批准。行政机关决定了所用设备的测量方法和位置标准。

作为前一段所述的批准制度的例外，任何在欧盟其他成员国或《欧洲经济区协定》的缔约国依法成立、经许可开展污染物排放的分析和控制活动的服务提供商可以在法国暂时地、偶然地开展上述活动，前提是该国的许可可以提供与本国法律的要求同等的担保，且需在第一次提供服务前事先向有权行政机关对其活动进行申报。本段的适用方式由负责环境事务的部长颁布的条例规定。

第 L221－5 条

当机构、实验室和测量设备不再符合颁发许可的条件时，可以收回根据本节颁发的许可。

第二节　公 众 知 情

第 L221－6 条

与空气污染有关的流行病学研究结果、与空气污染有关的环境研究结果、与空气质量监测、大气排放量和能源消耗有关的信息和预测应定期向公众公布，该任务可委托管辖区内第 L221－3 条规定的经认可机构执行。

与电离辐射有关的流行病学研究和环境研究成果，由辐射防护和核安全研究所和国家公共卫生局根据各自的职责公布。

国家每年发布污染物质排放清单和能源消耗清单。国家还发布关于空气质量及其可能的变化、空气质量变化对健康和环境的影响以及由此带来的风险的报告。污染物排放清单和报告应征询国家食品、环境和劳动卫生局的意见。

若未达到第 L221－1 条规定的空气质量标准或存在不能达标的风险，有权行政机关需立即通知公众。通知的信息还应涵盖污染物浓度及其对健康和环境的危害、给相关人群的建议和颁布的规定。有权行政机关可以委托第 L221－3 条规定的经认可机构负责信息的公布工作。

第三节　室内空气质量

第 L221－7 条

污染因素的鉴定工作，封闭环境中的空气接触评估和与空气质量相关的风险评估由国家进行协调。国家还应该制定预防和管理措施，以减少污染的规模和影响。并且向公众宣传污染相关的知识和工作。

在征询国家食品、环境和劳动卫生局的意见后，由最高行政法院提出资政意见后颁布的政令规定室内空气指导质量标准。

经过核安全局的审核，最高行政法院提出资政意见后颁布的政令规定氡的参考水平。

这些指导值和参考水平应按照欧盟的规定来设定，并在必要情况下参考世界卫生组织的规定。这些标准应定期进行重新评估，以应考虑医疗和流行病学研究成果。

第 L221－8 条

根据最高行政法院提出资政意见后颁布的政令的规定，接待公众进入的特定机构的所有权人或经营者必须对室内空气质量进行监测，这是由其房屋的配置以及面向公众的性质决定的。封闭场所的所有权人或经营者应自费开展此项监测，并将结果向公众公开，也可委托第 L221－3 条规定的经认可机构的成员执行监测。该政令还规定：

（1）执行监测的条件和负责监督的个人和团体的条件；

（2）向本省的国家代表通报结果，并在必要时规定涉及的所有权人或经营者自费请专家对污染进行鉴定或提出补救措施的条件。

本监测针对的室内空气污染物清单、实施抽样和分析的方法，均由政令规定。

第 L221－9 条

1. 采纳关于生态建材的定义。对生态建材的环境和健康技术特征按照相同用途的产品要求的现行方式进行评估。

2. 在经授权负责认证相同用途的产品的现有机构中，建立一个生态建材的认证框架。

第 L221－10 条

自 2012 年 1 月 1 日起，向周围空气释放物质的建材和家具、内外墙涂料和地板材料、油漆和清漆必须粘贴表明含有挥发性污染物的标签。

需贴此标签的产品清单由最高行政法院提出资政意见后颁布的政令规定。

第二章　规　　划

第一节　国家低碳发展战略与大区气候、空气与能源纲要

第一分节　碳预算与低碳战略

第 L222 - 1A 条

对 2015 - 2018 年期间，以及此后每个连续的 5 年期间，通过政令建立一个名为“碳预算”的国家温室气体排放总量上限。

第 L222 - 1B 条

1. 国家低碳发展战略，又称“低碳战略”。低碳战略由政令作出规定，并为中长期经济可持续发展条件下的温室气体减排政策奠定基础。该战略考虑到农业的特殊性质，确保行动规划中有最为有效的措施，同时考虑到某些行业减少碳排放的潜力较小，特别是饲养反刍动物时甲烷的排放，并确保不能用增加进口产品碳含量的方式来替代国家减排努力。该战略补充了 2009 年 8 月 3 日《关于关于综合环境协商和政策实施的第 2009 - 967 号法》第 42 条规定的国家气候适应规划。

2. 规定低碳战略的政令为各个主要行业，特别是法国作出欧洲或国际承诺的行业在第 L222 - 1A 条规定的每个时期的碳预算进行分配，并在必要时按照各类温室气体进行分配。按期计算的碳排放量分配，应考虑到与每种气体特征相关的排放量的累积效应，特别是在高层大气中停留的时间的累积效应。碳排放的分配应考虑农业的特殊性，以及土壤天然碳储存能力的变化。

它同时以指定每年排放量的方式分配碳预算。

低碳战略制定为尊重碳预算而建立的各部门或跨部门方针和规定。它包括关于所有业务的进口、出口和差额中温室气体排放量的方针。通过倡导碳的价值和发挥其在公共决策过程中的作用的方式，它对一个长期的经济框架作出规定。

3. 国家、地方政府及其各自的公共机构在制定对温室气体排放有重大影响的计划和规划文件时应考虑低碳战略。

在低碳战略的框架内，公共项目的财政支持水平应对减排温室气体排放标准进行系统整合。计算公共项目的温室气体排放量的原则和方式由政令规定。

第 L222 –1C 条

2015 年至 2018 年、2019 年至 2023 年和 2024 年至 2028 年期间的碳预算及低碳战略，应最迟于 2015 年 10 月 15 日公布。

对于 2029 年至 2033 年及其之后的阶段，各期的碳预算和低碳战略的同时更新最迟于该阶段开始前第 10 年的 7 月 1 日公布。

第 L222 –1D 条

1. 最迟在本法典第 L222 –1C 条第 2 段规定的各期文件的公布日到期前 6 个月，《能源法典》第 L145 –1 条规定的专家委员会应就已制定的碳预算和现行低碳战略的实施情况发表意见。这个意见提交负责能源与环境的国民议会常务委员会和参议院常务委员会。

2. 最迟在本法典第 L222 –1C 条所述的各期文件的公布日到期前 4 个月，政府应制定并公布一份报告，该报告应：

（1）介绍碳预算和低碳战略草案如何整合《能源法典》第 L100 –4 条规定的目标，以及法国对欧洲和国际的承诺；

（2）评估未来时期碳预算以及新的低碳战略对环境、社会和经济的影响，特别是在国际竞争中对经济活动的竞争力、新的地方活动的发展和经济增长的影响。

3. 本条第 2 款规定的碳预算草案、低碳战略草案和报告，应提交由本法典第 L133 –1 条规定的国家生态转型委员会以及《能源法典》第 L145 –1 条规定的专家委员会以征询其意见。

4. 政府自新的碳预算和国家低碳战略公布后向议会提交新的碳预算和国家低碳战略，并自 2019 年起，连同碳预算总结和对与上一阶段规定的上限相比达成结果的分析一并提交。

5. 根据政府的倡议，在告知负责能源与环境的国民议会常务委员会和参议院常务委员会以及本法典第 L133－1 条规定的国家生态转型委员会后，可对低碳战略进行简化修订，但不得在第 L222－1C 条规定的各个日期到期前对涉及其基本精神的内容作出修改。进行简化修订的条件和方式由政令规定。

第 L222－1E 条

在碳预算和低碳战略中考虑的温室气体排放量的性质、实施碳核算和计算碳预算差额的规定由法律作出规定。对能源温室气体排放量的要素的评估方法按用途确定，与用于总结的分配方法和用于行动规划以及量化消费或能源生产变化的后果的评估方法不同。

第二分节　大区气候、空气与能源纲要，大区建筑能源效率计划与大区生物量纲要

第 L222－1 条

1. 法兰西岛的大区行政首长和大区议会主席在与有关地方当局及其分组进行协商后，共同制定大区气候、空气与能源纲要草案。

科西嘉的纲要草案由执行理事会主席制定。国家部门也参与草案的制定。

该纲要在大区层面，就下述内容为 2020 年和 2050 年作出规定：

(1) 按照法国在《能源法典》第 L100－4 条中作出的承诺，减轻和适应气候变化影响的方针，以及按照在欧洲框架内作出的承诺，将 1990 年至 2050 年的温室气体排量减少为原来的四分之一的方针。据此，该纲要确定了大区级的能源管理目标。

(2) 为了达到空气质量标准和减少第 221－1－1 条规定的大气颗粒日常浓度年平均值的多年目标，预防或减少大气污染或减轻影响的方针。据此，该纲要为必须采取保护措施的地区制定了具体的空气质量标准。

(3) 每个地理区域关于开发可再生土地能源潜力和能源回收潜力要达到的定性和定量目标，以及根据欧洲能源和气候法律而设立的落实提高能效的高性能技术，比如主要以生物能作燃料的热电联产机组要达到的定性和定量目标。构成本文件附件的大区风能纲要，根据欧洲能源和气候法律的目标，对有利于风能发展的部分做出规定。

2. 为此，基于空气污染物和温室气体排放清单、能源平衡、可再生土地能源潜力和能源回收潜力评估、供热网络统计、提高能源效率评估和对空气质量及其

对区域公共卫生和环境的经济和社会影响的评估制定该纲要草案。

3. 该纲要可由大区行政首长发布的条例颁布。

在科西嘉，由议会听取执行委员会主席的提议，并听取国家代表的意见通过该纲要。

在6年期间结束时，在大区行政首长和大区执行委员会主席的倡议下，根据已经取得的结果和订立的目标，尤其在符合空气质量标准的条件下，评估和修正该纲要。

第 L222－2 条

大区能源效率计划规定了指导和支持私人所有权人、出租人和占有人对其住宅或用于服务业的私人房产开展节能降耗工程的公共行动的方式。

大区能源效率计划在《地方政府总法典》第 L4251－1 条规定的大区整治、可持续发展和领土平等纲要规定的、《地方政府总法典》第 L4433－7 条规定的大区整治纲要规定的以及第 L222－1 条所述的大区气候、空气与能源纲要规定的节能降耗目标方面有所降低。

该计划侧重于：

(a)制定一份《能源法典》第 L232－2 条规定的节能降耗本土平台部署规划；

(b)推动建立平台网络以实现一站式服务；

(c)根据大区领土的特点，为本土平台提供的相关工作制定咨询和宣传的基准；

(d)对“能源护照”细则作出区域性调整；

(e)提议使培训建筑专业人员的公共和私人倡议协同一致的行动，以确保在整个大区内有足够数量的专业人员；

(f)制定与节能降耗本土平台合作，支持消费者根据《能源法典》第 L124－5 条规定获得能源消耗数据的方式。

大区能源效率计划包括为节能降耗行动提供资金方面的规定。该等规定旨在：

—促进各种公共援助之间更好的协调；

—鼓励发展适合当地银行业的融资工具；

—建立第三人融资运营者网络。

大区议会主席将大区能源效率计划的提案提交给大区国家代表批准。

大区能源效率计划的实施基于节能降耗本土平台网络，并在各个机构的职权范围内，依靠环境与能源监控署、国家住房署、省级住房信息机构、当地能源与气候机构、城市规划局和建筑、城市规划和环境委员会、大区能源机构的协助以及依靠广泛意义上的合作协会组织的协助。

大区议会主席还将所有利益相关方，特别是建筑专业人员、信贷机构和代表或支持所有权人和房屋承租人的协会联系起来。

第 L222－3 条

最高行政法院提出资政意见后颁布的政令规定本节的适用方式，并特别规定在大区气候、空气与能源纲要起草时或草案采纳时接受咨询的地方政府、地方政府联合体、部门和机构以及咨询的方式。在科西嘉岛，最高行政法院提出资政意见后颁布的政令还规定当科西嘉议会在收到请求后 2 年内仍未通过纲要的情况下，由国家代表确定纲要的条件。

第 L222－3－1 条

大区国家代表和大区议会主席共同制定大区生物量纲要，该纲要根据大区森林和木材规划、欧盟制定的能源和气候相关目标，以及大区气候、空气与能源纲要或大区整治、可持续发展和领土平等纲要规定的可再生能源潜力和能源回收潜力的开发目标，制定生物质能发展目标。该等目标考虑现有资源的数量、性质和可达性以及经济和工业结构。目标包括基于循环经济的副产品和废弃物。

纲要旨在实现各种木材用途的良好的区域平衡和良好协调，实现资源的优化利用，应对气候变化。

纲要主要是基于生物物质资源国家观察站的工作而制定的。

第一份大区生物量纲要于 2015 年 8 月 17 日《关于促进绿色增长的能源转型第 2015－992 号法》颁布后的 18 个月内制定，并在纲要通过后 6 年内进行评估，按照起草所需的条件进行修改。

大区生物量纲要和《能源法典》第 L211－8 条规定的国家生物量调动战略的协调方式由政令作出规定。

第二节　大气保护规划

第 L222－4 条

1. 在所有超过居民数量超过 25 万的住宅区，在最高行政法院提出资政意见后颁布的政令规定的条件下，未达到适用于大气保护规划的第 L221－1 条规定的空气质量标准或在相应情况下第 L222 –1 条第 1 款第(2)项规定的特别标准,或存在不达标风险的区域,由行政首长制定一份大气保护规划,规划需与大区空气质量规划(如有)的方针保持一致,并自其通过起与大区气候—空气—能源纲要的方针保持一致。

对于第 1 段规定的区域,如果经证明在另一框架下采取的措施能够更有效地达到上述标准,则无须制定大气保护规划。

1 –1. 不受本条第 1 款第 1 段规定的义务约束的住宅区,可以在第 L229 –26 条规定的领土气候—空气—能源规划的框架内采取有利于改善空气质量的行动。

2. 规划草案在咨询市镇议会、相关的市镇间合作的公共税务机构的立法部门、环境、健康和技术风险方面的相关省级委员会和《运输法典》第 L1221 –1 条规定的运输组织机构的意见后,需在本法典第一卷第二编第三章规定的条件下接受公开听证。

3. 规划由行政首长确定。

4. 规划每五年进行一次评估,并在必要时进行修订。

5. 居民数量超过 25 万的住宅区清单由负责环境和负责运输的部长的联合条例规定。该条例至少每五年更新一次。

第 L222 –5 条

大气保护规划和第 L222 –4 条第 1 款第 2 段规定的措施的目标为,在规定的期限内,使区域内大气中污染物浓度符合第 L221 –1 条规定的空气质量标准的要求,或在必要情况下符合第 L222 –1 条第 1 款第(2)项规定的特别标准。

在与保护第 L220 –1 条和第 L220 –2 条规定的利益相关的当地特殊环境需要时,大气保护规划可以强化第 L221 –1 条规定的空气质量标准,或在必要情况下强化第 L221 –1 条第 1 款第(2)项规定的特别标准,并且确定遵守标准的指导方针。该计划也能够强化第 L224 –1 和第 L224 –2 条规定的技术措施。

第 L222 –7 条规定的政令对为实现保护大气计划所规定的目标可实施的措施作出规定,特别包括特定种类的设施的运行和开发规则、燃料的用途、使用车辆或其他可移动工具的条件、增加对设施、车辆或其他可移动工具的排放量监测的频率,以及扩大受监测物质的范围。

第 L222 –6 条

为实现大气保护规划规定的目标,在管制方面具有权限的机关应采取临时或永久性的预防措施,以减少大气污染源的排放。

作为污染源头且受第一卷第八编全一章或第五卷第一编的规定规制的机构应根据上述规定采取预防措施。

在其他情况下，前一段规定的机关可以限制或中止污染活动，并可对车辆的行驶施加限制，包括降低最大允许速度。

第1段规定的机关应每年向该部门的国家代表提供有关改善空气质量的行动的相关信息。

第 L222－7 条

本节的适用方式，特别是第 L221－1 条规定的适用于大气保护规划的空气质量标准，在听取技术风险预防最高委员会和国家食品、环境和劳动卫生局的意见后，由最高行政法院提出资政意见后颁布的政令确定。

第三节　城市迁移规划

第 L222－8 条

1982年12月30日《关于内陆运输指导方针的第82－1153号法》第二编第二章确定与城市迁移规划相关的限制性规定。

第四节　国家减少空气污染物排放规划

第 L222－9 条

为了改善空气质量，减小大气污染对人类的影响，政令规定了2020年、2025年和2030年的国家减少空气污染物排放目标，其中不包括饲养反刍动物时自然产生的肠内甲烷排放。最晚在2016年6月30日之前，负责环境事务的部长应确定为实现上述目标而制定的国家减少空气污染物排放规划，同时还应考虑到卫生和经济方面的因素。该计划每五年需进行重新评估，如有必要，还需进行修订。本条的适用方式应由法规作出规定。

在制定大区气候、空气与能源纲要或可作代替的第 L222－1 条规定的大区纲要和第 L222－4 条规定的大气保护规划时，应考虑国家减少空气污染物排放规划的目标和行动。

第三章　应 急 措 施

第 L223 – 1 条

在发生污染事件的情况下，当未达到第 L221 – 1 条规定的空气质量标准或存在不达标的风险时，行政首长应当按照本编第一章第二节规定的方式立即通知公众，并采取措施控制污染规模以及污染点源对人口的影响。若存在大气保护规划，需根据规划采取措施，在由相关市长通知公众后，相关措施还包括部署限制或中止在污染点源开展的活动的装置，必要时还应通过降低最大允许速度限制车辆行驶的设置以及减少固定和移动源的排放的装置。若污染高峰时段延长，考虑到因航空器运动造成的污染，民航部长应采取必要措施。

第 1 段规定的、适用于本章的空气质量标准，在听取国家食品、环境和劳动卫生局的意见后，由最高行政法院提出资政意见后颁布的政令确定。

第 L223 – 2 条

在根据第 L223 – 1 条规定禁止特定种类的私家车通行的情况下，由运输组织部门决定鼓励性的费率措施以保障游客搭乘公共交通工具，或允许其免费搭乘。

第四章　国家预防空气污染和合理利用能源的技术措施

第一节　一 般 规 定

第 L224 –1 条

1. 防止和减少空气污染以及合理利用能源的措施必须有助于达到第 L221 –1 条规定的空气质量标准。由环境与能源监控署协助负责环境事务的部长提出和支持这些措施。为了减少能源消耗，限制对人类健康和环境有害的污染物质排放源，最高行政法院提出资政意见后颁布的政令规定：

（1）适用于除《道路法典》第 L331 –1 条、第 L318 –1 条至第 L318 –3 条规定的机动车外的动产的生产、销售、储存、使用、维护和处置的技术规格和能效标准；

（2）适用于不动产的建设、使用、维护和拆迁的技术规格；

（3）监控前两项规定的活动的条件。

2. 第 1 款规定的政令也可以：

（1）要求制造商和使用者尽可能控制其物产的能耗和污染物质的排放；

（2）规定功率超过特定限度的锅炉和空调系统接受维修、定期监测或者检验，由政令规定上述操作的实施条件。对此，在必要时应向所有权人或管理人提供有关优化设备的建议；

（3）规定进行能源销售或能源服务的企业必须推动能源的合理利用，并在其广告信息中提倡节约能源；

（4）规定电力、天然气或热能供应商必须定期向终端家庭消费者提供消费者的能源消耗总结表，并附上相关对比和减少能耗的建议以及对节约能源的财政评估。

3. 最高行政法院提出资政意见后颁布的政令规定家用燃油、柴油、汽油和高辛烷汽油必须具有最低氧含量的条件。

4. 第 3 款规定的燃料的规格自 2000 年 1 月 1 日起需重新确定的条件由政令作出规定。

第 L224－2 条

有权行政机关有资格采取以下行为的条件由第 L224－1 条规定的政令作出规定：

（1）发放或收回第 L224－1 条第 2 款第（1）项规定的负责监控的专家或机关出具的许可；

（2）规定在销售或出租地点告知特定货物的能耗量的义务，并规定测量待售货物的能耗量的方法，在相应情况下规定需告知包括能源消耗和购买费用在内的预估完整费用，并解释确定方法；

（3）（已废除）；

（4）规定在 1997 年 7 月 1 日后提交建筑许可证的住宅或用于服务业的建筑物建筑的任一期间，为建筑物安装允许选择和更换任何种类的能源的装置的义务。

第 L224－2－1 条

为检验适用于第 L224－1 条第 1 款第（1）项提规定的动产的生产、销售、储存、使用、维护和处置的技术规格和能效标准是否得到遵守而进行的必要抽样、分析、鉴定或监测措施所产生的费用由动产的出卖人或持有人承担。

第二节　机 动 车 辆

第 L224－3 条

为减少空气污染，鼓励将含氧化合物，特别是来源于农业的含氧化合物掺入用于汽车驾驶的石油燃料中。

在社区范围内，在能源部长和环境部长的提议下，将含氧化物掺入燃料的操作正在敏感城市地区进行试点，上述地区的污染具有一氧化碳、未充分燃烧物质和大气臭氧含量高的特点。

开展试点行动的条件由最高行政法院提出资政意见后颁布的政令确定。

第 L224－5 条

《道路法典》第 L311－1 条和第 L318－1 条对与机动车辆的能源消耗和污染物排放有关的内容作出规定。

第 L224－6 条

执行运载《交通法典》第 L3111－17 条规定人员的公路公共服务时，需驾驶符合由经济部长和运输部长发布的条例规定的空气污染物排放标准的机动车辆。

第 L224－7 条

国家及其公共机构、地方政府及其联合体以及其活动不属于竞争性行业的国有企业为了开展不属于竞争性行业的活动而直接或间接管理超过 20 辆的机动车且允许载重量总和低于 3.5 吨时，可在车辆更新换代时取得或使用：

（1）对于国家及其公共机构，根据最低 50% 的更新比例，低排放车辆如电动车或温室气体和空气污染物排放量低的所有机械化、使用任何能源的机动车，排放量标准参考政令规定的标准确定；

（2）对于地方政府及其联合体以及国家企业，根据最低 20% 的更新比例，第（1）项规定的机动车辆。

用于运输实地特派团、不包括在第（1）项和第（2）项规定的范围内的机动车，特别是国防、警察、宪兵和民事防护的车辆，以及用于开发基础设施网络、维护陆地和海上运输安全的车辆，可以通过适用于特派团的特别解决方案促成第（1）项和第（2）项规定目标的达成。

第 L224－8 条

根据第 3 段的规定，国家及其公共机构为了开展不属于竞争性行业的活动而直接或间接管理超过 20 辆的机动车且允许载重量总和低于 3.5 吨时，在车辆更新换代时，根据最低 50% 的更新比例，取得或使用低排放车辆，如电动车或温室气体和空气污染物排放量低的所有机械化、使用任何能源的机动车，排放量标准参考政令规定的标准确定。

用于运输实地特派团、不包括在本条第 1 段规定范围内的机动车，特别是国防、警察、宪兵和民事防护的车辆，以及用于开发基础设施网络、维护陆地和海上运输安全的车辆，可以通过适用于特派团的特别解决方案促成第 1 段规定目标的达成。

国家及其公共机构、地方政府及其联合体，以及法兰西岛和里昂大都会的运输工会直接或间接管理超过 20 辆的公共汽车和大客车，以确保公共载客定期服务或应要求的服务时，在车辆更新换代时，根据自 2020 年 1 月 1 日起最低 50% 的更新比例以及自 2025 年 1 月 1 日起 100% 的更新比例，取得或使用低排放量的公共汽车和大客车，排放量标准参考政令规定的标准，根据上述机动车辆的用途、车辆行驶的领土和当地供能能力确定。最低 50% 的更新比例自 2018 年 1 月 1 日起适用于巴黎公共交通局根据《交通法典》第 L2142 - 1 条在 2009 年 12 月 3 日起已承担的服务。

在不违反本条第 3 段规定的前提下，由直接或间接管理超过 20 辆的机动车且允许载重量总和低于 3.5 吨的地方政府和地方政府联合体开展关于在车辆更新换代时取得或使用第 1 段规定的机动车辆的机会的技术经济研究。

第 L224 - 9 条

最高行政法院提出资政意见后颁布的政令规定对第 L224 - 7 条和第 L224 - 8 条的适用条件作出规定。

第五章　财政与税收规定

第 L225 –1 条

1996 年 12 月 30 日《关于大气和合理使用能源的第 96 –1236 号法》第 25 条第 1 段和第 3 段对化石能源和可再生能源的税收作出相关限制性规定。

在相关财政法律规定的条件下考虑对化石能源的征税收入，确保对空气质量监测的资金支持。

第 L225 –2 条

运载游客的公共交通网络经营者为在 1991 年 1 月 1 日和 1996 年 7 月 1 日之间投入运行的公共交通车辆装备减少污染物排放的系统，最高可报销 50% 的装备费用，每辆公共交通车辆的报销上限为 1215 欧元。允许报销的系统需经负责预算、交通环境的部长的联合条例批准。

第六章　检查与处罚

第一节　查证与认定违法行为

第 L226－2 条

除第 L172－1 条规定的司法管制官员和公务人员、环境监察员，以下主体也有资格查证和认定违反本编规定及为适用本编规定而援引的文本的行为。

(1)享有《消费法典》第 L511－22 条第 1 款规定职权的竞争、消费、反欺诈职员；

(2)海关人员；

(3)中央实验室工程师和技术人员、警察局卫生监察员；

(4)第五卷第九编第六章规定条件下的核安全监察员。

第二节　处　罚

第 L226－6 条

定额罚金程序应用于为适用本编规定而援引的条款的违法行为。

第 L226－7 条

《道路法典》第 L121－4 条、第 L234－1 条、第 L325－1 条至第 L325－3 条、第 L325－6 条至第 L325－11 条和第 L417－1 条规定的措施适用于违反本编规定或为适用本编规定而援引的文本的机动车辆。

第 L226-8 条

1.（已废除）。

2.（已废除）。

3.（已废除）。

4. 对根据前段作出的决定提起的诉讼为完全管辖之诉。

5.（已废除）。

6.（已废除）。

第 L226-9 条

如果一个工业、商业、农业或者服务行业的企业排放构成大气污染的污染物质，如第 L220-2 条规定的污染物质，且违反根据第 L171-7 条或第 L171-8 条发出的催告，对经营者处以 2 年监禁和 75000 欧元罚金。

第七章　放射性物质造成的污染的特别规定

第 L227 –1 条

本编不适用于由于地质原因引起的除了氡及其后代元素以外的放射性物质造成的各类污染情形。本编亦不适用于第 L593 –1 条规定的基础核设施的建造、运行和监测条件。

第八章　其 他 规 定

第一节　国　　防

第 L228－1 条

本编规定仅适用于与其生产和使用的技术特征不兼容的军队、国家海军和军用航空的车辆和特种装备。

第二节　自行车路线

第 L228－2 条

在城市道路建设或者翻修的情况下，除高速公路和快速公路外，必须根据交通需求和限制，开发被改造为车道、地面标记或独立走廊的自行车路线。

若城市迁移规划存在，对自行车路线的改造需考虑到城市迁移规划的指导方针。

第四节　公共采购的环境绩效

第 L228－4 条

公共采购应特别考虑产品的环境绩效，尤其是其生物源性。

第九章　温 室 效 应

第 L229 – 1 条

防止温室效应增强和对抗气候变暖有关风险应作为国家优先考虑的事项。

减少温室气体排放的目标和为此采取的措施由本编、《交通法典》第一部分第二卷以及《能源法典》第一卷预备编和第六卷的条款予以规定。

第一节　国家气候变暖效应观察站

第 L229 – 2 条

在法国本土以及海外省和海外领土建立一个国家气候变暖效应观察站。

国家气候变暖效应观察站负责收集和传播法国本土以及海外省和海外领土上与气候变暖和极端气候现象有关的风险的信息，进行研究和调查，并与相关机构和研究所以及政府间气候变化专门委员会联络。该机构可以在其能力范围内面向公众和地方政府开展宣传活动。

第 L229 – 3 条

国家气候变暖效应观察站每年制定一份信息报告，提交给总理和议会。该报告包括可能限制气候变暖风险的预防措施和适应措施的建议。报告需进行公开。

第 L229 – 4 条

观察站的所在地、构成、成员任命方式以及运作规则由政令规定。

第二节 温室气体排放配额

第 L229 –5 条

本条规定适用于向大气排放温室气体并开展最高行政法院提出资政意见后颁布的政令所列清单上任一活动的分类设施，以及为运营第 L593 –3 条所规定的基础核设施所需的设备和设施。清单的制定应考虑设备或设施的生产力或产率。

本节的规定也适用于航空器的经营者。该航空器在为到达或离开位于欧盟成员国领土内的机场的任一航班期间向大气排放温室气体。由政令规定的法国为负责成员国的清单上的航班除外。

根据本节规定：

—温室气体是 2003 年 10 月 13 日《第 2003/87/CE 号指令》附件二所列气体，以及天然或人工的吸收和反射红外线的大气气体组分；

——一吨二氧化碳当量为一吨二氧化碳或 2003 年 10 月 13 日《第 2003/87/CE 号指令》附件二提到的可能造成同等全球变暖效应的质量的其他任何温室气体；

—航空器经营者，是指开展航空活动期间经营航空器的人，或者当航空器所有权人不知道或不能辨识经营航空器的人，指航空器所有权人；

—法国作为负责成员国的航空器的经营者，是指持有法国政府根据《交通法典》第 L6412 –2 条的规定签发的经营许可证的航空器的经营者；或者，如果不属于此种情况，则指在欧盟理事会制定和公布的 2003 年 10 月 13 日《第 2003/87/CE 号指令》第 18（乙）条规定的清单上，在规定分配给欧盟各成员国的排放量中、分配给法国的排放量为最高的航空器的经营者。

本条的规定不适用于到达或离开位于圣皮埃尔和密克隆领地行政区内的机场的航班的航空器经营者。

第 L229 –5 –1 条

1. 当《公共卫生法典》第 L6111 –1 条规定的公私营医疗机构和私营公益医疗机构采取措施实现的减排量与在排放量交易体系中完成的减排量相等，则上述机构可被排除在排放量交易体系之外。

国家应当就排除于排放量交易体系之外的机构清单和与等效措施和 2003

年 10 月 13 日《第 2003/87/CE 号指令》第 27 条第 1 段第(a)项和第(b)项规定的监管措施相关的信息,按照第 L120－1 条规定的方式接受公众咨询。

2. 最高行政法院提出资政意见后颁布的政令规定了适用于上述机构的排放量上限的计算规则。

第 L229－6 条

属于本节适用范围内的设施需取得温室气体排放许可。

第 L181－1 条、第 L512－7 条和第 L593－7 条规定的许可,第 L593－28 条规定的政令和第 L593－10 条和第 L593－29 条为适用该等文件而采用的限制性规定可取代本条第 1 段规定的许可。针对用于第 L542－1－1 条规定的存储放射性废弃物的基础核设施,在第 L593－31 条规定的条件下,第 L593－28 条规定的政令以及第 L593－29 条规定的限制性规定可取代本条第 1 段规定的许可。

负责分类设施的部长颁布的条例规定落实对属于本节适用范围的分类设施进行监测、申报和控制的义务的方式。

在听取核安全局的意见之后,由负责核安全的部长颁布条例规定落实对属于本节适用范围的第 L593－3 条第 1 段规定的设备和设施进行监测、申报和控制的义务的方式。

负责交通的部长颁布的条例规定针对第 L229－5 条规定的航空器经营者,落实对其航空器的排放量以及必要时对航空器以吨/公里为单位的空中活动进行监测、申报和控制的义务的方式。

上述条例还规定验证和申报第 L229－14 条第 3 款规定的排放量的方式,或对上述的排放量和以吨/公里为单位的空中活动作出申报的方式。

第 L229－7 条

本节所称的温室气体排放配额相当于 1 吨二氧化碳排放量的计算单位。

对于获得温室气体排放许可的各个设施,或对于因空中活动排放的温室气体,国家向经营者分配一定时期内排放量的配额,且在此期间内每年向经营者发放其配额的一部分。

每一日历年排放的温室气体量以二氧化碳的吨数进行计算或测量和表示。

无论配额是经发放所得还是根据第 L229－15 条或第 229－12 条第 4 款的规定取得,每一日历年的分配期间结束时,经营者向国家归还与其设施或来源于空中活动的温室气体排放量总和相等的配额数量,否则将受到第 L229－18 条规定的处罚。根据该义务,设施的经营者不得按照第 L229－12 条规定将发放的配额归还给航空器经营者。作为补偿,经营者无须归还经过检验的对应二氧化碳排放量的配额,这些二氧化碳通过收集和运输,根据第二卷第二编第九章第六节的规定,被永久储存在经过开发的二氧化碳储存地点。

在2003年10月13日《第2003/87/CE号指令》第11(乙)条规定的百分比限制范围内,经营者可通过登记在欧盟登记册其账户下的单位履行本条第4段规定的义务。这些单位包括:

—来源于第L229-22条规定的项目的活动的单位;

—来源于除上述项目活动以外的活动的单位,用于按照欧盟与第三国缔结的多边或双边协定减少排放量;

—来源于由欧盟与该系统所依赖的国家、国内或国际层面的实体之间的协定认可的排放交易强制体系的单位;

—来源于未被社区排放配额交易体系覆盖的减少温室气体排放的项目的单位,并在欧盟成员国领土内完成。

由2003年10月13日《第2003/87/CE号指令》第11(乙)条、第24(乙)条和第25条规定的欧盟的执行文件决定使用这些单位的条件。

第L229-8条

1.非免费发放的配额通过拍卖发放。

2.第L229-5条第1段规定的、根据2003年10月13日2003年10月13日《第2003/87/CE号指令》第10(乙)条第4段至第7段向每个设施免费发放的配额数量相当于指令第10(乙)条第1段规定的数量的80%,而后自2020年起每年减少相等数量以达到30%,在2027年将取消免费配额。

作为以上规定的例外,对处于重大碳泄漏风险的行业或次级行业的设施免费配额数量为根据上述指令第10(乙)条第1段规定的方法确定的数量的100%。这些行业和次级行业由同一指令第10(乙)条第13段规定。

在遵守该指令第10(乙)条第4段和第8段的规定且不违背第10(乙)条规定的前提下,免费配额不得发放给对于2003年10月13日《第2003/87/CE号指令》第3条第(u)项规定的电力生产商、收集设施、用于运输的管道或排放的二氧化碳储存地点。

第L229-9条

免费发放的配额数量是指每个设施的配额数量,该数量为在最高行政法院提出资政意见后颁布的政令规定的条件下,发放给每个分设施的配额的总和。

第 L229 - 10 条

自 2008 年 1 月 1 日起的 5 年期间发放的配额的一部分为有偿取得，有偿取得部分不超过总配额的 10%。

第 L229 - 11 条

行政机关应当向获得排放温室气体许可的设施的经营者通报每个时期分配的排放配额总量和每年发放的数量。

最高行政法院提出资政意见后颁布的政令规定关于分配和发放配额的决定的通知方式、向公众提供相应信息的条件、发放年度配额的规则、在经营者变更或者活动停止或转让时可适用的规则，以及对分配或发放决定和第 L229 - 8 条规定的国家配额分配规划提出异议的条件。

第 L229 - 11 - 1 条

如因违反本节规定和违反对《欧盟理事会第 96/61/CE 号指令》进行修订且在共同体内建立温室气体排放量配额交易体系的 2003 年 10 月 13 日《欧洲议会和欧盟理事会第 2003/87/CE 号指令》以及适用上述规定而援引的文本，经营者非法获得多余的免费配额，行政机关可以命令经营者在 2 个月期限内归还免费发放的多余排放量配额。

如果未在规定期限内完整归还配额，行政机关应指示欧洲登记册的国家管理人员从经营者账户上可用的配额中自动收回需要归还的剩余配额，并对经营者处以相当于未归还或未自动取回的配额差额的罚款。

每份配额的罚款率按照第 L229 - 18 条第 2 款第 4 段规定的罚款率确定。

罚款与收回税收和地产方面所欠外债一样，归于国家财政收入。

缴付罚款不免除经营者归还多余配额的义务。

第 L229 - 12 条

本条规定适用于第 L229 - 5 条规定的航空器经营者。

1. 就本条而言，“期间”，是指为航空器经营者分配配额的期间，第一期间为 2012 年，自 2013 年起“期间”为连续 8 年的期间。

2. 每个航空器经营者可以按照第 L229 - 6 条规定的与航空器经营者相关的条例规定的方式，向有权机关提交一份申请书，以申请获得每个期间免费发放的配额，并在申请书中汇报航空器在“监测年”内以吨/公里为单位的空中活动。第一期间的监测年定为 2010 年，对于自 2013 年开始的期间，监测年为期间开始前 24 个月结束的日历年。

免费分配给各个航空器经营者的配额，由有权机关将经营者申报的监测年内以吨/公里为单位的空中活动与欧盟委员会根据该期间待免费分配的配额总量制定的基准数相乘所得，配额总量需减去本条第3款规定的特别储备的配额以及航空器经营者申报的监测年内以吨/公里为单位的空中活动的配合总和。

每年发放的免费配额数应等于该份配额除以该期间的年数。

3. 对于从2013年起的每个期间，如满足以下条件，航空器经营者可以申请从特别储备中领取免费发放的配额：

（a）如果他们在监测年之后开始进行空中活动；

（b）或者如果他们所申报的监测年内和该期间的第二年内以吨/公里为单位的活动相比后，平均年增长率超过18%。

（a）项所述的活动或（b）项所述的活动的增量，无论部分还是全部，不属于由另一位航空器经营者过去进行的空中活动的延续。

为此，每个相关经营者按照第L229－6条规定的与航空器经营者相关的条例规定的方式，向有权机关提交一份申请书，汇报航空器在期间的第二个日历年内以吨/公里为单位的空中活动。

从特别储备中免费发放给各个航空器经营者的配额部分，是将上述申报的活动或（b）项所述的申报活动的增量与欧盟委员会根据该期间特别储备的配额总量和就此向欧盟委员会提交的申请数量所制定的特别储备基准数相乘所得。

（b）项所涵盖的航空器经营者从特别储备中获得的配额数目不可超过100万。每年从特别储备中向航空器经营者免费分配的配额数量等于上述配额除以该期间所剩的完整日历年数。

4. 航空经营者是可以获得成员国在各期间拍卖的配额的人之一。这些配额的总量由欧盟委员会为每个成员国确定。

5. 每个期间航空器经营者可以按照第L229－7条最后一段使用的第L229－22条规定的单位的排放总量由交通部长和环境部长的联合条例以占当年排放量百分比的形式进行规定。

第L229－13条

自2013年1月1日起发放的配额对8年期间产生的排放量有效，其中第一期间自2013年1月1日开始。

在8年内每个阶段开始的4个月后，不再有效且尚未被退回和取消的配额将被取消。发放给有关人员的每个阶段的配额取代其原本持有的配额，原有配额需按照上述规定取消。

第 L229－14 条

1. 经营者按照第 L229－7 条的规定每年归还给国家的配额将被取消。

2. 持有配额者可随时要求国家将其取消。

3. 配额应在进行以下申报的基础上予以归还：

—各个分类设施的经营者需对其设施的温室气体排放量进行申报，申报由经营者自费请受委托的机构进行鉴定，而后由分类设施的监察机关宣布生效。如果分类设施的监察机关未在第 L229－6 条规定的条例规定的期限内出具观察报告，经营者关于温室气体排放量的申报视为生效。

—第 L593－3 条第 1 段规定的设备和设施的各个经营者和本条第 2 段规定的分类设施的各个经营者需对其设备或设施的温室气体排放量进行申报，申报由经营者自费请受委托的机构进行鉴定，而后由核安全局宣布生效。如果核安全局未在第 L229－6 条规定的条例规定的期限内出具观察报告，经营者关于温室气体排放量的申报视为生效。

—各个航空器经营者需对其空中活动造成的温室气体排放量进行申报，申报由经营者按照第 L229－6 条规定的条例规定的方式，自费请受委托的机构进行鉴定。

第 L229－15 条

1. 向受准排放温室气体的设施的经营者或航空器经营者发放的温室气体排放量配额为登记在第 L229－16 条规定的国家登记册中的持有人账户下的专门有形化的动产。该等配额可以转让，可通过账户与账户间的转账进行转让，并赋予其持有人相同的权利。一经发放，该等配额可以按照第 L229－18 条的规定进行转让。

2. 任何一个经欧盟成员国发放温室气体排放许可的设施的经营者、任何一个第 L229－5 条规定的航空器经营者、自然人或法人，按照为适用 2003 年 10 月 13 日《关于在欧盟登记册开立账户的指令》第 19 条而援引的规章的规定，均可以获取、持有和转让排放量的配额。

3. 在法国领土内，由法国政府发放的排放量配额和任何欧盟成员国或任何其他签订了互认协定的国家缔约方或超国家或次国家实体缔约方发放的排放量配额具有同样的法律效力。

第 L229－16 条

1. 一份欧洲温室气体排放量配额登记册记录按照为适用 2003 年 10 月 13 日《关于在欧盟登记册开立账户的指令》第 19 条而援引的规章规定的方式，所发放、持有、转让和取消的配额和第 L229－7 条规定的单位。

2. 将此份登记册的国家管理员身份完全委任给一个由最高行政法院提出资政意见后颁布的政令指定的法人，政令另外也规定了适用本款的方式，尤其是受委任者的使命及其报酬条件。

第 L229－17 条

在欧盟委员会批准后，国家可以纳入 2003 年 10 月 13 日《第 2003/87/CE 号指令》附件一中未列出的活动和温室气体。

对上述活动和气体适用排放量配额交易体系以及分配额外配额，可避免竞争的潜在失衡，并保持该体系环境的完整性。

第 L229－18 条

1. 在以下情形中，经营者在发放给设施或其空中活动或用于特定年份的配额范围内，不得转让其所持有的配额：

—申请人没有在政令规定的日期之前就该年度的设施排放量或来源于空中活动的排放量进行申报；

—或者当免费配额超额发放时，经营者没有按照第 L229－11－1 条的规定全数退还；

—或者分类设施的监察机关认定对当年设施排放量的申报不符合第 L229－6 条规定的与分类设施相关的条例规定的条件，最晚在第 L229－14 条第 3 款规定的期限内作出说明理由的决定；

—或者核安全局认定对第 L593－3 条第 1 段所规定的设备和设备或第 L593－3 条第 2 段规定的分类设施的当年排放量的申报不符合第 L229－6 条所述适用于它们的条例规定的条件，最晚在第 L229－14 条第 3 款规定的期限内作出说明理由的决定；

—或者有权机关认定与来源于空中活动的当年排放量相关的申报或申报的检验不符合第 L229－6 条规定的与航空器经营者有关的条例规定的条件。

若经营者的申报得到满意评价，或者在经营者得知其申报未获得满意评价后最迟 2 个月内由行政机关根据统一计算，自动确定排放总量，或者在没有申报的情况下，最迟至 5 月 31 日前，经营者可恢复对其配额的支配权。

2. 如果每年在政令规定的日期当天，经营者或受托人没有归还足够数量的配额以支付前一年的排放量，并且第 L229－16 条规定的负责保管欧洲登记册的机构已经通知行政机关经营者未遵守这一义务和并且与归还的配额相比超额排放温室气体，有权机关应当催告经营者或受托人在 1 个月内履行该义务。

行政机关对在规定的期限内未遵守催告的限制性规定的经营者或受托人，按照未归还配额数量处以相应罚款。支付罚款不能使经营者或受托人免除退还同超出排放配额部分的同等配额的义务。经营者或受托人最迟必须在下一年履行这项义务。其所持有的配额不得转让，只要该义务未经履行，则接下来的每年追加新的罚款。

罚款的金额按照每份未退还的配额 100 欧元计算。自 2013 年 1 月 1 日起，罚款金额按照欧盟统一消费者物价指数的变化增加。

行政机关根据第 L229－5－1 条的规定，按照超额排放量的比例对超出配额的经营者进行罚款。罚款的金额由法律规定。它相当于前一年每吨二氧化碳当量排放量报告的平均值。

罚款与收回税收和地产方面所欠外债一样，归入国家财政收入。

宣布罚款的决定也可以规定在确定罚款后公开经营者或受托人的名字。

如果第 L229－5 条规定的航空器经营者不遵守本款规定，可以在 2003 年 10 月 13 日《第 2003/87/CE 号指令》第 16 条规定的条件下禁止其运营。

第 L229－19 条

本节的适用方式由最高行政法院提出资政意见后颁布的政令规定。

第三节　1997 年 12 月 11 日《1992 年 5 月 9 日联合国气候变化框架公约的京都议定书》所定义的单位与其他单位

第一分节　《京都议定书》规定的项目活动的实施

第 L229－20 条

1. 本章中，项目活动是指按照 1997 年 12 月 11 日颁布的《联合国气候变化框架公约京都议定书》第 6 条或第 12 条的规定，以及按照缔约方为《联合国气候变化框架公约》附件一规定的且批准了《京都议定书》的一个或多个国家实施项目所作出的决定而获得批准的项目。

2. 由第 L229 – 24 条规定的最高行政法院提出资政意见后颁布的政令规定负责环境事务的部长批准项目活动的条件。批准相当于对申请参加相关项目活动的人员的许可。

第 L229 – 21 条

如果法国符合上述《京都议定书》规定的、各缔约方为实施《京都议定书》而作出的决定规定的转让和取得单位的资格标准,任何人均可以获得、持有和转让第 L229 – 22 条规定的来源于项目活动的实施的单位。

为了确保遵守法国关于控制温室气体排放的国际承诺,负责环境事务的部长可以在第 L229 – 13 条中规定的每个期间结束时,在第 L229 – 24 – 1 条规定的最高行政法院提出资政意见后颁布的政令规定的条件下,限制在第 L229 – 16 条规定的欧洲登记册中进行所持单位的结转。

第 L229 – 22 条

1. 分别根据上述《京都议定书》第 6 条和第 12 条的规定发放的减排单位和经认证的减排单位以及缔约方为使用单位而作出的决定,以及经认证的减少临时排放量单位和经认证的减少长期排放量单位,为通过在第 L299 – 16 条规定的欧洲登记册的持有人账户下进行登记而专门有形化的动产。该等单位可以转让,可通过账户与账户间的转账进行转让,并赋予其持有人相同的权利。一经发放,该等单位即可进行转让。

每一单位代表与 1 吨二氧化碳相当的排放量。

2. 经认证的减少临时排放量单位和经认证的减少长期排放量单位由欧盟委员会 2004 年 12 月 21 日《第 2216/2004 号条例》第 2 条进行规定,涉及符合欧洲议会与欧盟理事会 2003 年 10 月 13 日《第 2003/87/CE 号指令》和欧洲议会与欧盟理事会《第 280/2004/CE 号决定》的标准化和安全化的登记体系。

第 L229 – 23 条

对于《京都议定书》第 6 条规定的在国家领土实施的可直接或间接减少或限制第 L229 – 5 条规定的设施的排放量的项目活动,需等到与第 L229 – 16 条规定的欧洲登记册所涉及的设施的经营者所持账户内温室气体的等量排放量配额取消后,方可获得减排单位的发放。

第二分节 《京都议定书》定义的其他单位

第 L229 – 24 条

1. 2004 年 12 月 21 日《第 2216/2004 号条例》第 2 条定义的分配数量单位和吸收单位，涉及一个符合《欧洲议会和欧盟理事会第 2003/87/CE 号指令》和《欧洲议会和欧盟理事会第 280/2004/CE 号决定》的标准化和安全化的登记体系，为通过在第 L299 – 16 条所述的欧洲登记册的持有人账户下进行登记而专门有形化的动产。该等单位可以转让，可以通过账户与账户间的转账进行转让，并赋予其持有人相同的权利。

2. 1997 年 12 月 11 日《京都议定书》附件 B 所列且批准了《京都议定书》的任何国家可取得、持有或转让分配数量单位和吸收单位，前提是符合《京都议定书》规定的、各缔约方为实施《京都议定书》而作出的决定规定的以及任何在《京都议定书》中有席位的法人规定的转让和取得单位的资格标准。

第三分节 其 他 单 位

第 L229 – 24 – 1 条

1. 如果法国符合资格标准，在相应情况下资格标准附在欧盟为缔约方的协定中，任何人均可取得、持有和转让除第 L229 – 22 条和第 L229 – 24 条规定并按照第 L229 – 7 条得到接受的单位以外的单位。

2. 该等单位为通过在第 L299 – 16 条规定的欧洲登记册的持有人账户下进行登记而专门有形化的动产。该等可以转让，可通过账户与账户间的转账进行转让，并赋予其持有人相同的权利。一经发放，该等单位即可进行转让。

第四分节 一 般 规 定

最高行政法院提出资政意见后颁布的政令规定本节的实施方式。

第四节　温室气体排放量表与领土气候—空气—能源计划

第 L229－25 条

1. 以下情形需建立其温室气体排放量表：

(1)雇用 500 人以上的私法人；

(2)在海外省和海外领地，雇用 250 人以上从事第(1)项规定活动的私法法人；

(3)国家、大区、省、大都会区、城市社区、郊区社区、超过 50000 名居民的市镇或市镇共同体，以及其他雇用 250 人以上的公法人。

国家和第(1)项至第(3)项提及的法人，应当将为减少温室气体排放所设想的行动综述添加进温室气体排放量表。

此表对公众公开。第(1)项和第(2)项提及的法人至少每四年对此表进行更新，第(3)项规定的法人每三年进行更新。

建立此表的方法应向地方政府及其联合体免费提供。

第(3)项规定的法人的温室气体排放量表涉及其遗产和管辖权。

在每一大区，大区行政首长和大区议会主席负责协调数据收集工作，评估现况并检验各表的一致性。

2. 受管辖的法人通过电子途径向行政机关提交有关履行该义务的信息。

所提交的数据由行政机关用于统计研究。

为确保数据提交，由负责环境事务的部长的条例对需要录入已建立的信息平台的数据，以及根据使用者的种类为保护数据私密性所需的访问限制作出规定。

3. 在最高行政法院提出资政意见后颁布的政令规定的条件下，行政机关可以对未建立或未提交温室气体排放量表的行为处以不超过 1500 欧元的罚款。

第 L229－26 条

1. 里昂大都会以及 2015 年 1 月 1 日前就已存在的拥有超过 50000 名居民的自营市镇间合作公共机构，应当最迟在 2016 年 12 月 31 日前通过领土气候—空气—能源规划。

在 2017 年 1 月 1 日前就已存在的容纳超过 20000 名居民的自营市镇间合

作公共机构应当最迟在 2018 年 12 月 31 日之前通过领土气候—空气—能源规划。

所有相关的自营市镇间合作公共机构将其制定上述规划的职能转移给负责领土一致性纲要的公共机构后,可以在领土一致性纲要所涵盖的领土层面制定领土气候—空气—能源规划。

若前两段所提到的大都会和公共机构参与可持续发展领土项目或地方 21 世纪议程的制定,领土气候—空气—能源规划构成其气候方面的组成部分。

2. 领土气候—空气—能源规划就公共机构或大都会在领土方面规定:

(1)该公共单位为减轻、有效打击和适应气候变化,与法国的国际承诺相一致的战略和行动目标。

(2)待实现的行动计划,特别是旨在提高能源效率,协调发展供电、供气和供热网络,提高可再生能源产量,开发回收能源的潜力,发展能源存储和优化能源分配,发展能源积极型领土,促进生物多样性使领土适应气候变化,限制温室气体排放和预测气候变化的影响。

公共机构行使《地方政府总法典》第 L2224 – 37 条规定的职能时,该行动计划包括关于发展适度的脱碳流动性的特别部分。

公共机构行使《地方政府总法典》第 L2212 – 2 条规定的照明方面的职能时,该行动计划包括关于控制公共照明能源消耗及其光污染的特别部分。

承担制定领土气候—空气—能源规划义务的公共机构或领土和农村平衡点的成员机构之一行使《地方政府总法典》第 L2224 – 38 条规定的供热或供冷网络方面的职能时,该行动计划包括第 L2224 – 38 条第 2 款规定的指导纲要。

该行动计划考虑到《城市规划法典》第 L151 – 5 条规定的可持续整治和发展项目中确定的关于能源网络的总体方针。

(3)当领土气候—空气—能源规划管辖的全部或部分领土被本法第 L222 – 4 条规定的大气保护规划所涵盖时,或当承担制定领土气候—空气—能源规划义务的公共机构或领土和农村平衡点的成员机构之一有权打击空气污染时,根据第 L221 – 1 – 1 条规定的空气质量标准,行动计划有助于防止或减少空气污染物排放。

(4)监测和结果评估机构。

3. 如果《建筑与住房法典》第 L411 – 2 条提及的、作为大区领土内房屋的所有权人或管理人的所有机构的代表提出申请,应向该代表提交规划草案,以征求其意见。2 个月内未提出代表书面意见的，视为代表同意该草案。可以在相同条件下向《地方政府总法典》第 L2224－31 条提及的位于规划相关领土内的组织机关的代表征求意见。

4. 规划向公众公布，且每 6 年更新一次。

5. 可以按照《城市规划法法典》第 L300－6－1 条规定的条件，对规划进行调整。

6. 规划应符合本法典第 L222－1 条规定的大区气候、空气和能源纲要。在相应情况下，还应考虑领土一致性纲要。

当领土气候—空气—能源规划涉及的全部或部分领土被纳入第 L224－4 条规定的大气保护规划时，气候—空气—能源规划应与大气保护规划制定的目标相符。

里昂大都会以及拥有超过 50000 名居民的财政独立的跨市镇合作性公共机构，将气候—空气—能源规划纳入《地方政府总法典》第 L2311－1－1 条规定的报告当中。

负责环境事务的部长的条例对环境与能源监控署保障对领土气候—空气—能源规划的收集的条件作出规定。

最高行政法院提出资政意见后颁布的政令对本条的适用方式作出规定。此外，还可特别规定实施本法第 L229－25 条规定的温室气体排放量表的参考方法。

第五节 搜寻适合二氧化碳地质储存的地下结构

第 L229－27 条

本节对搜寻适合二氧化碳地质储存的地下结构作出规定。该搜寻不适用于寻找具有构成储存工业用二氧化碳的密闭储蓄库或可能用作这种密闭储蓄库的条件的天然地下结构。

本条适用于法国管辖的国家领土、大陆架和专属经济区，不影响适用于海外地区的特别规定和法国批准的国际规定，特别是有关在海上倾倒物质的有关规定。

第 L229－28 条

在本节中，二氧化碳是指基本上由二氧化碳组成的流体。该流体不得含有废弃物或任何为排出流体而添加的其他物质。但是，它可含有在源头或在收集或注入操作中伴生的物质。可向其中添加标记物质以帮助控制和验证二氧化碳的迁移。

所有伴生或添加物质的浓度需低于可能破坏储存完整性或破坏适合的基础运输设施的完整性或可能对环境或人类健康构成重大威胁的浓度。

如果地下结构具有安全永久封闭二氧化碳以应对气候变暖所需的特质，则可适用于二氧化碳的地质储存。

第 L229 –29 条

为适用本节提及的《矿产法典》的相关规定，将适合二氧化碳地质储存的地下结构视作矿或矿床，搜寻适合二氧化碳地质储存的地下结构的工作视作寻矿工作，关于颁发搜寻适合二氧化碳地质储存的地下结构的专营许可证的决定规定的区域视作采矿区域。

第 L229 –30 条

搜寻适合二氧化碳地质储存的地下结构的工作只能在《矿产法典》第 L122 –1 条至第 L122 –3 条以及第 L142 –1 条规定的条件下，由持有经发放或延长的搜寻适合二氧化碳地质储存的地下结构的专营许可证的单一自然人或法人进行。

如果找到的地下结构已经附有采矿权或地下储存权，搜寻工作需在权利持有者的同意下进行。在未获取同意的情况下，在咨询工业、能源和技术总委员会的意见后，将争议提交矿业部长仲裁。

对搜寻工作开展的保障和治安管理应在《矿产法典》第五编除第六、七章以外，第六编除第四、五章以外，第七编除第 L174 –5 条至第 L174 –11 条以外以及第四、五章下的第 L121 –4 条、第 L131 –5 条、第 L143 –1 条至 L143 –7 条、第 L143 –9 条至第 L143 –13 条和第 L144 –1 条的规定下进行。

为维护《矿产法典》第 L161 –1 条规定的利益而颁布的政令的适用不影响根据《劳动法典》采取的与人员安全和卫生相关的措施。

二氧化碳注射试验可以根据《矿产法典》第 L162 –5 条规定的工作开展条例获得许可，并进行有限数量的试验。当进行注射试验时，根据本法第 L125 –2 –1 条规定建立现场监测委员会。委员会运营产生的费用由勘探者承担。

第 L229 –31 条

通过管道运输二氧化碳以减少温室气体排放的行为，包括在第 L229 –30 条规定的许可注射试验中的这类行为，构成第 L555 –25 条规定的公益行动。

第六节 二氧化碳的地质储存与第三人入口

第 L229 -32 条

本节的规定规制为抵御气候变暖而开发二氧化碳地质储存站点，以及第三人进入该等站点和连接该等站点的交通网络。本节不适用于《矿产法典》第L211 -2 条规定的对工业用二氧化碳的地下储存。

本节适用于法国管辖的国家领土、大陆架和专属经济区，不影响适用于海外省和海外大区、马约特岛、圣巴泰勒米、圣马丁、圣皮埃尔和密克隆群岛和新喀里多尼亚的特别规定，不影响现行国际公约的规定，特别是与海上倾倒物质和违禁物质有关的规定。

第 L229 -33 条

本节中的二氧化碳，是指基本上由二氧化碳组成的流体。该流体不得含有废弃物或任何为排出流体而添加的其他物质。但是，它可以包含在源头或在收集或注入操作中伴生的物质。可向其中添加标记物质以帮助控制和验证二氧化碳的迁移。

所有伴生或添加物质的浓度，需低于可能破坏储存完整性或破坏适合的基础运输设施完整性，或可能对环境或人类健康构成重大威胁或可能违反适用的欧盟立法规定的浓度。

负责矿业、分类设施和健康事务的部长的条例，规定在相应情形下流体的主要物理特征，以及流体中伴生或添加的可能构成上述威胁或违反上述规定的物质的最大允许浓度。

第 L229 -34 条

二氧化碳的地质储存地点，是指地质结构中心的一定体积。地质结构，是指可以在其中心观察到不同岩石层的、可以对其进行绘图和安装相关表面设施、注射和监测设施的岩石地层分区。

第 L229 -35 条

对任何二氧化碳地质储存地点的开发，需防止危害或妨碍第 L511 -1 -1 条规定的利益，并尊重《矿产法典》第 L161 -1 条规定的利益。

不得在水体的自由水面和底部沉积物之间的水柱中储存二氧化碳。

第 L229 - 36 条

为适用本节提及的《矿产法典》的相关规定，将二氧化碳地质储存地点视作矿或矿床，二氧化碳地质储存特许权视为采矿特许权，建立、试验、整治和开发二氧化碳地质储存地点的工作视作开采矿产工作，二氧化碳地质储存特许权划定的区域视作采矿区域。

第一分节 开 发 许 可

第 L229 - 37 条

对二氧化碳地质储存地点的开发，其中包括对预估总储存能力低于 100 千吨、用于科研或试验新产品和新工艺的二氧化碳地质储存地点的开发，需取得以本节特殊规定为前提，根据第 L181 - 1 条第(2)项规定发放的许可。

《矿产法典》第 L132 - 6 条、第 L132 - 12 条和第 L142 - 4 条的规定，适用于按照第 L229 - 30 条持有搜寻适合二氧化碳地质储存的地下结构的专营许可证且申请开发许可的主体，前提是开发限于申请许可证的区域且遵守搜寻专营许可证规定的条件。

只有在申请人证明自己持有二氧化碳地质储存许可证，且该许可证涵盖了所申请的储存地点区域和地质结构，或申请人证明自己曾提交过许可证申请时，才能对许可申请进行审查。

申请人须证明地质结构满足以下条件，才能对该地质结构发放许可：

—在该结构的预期使用条件下，不存在重大泄漏风险或对环境或人体健康的重大威胁；

—当许可所指的地质结构包含地下水层时，自然使得地下水层永久不适用于其他用途。

每个地点只能向一个自然人或法人颁发开发许可，且该自然人或法人需证明自己具备此项开发所要求的技术和财政能力，开发符合第 L229 - 35 条规定的利益，且遵守本分节规定的义务。

第 L229 - 38 条

根据第 L229 - 37 条颁发的许可由第 L512 - 4 条作出规定。

在不影响根据第 L181 - 12 条、第 L181 - 14 条和第 L512 - 5 条规定的附加措施的情况下，许可应规定：

(a)二氧化碳流的组成要求,接受二氧化碳流的工序,包括对其组成如腐蚀性物质的分析,为验证所有伴生或添加物质的浓度低于第 L229－33 条第 2 段规定的风险评估,为预防任何泄漏风险或对环境或人体健康的威胁而进行的注射和储存操作的条件和要求;

(b)经营者在记录注射气流的数量、性质和组成时需遵守的义务;

(c)在不规范注射或储存操作,可能会造成泄漏风险或对环境或人体健康的威胁,或在发生泄漏时,经营者需履行的公开信息义务的范围;

(d)经营者通报与场地开发有关信息的周期,最多为每年一次;

(e)关于场地开发的变化的信息,一般来说,用于评估许可规定的条件是否得到遵守的任何有用信息;

(f)在注射开始前经营者必须按照第 L516－1 条和第 L516－2 条的规定落实且在整个开发期间维持的财务担保的性质和范围,包括在第 L229－46 条规定的地点关闭后,和直到第 L229－47 条规定的责任转让之后。

许可还批准:

(1)在发生显著不规范注射或储存操作的情况下以及发生泄漏的情况下,需要实施的监测规划和补救措施规划,以及关闭后的临时规划。根据最优做法制定的关闭后的临时规划,涵盖了第 L229－46 条规定的地点关闭后的阶段,以及第 L229－47 条所述的责任转移后的阶段。

(2)定期更新规划的条件和方式,最迟每 5 年更新一次。

第 L229－39 条

第 L229－38 条第(f)项规定的财务担保,除了第 L516－1 条规定的行动外,还包括发生泄漏时按照本章第二节的规定归还温室气体排放配额。

第 L229－40 条

根据第 L125－2－1 条规定,在二氧化碳的任何地质储存地点建立现场监测委员会。

委员会运营产生的费用由许可持有人承担。

第 L229－41 条

对储存地点及次级密闭机构进行检查后完成的报告应送交经营者和按照第 L229－40 条的规定建立的监测委员会。该报告也可在第 L124－1 条和后续法条规定的条件下向公众公开。

第 L229 –42 条

对于根据第 L229 –38 条发放的许可，至少每五年，而后至少每十年进行一次重新审查。

基于根据第 L229 –38 条第(c)项、第(d)项所获取的信息或通过对地点及现场设施进行监测和检查后获得的信息，省国家代表根据第 L181 –14 条对许可进行重新审查、更新、修订或补充，或者按照第 L171 –8 条规定的程序中止许可。如无其他办法，当未遵守许可中规定的条件或出现了第 L514 –7 条的假定情形时，应以第 L514 –7 条规定的形式收回许可。

第 L229 –43 条

在收回许可的情况下，国家将关闭该地点或发放新的许可。由国家确保第 L229 –47 条第 2 款第(a)项、第(b)项、第(c)项规定义务的旅行，直到第 L229 –47 条第 4 款规定的责任转让或直到新许可颁发为止。

经营者应无偿向国家上交设备、研究、关于投入和注入的二氧化碳流的数量和性质的记录，以及履行这些义务所需的全部数据。为确保执行，国家还可以适用《矿产法典》第 L153 –3 条至第 L153 –13 条的规定，以及为适用上述规定而援引的政令。

国家向经营者收回因执行这些义务所产生的费用，包括使用第 L229 –39 条规定的财务担保。

第二分节 矿产法律规定下申请人对其状况的证明

第 L229 –44 条

特许经营权在《矿产法典》第 L132 –1 条至第 L132 –4 条、第 132 –7 条、第 L132 –11 条和第 L142 –7 条，以及第 L229 –45 条和第 L229 –37 条第 2 段规定的条件下颁发。

第 L229 –45 条

每个地点的特许经营权只能颁发给一个自然人或法人。

特许经营权适用《矿产法典》第 L131 –3 条、第 L131 –4 条、第 L132 –8 条、第 L132 –9 条、第 L132 –15 条、第 L143 –1 条至第 L143 –7 条、第 L143 –9 条至第 L143 –13 条、第 L144 –1 条和第 L173 –5 条至第 L173 –7 条，以及第四卷和第五卷的规定。

第三分节　最终关闭与责任转移给国家

第 L229－46 节

经营者申请的对储存地点的最终关闭，特别包括注射操作的终止。按照第 L512－6－1 条的规定进行关闭后，经营者依旧为该地点的责任人。为此，他需承担第 L229－47 条第(a)项、第(b)项、第(c)项规定的义务。

第 L229－47 条

1. 如果符合下列条件，可在经营者的要求下或国家提议下向国家转移责任：

(a)现场按照第 L229－46 条的规定最终关闭并查封，其注射设施已拆除；

(b)经营者实施了按照第 L181－14 条、第 L512－5 条和第 L512－6－1 条规定更新和批准的关闭后的临时规划中规定的措施；

(c)经营者在一份报告中汇报了所有现有证据，以证明储存的二氧化碳将以安全永久的方式密封起来；

(d)经营者向国家缴纳了补足金，其金额考虑到与储存地点历史有关的因素，至少包括 30 年内的预计监测费用，在相应情形下，还包括为保证二氧化碳在责任转移后完全永久地封闭在储存地点所采取的必要措施的费用；

(e)经营者已提前或已向国家明确承诺无偿上交设备、研究、关于投入和注入的二氧化碳流的数量和性质的记录，以及履行第 2 款规定义务所需的全部数据。

公众可查阅批准转移的决定草案。该草案应附上经营者说明责任转移的所需条件均已满足的报告、欧盟委员会可能提出的不具强制约束力的意见和在相应情形下，说明部长针对此次转移提出的附加要求或条件的部长报告。

2. 第 1 款规定的责任转移只涉及以下义务：

(a)对二氧化碳泄漏风险或二氧化碳泄漏的监测、预防和弥补；

(b)采取最终关闭后规划所规定的补救措施，或为人身健康和环境而维持储存安全所必需的措施和为制止可能的二氧化碳泄漏所必需的措施；

(c)按照本章第二节的规定，在发生泄漏的情况下归还温室气体排放配额。

责任的转移意味着二氧化碳地质储存特许经营权的失效。

在发布转移决定后，国家可以诉诸《矿产法典》第 L153－3 条至第 L153－13 条的规定以及为适用上述规定而援引的政令，以确保第(a)项和第(b)项义务得到履行。

3. 原则上，在第 L229 - 46 条规定的最终关闭和上述批准责任转移的决定之间，应有至少 30 年的监督期间。在满足第 1 款第(c)项规定的条件且在地点已经关闭至少 10 年后，此期间可由负责矿业和分类设施的部长予以缩短。

如果经营者根据第 1 款第(c)项所汇报的内容不够充分，在向经营者通报原因之后，负责矿业和分类设施的部长应设定一个新的最短监督期限，在此期限内不得决定责任转移。这个新的最短监督期限可以在相同的条件下延长，但不得超过 10 年。

4. 在国家主动收回许可的情况下，只要现有证据表明二氧化碳将永久完全和安全储存，且已对场地进行查封，对注射设施进行拆除，国家可认定责任转移有效。

当持有人已满足第 1 款第(d)项和第(e)项的条件，在认定转移有效当天终止维持财务担保的义务。

5. 无论储存地点的关闭是出于经营者要求或出于国家收回许可的决定，在经营者出现过错的情况下，尤其是在未完整提交数据、隐藏相关信息、疏忽、蓄意欺骗或大意的情况下，国家都可以向前任经营者追回责任转移之后产生的费用。

第四分节　第三人进入运输网络和储存地点

第 L229 - 48 条

对二氧化碳储存地点的潜在使用者进入用于将二氧化碳运输至储存地点的运输网络的行为的规制，适用第 L229 - 49 条至第 L229 - 51 条的规定。

第 L229 - 49 条

1. 二氧化碳传输网络和地质储存地点的经营者，应按照透明和非歧视程序为使用者提供进入其基础设施的途径。就此，他们应当每年公布提供进入途径的一般商业条件和技术性限制性规定。

进入基础设施的技术和财政条件由基础设施经营者与使用者之间的合同作出规定。

2. 与来源于不适用第 L229 - 5 条规定的设施的二氧化碳的传输和地质储存有关的合同应事先提交给负责环境事务的部长。考虑到国际法律文书和欧盟立法规定中涉及的、国家旨在通过二氧化碳的捕获和地址储存实现的减排义务，负责环境事务的部长可反对合同生效。如果 2 个月内政府未予答复,视为获得许可。许可一旦发放,即可适用第 1 款的规定。

第 L229 – 50 条

除非出于以下合法理由,否则不得拒绝为潜在使用者提供进入二氧化碳传输网络和储存地点的透明和非歧视途径:

(1)缺乏可用或合理可用的存储容量,且缺乏可用或合理可用的运输能力;

(2)与技术规格的不兼容且无法以合理的方式解决;

(3)需要尊重储存地点或运输网络的所有权人或经营者合法作出说明的合理需求,以及可能涉及的地点、网络或加工设施或输送设施的其他使用者的利益。

任何拒绝进入基础设施的行为,均应向申请人合法说明理由并证明。

第 L229 – 51 条

运输网络和储存地点的潜在使用者和经营者之间关于第 L229 – 49 条规定的合同的签订、阐释或履行以及关于经营者为进入途径需实施的经济上可行的整治方案产生的争议,经最活跃的一方提议,提交给能源管理委员会争端解决和制裁委员会审理。

委员会按照 2000 年 2 月 10 日《关于电力公共服务现代化与发展的第 L2000 – 108 号法》第 38 条规定的条件,兼顾第 L229 – 50 条列举的标准以及在关于进入途径的协商中可能进行干预的各方的数量,对争端予以解决。

如果争议涉及经营者为允许进入运输网络或储存地点需实施的经济上可行的整治方案,可由委员会催告经营者着手进行经济上可行的或潜在客户愿意承担费用的任何所需整治,前提是从环境的角度来看,该整治不会给二氧化碳的传输和地质储存安全造成不利影响。

对委员会所作的决定的上诉属于巴黎上诉法院的管辖范围。

在 2000 年 2 月 10 日《关于电力公共服务现代化与发展的第 L2000 – 108 号法》第 40 条规定的条件下,委员会对其认定的违反第 L229 – 49 条和第 L229 – 50 条规定的行为进行处罚。

第五分节 共同规定

第 L229 – 52 条

国家对发放的存储许可证和已关闭地点以及次级密封结构进行记录,包括显示其范围和其他可用信息的地图和剖面图。在进行相关规划的过程中，以及在颁发可能会对二氧化碳的地质储存产生影响的许可时，应对这些记录予以考虑。

第 L229－53 条

二氧化碳运输和储存基础设施的经营者应当至少每 3 年向国家通报其运输和储存基础设施的发展项目。

第 L229－54 条

第一节至第五节的适用方式由最高行政法院提出资政意见后颁布的政令规定。

政令需按照第 L120－1 条及第 L120－2 条规定的条件开展公众意见征询。

第三卷

自 然 空 间

第 L300－1 条

关于预防森林火灾和森林保护的内容由《森林法典》作出规定（第三卷第二编和第四卷第一编）。

第 L300－2 条

关于地方城市规划方案分类的绿化空间的内容由《城市规划法典》第一卷第一编第三章第一节作出规定。

第 L300－3 条

关于以保护有被损坏、消失或分散危险的自然空间或景观空间的重大要素为目的，设立遗产基金会的内容，由《遗产法典》第 L143－2 条作出规定。该条复述如下：

"'遗产基金会'的宗旨是推动对国家遗产的认识、保护和开发利用。

遗产基金会致力于对未被保护的遗产进行认定、保存和开发利用。

遗产基金会促进对纪念地、建筑物、动产集合或有被损坏、消失或分散危险的自然空间或景观空间的重大要素的保护。同时也促进专有技术在遗产和遗迹的修复和处理利用领域内的使用、引入、培训和传播。

遗产基金会主要通过补助金的方式向公法人或私法人提供帮助，用以获取、维护、管理和向公众介绍法人的财产。无论该财产是否为本法典规定的措施的保护对象，遗产基金会在本法典第 L143－2－1 条规定的条件下对该财产实行保护。

当本条第 3 款规定的财产有获得保护行动的必要时，遗产基金会也可以开展保护行动获取该财产。

遗产基金会可对未被保护的遗产和遗迹进行标记。"

第 L300－4 条

通过官方公报公布的部长条例，对根据本卷的规定，由政令或最高行政法院发表资政意见后颁布的政令进行土地编号和海洋坐标分类中出现的书写错误进行订正。

第二编　海岸带

第一章　海岸带保护与整治

第一节　一 般 规 定

第 L321 –1 条

1. 海岸带是对其制定特殊整治、保护和开发利用政策的地理实体。

2. 上述体现公共利益的政策的实现需要协调国家与地方政府的行动，或者国家与地方政府联合体的行动，其目的在于：

（1）作出针对海岸带特点和资源的研究和创新努力；

（2）保护生物平衡和生态平衡，防止侵蚀，预防与海洋浸没相关的自然风险，保护遗迹、景观和遗产；

（3）保护和发展近水的相关经济活动，如渔业、海水养殖、港口活动、航海活动、海水浴活动、船舶建造与修复以及海洋运输；

（4）在海岸带区域内，维持或发展农业或林业活动、水产养殖活动、工业活动、手工业活动和旅游业活动。

在遵守可持续发展目标的情况下，规划领域的公共共同体的相关活动也应促进这一具有公共利益的政策的实现。

第 L321 –2 条

以下本土市镇和海外省市镇将被视为本章所指的海岸带市镇：

（1）沿岸面积超过 1000 公顷的海、洋、盐水湖以及内部水体沿岸的本土市镇和海外省市镇；

（2）位于盐水边界下游的三角港和三角洲沿岸，并与海岸带经济和生态平衡密切相关的市镇和海外省市镇。市镇的清单由最高行政法院在咨询利益相关的市议会后，通过颁布政令予以确认。

针对根据《地方政府总法典》第 L2113 - 2 条设立的新市镇，与海岸带市镇的有关规则只适用于构成新设市镇的、此前被视为海岸带市镇的旧市镇范围。但是，市议会可要求新设市镇的全部领土受到海岸带市镇有关规则的规制。

第二节　整治与城市规划

第 L321 - 3 条

在尊重 1983 年 1 月 7 日《关于市镇、省、大区和国家权限划分的第 83 - 8 号法》第 57 条定义的海洋开发利用纲要述及的规范的情况下，以融入自然遗迹和城市遗迹的方式组织对游艇的接待。

第 L321 - 4 条

如果建设施工对人造海滩或有贝类或水产养殖潜力的区域造成损毁，游艇停泊港的出让机关在发放特许时，将要求其进行恢复，要求恢复的面积与受损的人造海滩或有贝类或水产养殖潜力的区域面积相同。

第 L321 - 5 条

与利用海洋公共区域相关的内容由《公法人财产总法典》第二部分第一卷第二编第四章第一节作出规定。

第 L321 - 6 条

与海滩自然状态的保护相关的内容由《公法人财产总法典》第 L2124 - 2 条作出规定。

第 L321 - 7 条

关于实施施工、建设和安装对海岸带环境产生影响的内容，由《城市规划法典》第一卷第二编第一章作出规定。

第三节　物质的提取

第 L321 - 8 条

限制或禁止提取不在《矿产法典》第 L111 - 1 条和第 L111 - 2 条规定的范

围之内，且对海滩、沿海沙丘、悬崖、沼泽、泥滩、水生植物丛区域、产卵场、活贝壳天然矿床和海水养殖利用的完整性有直接或间接的危害的物质。

但是，第 1 款的规定不得妨碍在港口及港口航道进行的疏浚施工，也不得妨碍旨在维护或保护重大自然空间的施工。

第四节　进入海滩

第 L321 -9 条

除基于安全、国防或环境保护的正当理由使得有必要进行特别规定外，行人可自由进入海滩。

如同捕捞和海产养殖活动构成海滩基本用途一样，公众自由和免费地使用海滩构成海滩基本用途。

除非获得省长在征询市长意见后发放的许可，除救援修理车、警车和开采车以外的陆地机动车，禁止在向公众开放的、属于公共财产或公法人私人财产的海滩和沿海沙丘以外的区域交通和停泊。

海滩特许在《公法人财产总法典》第 L2124 -4 条规定的条件下发放。海滩特许保证海滩上的自由交通和公众自由使用海边相当广阔的空间。

第 L321 -10 条

与进入海滩的有关的其他规定由《城市规划法典》第一卷第二编第一章第二节作出。

第五节　使岛屿与陆地连接的人工工程

第 L321 -11 条

对于通过人工工程与陆地连接的海岛的整治、城市规划或环境方面具有权限的市镇或市镇联合体而言，经该市镇或市镇联合体的大多数提出申请，省议会可向每一取道该工程在大陆和岛屿间行驶的陆地机动车的乘客收取省通行费。

第 1 款规定的收费是基于省的利益设立和收取。可由工程经营者收费，并结转给省。

收费金额由省议会与第1款规定的市镇或市镇联合体的大多数达成一致后确认。

通行费总额最多等于按照每一系数20欧元计算的统包额的收入，该系数将车辆按照外形进行分类后在0、2和3的范围内确定；如果使用了牵引拖车，车辆分类应考虑牵引拖车的存在及其技术特点。

在收取了第1款规定的省通行费的情况下，使用大陆与岛屿间的人工工程可能还需要为业主所提供的服务支付特许权使用费，以确保工程维护和运营的成本。关于特许权使用费的规定排除适用1996年4月12日《关于经济与金融秩序各项规定的第96－314号法》第56条。

当为所提供的服务支付特许权使用费时，应当对本条第1款规定的省通行费的金额进行一定的计算，使某一车辆通行时收取的总金额不超过第4款规定的统包额的3倍。

在相应的情况下，收取省通行费和服务特许权使用费所产生的开支计入应付数目，作为上述费用的一部分。

省议会对通行费的审议，在不损害特许经营权使用费的最终调整金额的情况下，可根据不同类别的用户规定不同的价格或者免费，以便考虑与受保护自然空间相关的公益的必要，或考虑特定用户的特殊情况，特别是其住所或工作地点在相关岛屿内或者其住所在相关省内的情况，或考虑某一公共服务职能的实现。

各省收取的省通行费，减去收取该费用的相关成本以及管理和保护该省的岛屿的自然空间的相关成本后，记入省的财政预算；在省长、省议会和市镇和市镇联合体缔结的协议的框架内，相应的金额用于岛屿自然空间的保护措施、管理措施以及发展与私家车同时运行的公共交通的措施。适用该协议，收入中应返还相关市镇和市镇联合体的部分，由省直接转至该等市镇和市镇联合体。在为此目的缔结的协议的框架内，行政区可将由省通行费获得收入的全部或部分交还给第8款规定的受保护自然空间的管理人。

本条的适用条件由最高行政法院发表资政意见后颁布的政令具体规定。

第六节　驶向被保护空间的海上交通

第L321－12条

驶向受保护空间的海上交通的课税方式由《海关法典》第285条之四规定。

第七节 海岸线的整体管理

第 L321－13 条

国家绘制基于国家海岸带侵蚀指标的图绘，以便对海岸线的变化进行预测，并在公共政策中对引起海岸带侵蚀和增生的水文沉积现象予以充分考虑。

第 L321－14 条

当大区包含海岸带区域时，《地方政府法典》第 L4251－1 条规定的大区整治、可持续发展和领土平等纲要，或者其第 L4433－15 条规定的、包含海洋开发利用纲要的大区整治纲要，可确定海岸线管理领域的中长期目标。

对于允许预估和管理海岸线变化的领土项目而言，纲要确定该项目的一般规则，特别是有关改善对自然空间认知的措施、保护和恢复自然空间的措施以及预防措施和公众知情措施的规则。纲要确定平衡和可持续地共享沉积资源的方式。

第二章　海岸带与湖岸带研究院

第一节　一 般 规 定

第 L322 -1 条

1. 海岸带与湖岸带研究院为具有行政性质的国家公共机构。其宗旨在于，在征询市镇议会意见后，与利益相关的地方政府合作在下列区域采取旨在保护海岸带、尊重生态平衡以及保护自然遗迹和有关文化财产的土地政策：

(1)1975 年 7 月 10 日划定的沿海区；

(2)沿岸面积超过 1000 公顷的海、洋、盐水湖以及内部水体沿岸的本土市镇和海外省市镇；

(3)部分或全部位于盐水边界的下游的三角港和三角洲的沿岸市镇；

(4)此项已废止。

2. 为了对海岸地区的一体化管理，海岸带与湖岸带研究院也可以在分配或委托其负责的海洋公共区域内执行其任务。

3. 在征询海岸带与湖岸带研究院的管理委员会的意见后，省条例可规定将海岸带与湖岸带研究院的行动介入范围扩展至第 1 款规定的区域和市镇地理上相邻，且与该区域和市镇构成生态或景观统一体的区域，也可扩展到位于沿海省内的湿地区域。

4. 海岸带与湖岸带研究院可向公共行政区提出所有与海岸带与湖岸带研究院的任务相关的建议，特别是关于海岸带整治或海陆交接港管理的相关建议。

第 L322 -2 条

本章的适用条件由最高行政法院发表资政意见后颁布的政令具体规定。

第二节 研究院的财产

第一分节 组成与让与

第 L322－3 条

为实现第 L322－1 条规定的目标，海岸带与湖岸带研究院可对其土地进行任何法律上的操作。但是，只有经管理委员会提议，经在场或得到代表的成员的四分之三多数同意且由最高行政法院发表意见后颁布的政令予以许可的情况下，才可让与海岸带与湖岸带研究院自有产业内的不动产。

第 L322－4 条

海岸带与湖岸带研究院可以征用不动产，并且在省未行使相应权利的情况下，行使《城市规划法典》第 L215－5 条规定的优先购买权。

第 L322－5 条

海岸带与湖岸带研究院通过友好的途径收购按照《城市规划法典》的规定设定了地役权负担的财产时，应根据财产的价值，并考虑现存地役权，进而确定收购价；上述地役权不得衍生任何产生额外价格的权利。

第 L322－6 条

海岸带与湖岸带研究院可以免费担任属于国家公共或私人财产的不动产的受托人。但是，当此前作为受托人的部门被赋予财政独立时，应将不动产有偿地分配给公共机构，或者以共有的形式出让给公共机构。

海岸带与湖岸带研究院代替国家管理被分配给海岸带与湖岸带研究院的不动产：海岸带与湖岸带研究院通过所有与该等不动产相关的协议，特别是第 L322－9 条规定的协议，为海岸带与湖岸带研究院的利益收取该等不动产的收入，并承担与该等不动产有关的费用，无论该费用为何种性质。该规定适用于以赠与的名义交托给机构的公有不动产。

只有在规定的让与自有财产的条件下，才可改变被分配的或者以赠与的名义被交托的公有财产的用途，或者将其收回。

第 L322－6－1 条

为实现第 L322－1 条规定的目标，可通过协议将属于国家公有财产的不动产给予海岸带与湖岸带研究院，期限不得超过 30 年。续订协议与签订协议的方式相同。

给予财产的协议可授权研究院或者第 L322－9 条规定的管理人发放不构成物权的临时占有许可，并为研究院或管理人的利益收取收益，但研究院或管理人应负担相应的费用。

相应的管理应在第 L322－9 条规定的条件下进行。

本条的适用条件，特别是适用于收取财产的收益和特许权使用费的规则的相关条件，由最高行政法院发表资政意见后颁布的政令具体规定。

第 L322－6－2 条

在海外省和马约特岛，对位于 50 几何步内的自然空间区域，由海岸带与湖岸带研究院会征得其管理委员会同意后，适用《公法人财产总法典》第 L5112－8 条、第 L5113－1 条和第 L5331－7 条，以及本法典第 L322－6 条的规定进行管理。

第 L322－7 条

由海岸带与湖岸带研究院对位于第 L322－1 条规定的区域内的不动产进行的收购和交换，免除大额印花税、注册税和土地公示税。

第 L322－8 条

为海岸带与湖岸带研究院的利益而进行的不动产的赠与和遗赠免除财产免费移转税。

当该不动产位于第 L322－1 条规定的区域以外时，机构应尽快可能期限内让与。

第二分节　管　　理

第 L322－9 条

海岸带与湖岸带研究院有关财产包括被收购的不动产和分配、给予、委托或交托给海岸带与湖岸带研究院管理的不动产。研究院的自有财产包括其为所有权人并决定保留以便执行第 L322－1 条规定研究院任务的土地。除被收购且不属于自有财产类型的土地以外，海岸带与湖岸带研究院有关财产属于公共财产。

在空间的用途和脆弱性的限度内，该财产向公众开放。

海岸带与湖岸带研究院相关财产中的不动产可由地方政府或地方政府联合体、公共机构或承担费用并收取相应收益的经认可的特别基金会和协会进行管理。经不动产所在地的地方政府要求，不动产应当优先由地方政府进行管理。研究院和管理人以此名义签订的协议应明示土地的用途，该用途必须有助于实现第 L322－1 条规定的目标，并促使将未被分配用于财产管理的收益盈余定期转入研究院。

研究院和管理人可通过协议赋予不动产的临时特别用途，只要该用途与第 L322－1 条规定的研究院的任务相符。

在该公共财产的用途与农业经营有关的情况下，应当优先考虑相关不动产成为研究院财产时该地点的时任经营者。在该地点的时认经营者缺席的情况下，研究院或管理人应咨询专业机构以选定经营者。与经营者的协议应规定经营者按照管理委员会批准的框架协议所具有的权利和义务，并确定特许使用费的计算方式。

只有在研究院明示允许的情况下，属于海岸带与湖岸带研究院财产的土地才可被列入《运动法典》第 L311－3 条规定的户外运动相关空间、地区和路线的省级规划。当列入该规划会对研究院良好地执行本法典第 L322－1 条规定的任务产生妨碍时，研究院可要求撤回将土地列入规划。对此项请求，应征求户外运动相关空间、地区和路线的省级委员会的意见。撤回不造成研究院承担任何作为补偿措施的财务和物质费用。

第 L322－10 条

为了维护、保护和开发财产，可在不超过 30 年期限的占有协议的框架内将关于海岸带与湖岸带研究院有关不动产的工程的整治和实施委托给第 L322－9 条指定的公法人或私法人。被委托的任务应当与研究院所执行的任务相一致。该协议可授权受益人发放不构成物权的占有许可，权利的期限不得超过协议的期限。

受益人有权为其自身的理由直接兑现不动产收益。在此情况下，受益人应将未被分配用于开发和管理财产的收益盈余定期转入研究院。海岸带与湖岸带研究院可自由选择受益人。在占有协议结束时，管理人不可对不动产得到的改善主张任何补贴。

如果根据协议确定的方式，第 1 款规定的任务的部分成本少于协议受益人的成本,海岸带与湖岸带研究院可承担一部分该成本。

第 L322 - 10 - 1 条

1. 第 L322 - 9 条规定的管理人委托看管海岸带与湖岸带研究院管理的财产的自然人被称为海岸带看管人。

在最高行政法院发表资政意见后颁布的政令规定的条件下,海岸带看管人由行政机关委任,并宣誓在其授权范围内查证和认定相关犯罪行为。

当市镇或省条例与海岸带与湖岸带研究院管理的财产有关时,海岸带看管人和本法典第 L322 - 20 条规定的公务人员通过笔录认定违反与进入相关土地或与该等土地用途相关的市镇或省条例的行为,或者违反《地方政府总法典》第 L2213 - 2 条、第 L2213 - 4 条、第 L2213 - 23 条、第 L2215 - 1 条和第 L2215 - 3 条指定的市镇或省条例的行为。

海岸带看管人也可通过笔录认定违反本编或违反《国家财产法典》有关海岸带与湖岸带研究院所管理的财产的规定的行为。

2. 具有公务员或公务人员资格的海岸带看管人被赋予权限,在海岸带与湖岸带研究院有关财产的海洋区域内认定违反有关该区域保护的条例的犯罪行为以及本法典第 L218 - 11 条至第 L218 - 19 条和第 L218 - 73 条规定的违反排放监管的犯罪行为。

3. 海岸带看管人对其行政住所地所在省范围内的所有海岸带与湖岸带研究院有关财产行使职权。

为履行其司法治安任务,不具有公务员或公务人员资格的海岸带看管人拥有第 L172 - 7 条、第 L172 - 8 条、第 L172 - 12 条和第 L172 - 16 条规定的权力。除进入住所和交通工具意外,海岸带看管人有权对发生在任何地点的犯罪行为进行查证。

第 L322 - 10 - 2 条

针对上一条规定的有关违法行为,其行为人被处以第四类犯罪行为规定的罚金。

第 L322 - 10 - 3 条

根据《刑事诉讼法典》第 529 条至第 529 - 2 条的规定,违法行为可引起统包罚金程序的适用。

第 L322－10－4 条

在不影响应受刑事处罚的情况下，任何损害海岸带与湖岸带研究院有关财产的完整性和保护的行为，或者损害该财产用途的行为，均构成被认定的大道路违章行为，通过行政途径予以制止和追究。

在不影响司法治安警官和警员以及其他特别授权的公务人员的权限的情况下，第 1 款规定的违法行为由第 L322－10－1 条规定的公务人员进行认定。

被认定实施了违法行为的人应当对损害进行补救，并承担第五类违法行为和重犯情形规定的罚金。违法行为人应承担海岸带与湖岸带研究院为停止被认定的违法行为对公共财产的侵害而可能需要采取的临时紧急措施的费用。

海岸带与湖岸带研究院的主任以及经其授权的研究院海岸代表有权在《行政司法法典》规定的条件下，按照其规定的程序向行政法院提起诉讼。

第三节　行　　政

第一分节　管理委员会

第 L322－11 条

海岸带与湖岸带研究院由管理委员会进行管理，该委员会由国家代表、合资格人士、一名工作人员代表、议会成员以及与海岸带与湖岸带研究院活动相关的地方政府的审议会议成员组成；其中国家代表、合资格人士和工作人员代表的人数与议会成员以及审议会议成员的人数相同。

第 L322－12 条

管理委员会主席由委员会内部选举产生。

第二分节　海岸委员会

第 L322－13 条

海岸带与湖岸带研究院包括若干海岸委员会。海岸委员会由地方政府审议会议内部选举的成员组成。

海岸委员会对收购活动进行提议，并就当前进行的活动接受公共机构的管理委员会的咨询。

如果提议或预备进行的活动所在区域所属的市镇市长提出要求，海岸委员会应当听取该市镇市长的意见。

海岸委员会的组成、运作和区域边界由最高行政法院发表资政意见后颁布的政令具体规定。

海岸委员会的一项特殊职责是就公共机构财产整治和管理条件，以及研究院和地方政府、特别是省和大区及其联合体的合作协议向管理委员会作出相关提议，该提议应确定相关方在实现第 L332－1 条规定的任务的多年期目标和动员方式。

第三分节　管理和人员

第 L322－13－1 条

为了实现第 L322－1 条规定的合作，并良好地执行海岸带与湖岸带研究院被委托的任务，除其自身人员外，海岸带与湖岸带研究院可调用具有领土公共职能的正式的和合同制的公务人员；每一调动阶段最多为期 3 年，该期限可延长且对总时长无限制。人员调动无须支付费用。

根据第 L322－1 条第 3 款的规定，海岸带与湖岸带研究院也可通过调用湿地区域公共机构的合同制公务人员。

第四节　财 务 规 定

第 L322－14 条

为完成其任务，海岸带与湖岸带研究院可对由最高行政法院发表资政意见后颁布的政令所规定的资源进行支配。

第三编 公园和保护区

第一章 国 家 公 园

第一节 设立与一般规定

第 L331 -1 条

当陆地或海洋空间所包括的动物、植物、土壤、底土、大气、水、景观以及在相应的情况下的文化遗产，表现出特别利益，且应当以防止可能改变其多样性、组成、外观和演化的退化和损害为目的从而对其进行保护时，可在上述陆地或海洋空间内设立国家公园。

国家公园包含一个或多个核心区和一个扩展区。核心区被定义为，被保护的陆地和海洋空间；扩展区被定义为，特别因其地理连续性或与核心区生态互助性而可以构成国家公园一部分，并决定加入国家公园宪章并自愿促进保护的市镇领土的全部或部分。根据 1982 年 12 月 10 日在蒙特哥湾签署的《联合国海洋权利公约》，特别是该文件第五部分、第六部分和第十二部分，国家公园可包括属于海洋公共区域或大陆架的空间，以及国家主权或管辖权范围内的水资源空间。

第 L331 -2 条

在第 L331 -7 条规定的政令规定的、包含根据本法典第一卷第二编第三章的规定开展公众调查和协商的程序结束后，国家公园的设立由最高行政法院发表资政意见后颁布的政令决定。

设立国家公园的政令：

(1) 划定国家公园的一个或多个核心区的范围，并确定适用于该区域的一般保护规则；

(2)确定可以加入公园宪章的市镇领土；

(3)批准公园宪章；

(4)设立具有行政性质的国家公园公署。

从批准宪章或修正宪章的政令公布之日起，大区内的国家代表可允许相关市镇加入该宪章。只有在公园公署同意的情况下，才可允许这种形式的加入，并在自宪章被批准或修正之日起按照每三年进行一次。由大区内国家代表对加入予以认定，并更新国家公园的有效范围。

国家公园不可包括被分类为大区国家公园的市镇领土的全部或部分。

第 L331－3 条

1. 国家公园宪章规定一个领土项目，该项目体现公园核心区与其周围空间的生态一体性。

宪章由两部分组成：

(1)对核心区空间而言，宪章规定自然、文化和景观遗产的保护目标，并明确第 L331－2 条第(1)项规定的行政法规的适用方式；

(2)对扩展区而言，宪章规定保护、开发和可持续发展的方针，并指明实现该方针的手段。

国家公园宪章包括指明不同的区域及其作用的图表文件。该文件以自然、景观和文化遗产名录、社会经济资料和国家公园的人口学小结为基础进行编制。

宪章的每一部分均包含一个总括部分，该部分说明因国家公园的高遗产价值而适用于所有的国家公园的基本原则；此外，宪章也包括针对每一国家公园的特定部分，包括从该公园的领土、生态、经济、社会或文化特点出发确定的目标或方针及措施。

国家公园宪章草案由国家公园公署或公益联合体制定。国家公园公署或公益联合体应当将该草案通报给利益相关的地方政府及相关地方政府联合体并征询其意见。

适用宪章的协议可由国家公园公署与每一加入的地方政府签署，以便按照宪章的要求实施保护方针和措施，进行开发和可持续发展。国家公园公署也可向其他利益相关的公法人提议，通过签署协议共同适用宪章。此外，国家公园公署与国家公园相关的私法人可在促进宪章实施的项目框架内签署合伙合同。

2. 国家公园公署对宪章的实施作出评价，并审议修订宪章的时机。最迟应在宪章获批、上一次修订或上次作出不予修订的决定后 12 年内对其进行一次修订。

对于其领土的一部分属于国家公园扩展区的市镇而言，可以经宪章修订时达成合意，或在相应情况下，自国家公园公署作出宪章修订的决定起 3 年内，决定退出宪章。

如果未经审议，宪章批准、宪章的最新一次修正或者最新一次的不予修正决定起 15 年的期间届满时，该市镇也可退出宪章。

如有必要，省长认定一项或多项退出宪章的决定，并更新国家公园的有效范围。

3. 国家公园公署参与领土一致性纲要和地方城市规划方案的制订和不同的修正程序中。

在《城市规划法典》第 L131－1 条至第 L131－7 条明确规定的条件下，城市规划文件应当与国家公园宪章保护目标和方针相符。

本法典第 L581－14 条规定的地方广告条例应当与国家公园宪章的保护目标和方针相符。当该条例在宪章被批准前获得通过时，如有必要，应当在宪章批准后 3 年内调整该条例，使之与宪章相符。

在制定或修正与农业、林业、机械风能、采矿场、接近自然和进行户外运动、水资源管理、狩猎管理、野生动物管理、旅游业以及第 L331－7 条规定的政令确定的名单上的海洋整治或开发相关的规划、整治和自然资源管理文件时，当上述文件适用于国家公园内的空间时，应提交国家公园公署征询其意见。

在国家公园的核心区内，上述文件应当与宪章规定的空间保护目标相符；如果上述文件在宪章被批准前被指定，则应在宪章批准后 3 年内调整上述文件，使之与宪章规定的该等空间的保护目标相符。

利益相关的公共共同体应采取必要的措施，确保其行动与宪章的方针和措施保持一致。大区省长确保在国家行动的规划文件和财政计划中考虑国家公园核心区和扩展区空间的特点。

第 L331－3－1 条

1. 修订设立国家公园的政令，按照本条规定的程序之一进行。

2. 当修订旨在扩展候选市镇、核心区或者可以加入国家公园宪章的市镇领土的范围时，只需要在扩展的候选市镇的领土上进行公众调查，最高行政法院在征询扩展的候选市镇的领土上开展公众调查后，在第一卷第二编第三章规定的条件下,通过发表资政意见后颁布的政令可进行修订。

当修订旨在扩展海洋、核心区或者相邻的海洋区域的范围时,最高行政法院在相关的海岸带市镇领土上开展公众调查之后,在第一卷第二编第三章规定的条件下,通过发表资政意见后颁布的政令可进行修订。当相邻海洋区域的扩展不涉及确定的海岸带市镇时,应在省内国家代表所在地或者海上国家代表所在地开展公众调查。

3. 当修订的内容涉及管理委员会的组成时,公众参与后最高行政法院根据第 L120 - 1 条关于公众参与的规定的条件下通过发表资政意见后颁布的政令对政令进行修订。

4. 当修订的目的不在本条第 2 款和第 3 款规定的范围内时,在所有相关市镇领土上进行公众调查之后,最高行政法院发表资政意见后颁布的政令可在第一卷第二编第三章规定的条件下对政令进行修订。

第 L331 - 3 - 2 条

1. 修订或修正国家公园宪章,按照本条规定的程序之一进行。

2. 当修订不改变宪章的基本精神时,在所有相关市镇领土上进行公众调查之后,最高行政法院发表资政意见后颁布的政令可在第一卷第二编第三章规定的条件下修订宪章。

作为本款第 1 段的例外,当修订的唯一目的是修改宪章以扩展第 L331 - 3 - 1 条第 2 款规定的范围时,修订由最高行政法院发表资政意见后颁布的政令决定。

3. 当修订改变宪章的基本精神时,在所有与设立政令相关的市镇领土上进行公众调查之后,由最高行政法院发表资政意见后颁布的政令在第一卷第二编第三章规定的条件下作出决定。

第 L331 - 4 条

1. 国家公园的核心区适用以下规则:

(1) 在每一公园的设立政令规定的城市化空间以外,除公园公署听取其科学委员会的意见或者经授权的科学委员会主席的意见后发放的特别许可以外,禁止除正常维护工程和对具有公益的设备进行重大维修以外的工程,也禁止建设和设施安装;

(2) 在每一公园的设立政令规定的城市化空间内,除正常维护工程和对具有公益的设备进行重大维修以外,其他的工程以及建设和设施安装需要取得行政机关在征询公园公署意见后发放的特别许可;

(3)当工程、建设和设施安装需要取得城市规划许可时,第(1)项和第(2)项规定的机关的同意意见可代替特别许可;

(4)公园规章和第 L331－2 条规定的宪章可包含适用于工程、建设和设施安装的特别规则。

第(1)项至第(4)项规定的规则相当于公用地役权,在《城市规划法典》第 L153－60 条规定的条件下作为地方城市规划方案的附件。

2. 在第 L331－2 条第(2)项确定的、可以加入国家公园的市镇领土上,在公园核心区以外计划进行的工程或整治,应根据第 L122－1 条应当预先进行环境评价或根据第 L214－1 条或第 L512－1 条的规定取得许可。当该工程或整治明显影响到国家公园的核心区或海洋空间,则只有在公园公署征询其科学委员会的意见后,才可许可或批准该工程或整治的实施。

当该工程或整治属于需要按照第 1 款取得特别许可的工程时,则不需要征询上述科学委员会的意见。但是,如果特别许可规定了该工程或整治的限制性规定,在在特别许可发放前不得许可或批准该工程或整治。

3. 本条的规定不适用于根据第 L331－5 条进行的工程和设施安装,也不适用于涉及国防秘密的工程和设施安装。

第 L331－4－1 条

国家公园规章和第 L331－2 条规定的宪章可以对公园核心区作出如下规定:

(1)规定可维持现有活动的条件;

(2)适用特别制度,以及必要时禁止狩猎、渔业和商业活动,禁止提取不可出让物质,禁止使用水资源,禁止任何形式的公共交通,禁止在离地不超过 1000 米的高度飞越公园核心区,禁止所有可能妨碍动植物自然生长的活动,以及禁止一般性改变国家公园性质的所有活动。

此外,规章和宪章规制农业、牧业或林业活动的开展。

在国家公园核心区禁止开展工业和矿业活动。

第 L331－4－2 条

作为第 L331－4 条和第 L331－4－1 条的例外并在第 L331－7 条规定的政令确定的条件下,国家公园规章和第 L331－2 条规定的宪章可规定对公园核心区永久居民、以永久或季节性的方式在核心区从事农业、牧业或林业的自然人或法人,以及在国家公园设立之日起经批准在核心区从事职业活动的自然人的利益更为有利的规定，以便在与国家公园核心区保护目标相符的限度内保证上述主体的正常生存和享有权利。

第 L331－5 条

在国家公园核心区内，架设新电线或新电话网时，应对电网或电话网进行埋藏；对于电压低于 19000 伏特的电线，应住宅外观使用扭绞网络技术。

当强制性技术的必要性或者地形限制使得不可能进行埋藏，或者当埋藏的影响被认定为大于空中架线的影响时，可以通过负责能源或通信事务的部长以及负责环境事务的部长颁布的共同政令以特例的形式对此种限制作出例外规定。

第 L331－6 条

自相关行政机关根据第 L331－7 条规定的政令确定的条件决定设立国家公园之日起，计划在处于国家公园核心区内的空间进行的、将改变所涉地点状态或所涉空间外观的工程、建设和设施安装应当取得行政机关的许可；如果上述工程、建设和设施安装需要取得城市规划许可，则应当取得该机关的同意意见。

在《城市规划法典》第 L424－1 条规定的条件下和期限内，该机关可延迟对许可申请作出决定。

第 L331－6－1 条

公园核心区的范围可设置体现公用地役权的标志、界石和方位标。

第 L331－7 条

本章的适用方式由最高行政法院发表资政意见后颁布的政令规定。

第二节　整治与管理

第 L331－8 条

第 L331－2 条规定的最高行政法院发表资政意见后颁布的政令所设立的国家公园公署保证国家公园的管理和整治。

公署由管理委员会进行管理，管理委员会由国家代表、利益相关的地方政府和地方政府联合体代表、1 名该署工作人员的代表以及因为其在国家层面和机构活动领域内的地方层面的能力而被选中的成员组成。因其能力而被选中的成员特别包括环境保护协会的成员、所有权人的代表,居民和经营者代表以及职业人士和公用事业用户的代表。委员会成员的数目和制定方式由公署设立政令进行规定。

利益相关的大区或一般委员会主席或其代表,领土被包括在国家公园核心区内、面积大于该公园核心区总面积的10%的市镇的市长,以及国家公园公署科学委员会主席为管理委员会的法定成员。

代表利益相关的地方政府和地方政府联合体的管理人,包括法定成员在内,以及因其在地方层面的能力而被选中的成员,占管理委员会至少半数的席位。

在管理委员会内部选举1名主席。主席负责组织和主持审议工作,并对国家公园宪章进行跟踪和评价。在实施由管理委员会确定的传播、合作和国际关系政策的过程中,主席与署长共同代表公署。

1984年9月13日《关于公共职位和公共部门年龄限制的第84－834号法》第7条规定的年龄限制不适用于国家公园公署的在任主席,主席可继续担任职位直至任期结束。

在由行政委员会主席领导的均等选择委员会制定并提交该管理委员会审议的包含三个人选的名单的基础上,公署署长由负责自然保护事务的部长的条例任命。

承担领土公共职位的公务人员可由国家公园公署调配。

国家公园公署在准备作出决定时,可将其科学委员会的鉴定和在其经济、社会和文化委员会内部组织的辩论作为依据。

第L331－8－1条

所有国家公园公署均隶属于第L131－1条规定的法国生物多样性署。

第L331－9条

在公园核心区内,国家公园公署可以对实施工程提出要求,或命令采取措施以便对受到破坏的生态系统进行恢复或对自然环境的不利变化进行预测。相关土地或工程的所有权人或经营者不得反对上述工作,上述工作产生的相关费用也不由所有权人或经营者承担。

公署可参与研究计划、教育计划、接待计划和增加公众对环境的敏感性的计划,以完成其相关任务。

国家可让公署负责开展所有的,包括在国家公园范围之外的,与其法定任务相关的活动。

在《公共市场法典》规定的条件下，在自然空间保护和实现对自然、文化和景观遗产相关的整治的领域内，公署可向地方政府和地方政府联合体提供技术支持。

公署可以分配用于资助促进实施公园宪章的项目的补助金。

在各自的权限范围和国家和集体政策框架内，公署可与边境被保护空间的管理机构开展共同行动，并且必要时可以创设有助于履行其共同任务的管理工具。

负责保护自然事务的部长的事先授权下，公署可以与外国被保护空间管理机构签订国际友好协定。

第 L331 -9 -1 条

当新《森林法典》第 L211 -1 条和第 L211 -2 条涉及的森林、木材和土地被包括在国家公园内，国家公园公对其科学委员会面向国家森林资源办公室的任务负责。上述任务包括组织自然、文化和景观遗产名录的资料进行收集、处理和修复，特别是涉及森林整治的必要资料。

为实施第 L331 -9 条的规定，国家公园公署可在 1993 年 1 月 29 日《关于防止腐败和经济生活与公共程序透明度的第 93 -122 号法》第 41 条规定的条件下向国家森林资源办公室委派：

—与属于国家私人财产的或国家享有用益权的森林、木材和土地中的生态多样性保护和自然遗产管理有关的工程和设施的全部或部分，但不得影响国家森林资源办公室在实施森林制度和预防自然风险方面的固有权限；

—新《森林法典》第 L211 -1 条和第 L211 -2 条规定的主要与森林、木材和土地利益相关的公众接待、公众知情和公众敏感性的全部或部分相关活动。

本条的实施条件由协定具体规定。

第 L331 -10 条

在公园核心区内，国家公园公署署长行使赋予市长的下列职权：

(1)《地方政府总法典》第 L2213 -1 条到第 L2213 -6 条规定的、居民点以外的交通和停车的治安管理；

(2)《农村与海洋渔业法典》第 L161 -5 条规定的农村道路的治安管理；

(3)本法典第 L215 -12 条规定的水道的治安管理；

(4)第 L427 -4 条和第 L427 -7 条规定的非家养动物物种破坏的治安管理；

(5)《农村与海洋渔业法典》第 L211 -22 条规定的流浪狗和流浪猫的治安管理。

除紧急情况外，署长根据以上各项的规定采取的规制行为，应当在行为生效之日前至少8日通报给利益相关的市镇市长，以便征询该市长的意见。

如果《地方政府总法典》第L2213－6条和第L2215－5条分别规定的停车证或临时寄存证以及道路网许可证与公园核心区有关，只有在国家公园公署允许的情况下才可发放该等证件。

当公园核心区位于居民人数超过500000人的市镇的领土内时，出于对安全和流动人口整体管理因素的考虑，不得将交通、停车和道路网相关的职权赋予国家公园公署署长。

第L331－11条

国家公园的机构的财政来源包括国家，必要时也包括公共共同体的分担，并包括所有公共和私人补助金；如果存在特许权使用费，也包括特许权使用费。

第L331－13条

为了实现《城市规划法典》第L215－6条和第L215－8条规定的优先购买权，在《农村与海洋渔业法典》第L141－5条规定的条件下，国家公园公署可受益于土地整治和有权农村机构的协会的技术协助。

国家公园公署可免费担任国家和地方政府公共财产或私有财产的附属不动产或属于国家和地方政府公共机构的不动产的受托人。

国家公园公署取代国家和地方政府管理其所受托的不动产。国家公园公署通过任何与该不动产相关的协议，为国家公园公署的利益收取该不动产的所有受益，并支付与该不动产相关的无论何种性质的费用。上述规定适用于以捐赠的名义交付国家公园公署的公有不动产。

第三节　特别规定

第一分节　国家公园海洋空间的特别规定

第L331－14条

1. 在国家公园核心区包含的海洋空间内，除公园公署的特别许可外，禁止工程和设施安装，但铺设海底电缆和装置国防的必需品所必要的施工除外。

2. 在遵守欧盟法和国际法的前提下，国家公园公署可向有权行政机关提议让国家公园核心区内的渔业、海上交通和海洋公共财产管理适用特别制度。

为了保护公园核心区包含的海洋环境，在必要的限度内，第 L331－2 条规定的最高行政法院发表资政意见后颁布的政令可以将根据《地方政府总法典》第 L2213－23 条的规定赋予市长的航海活动治安职权赋予国家公园公署行使。

除紧急情况外，署长为适用前段而实施的规制行为应在行为生效前至少 8 日提交利益相关市镇的市长，以便征询该市长的意见。

3. 当一项活动可能明显改变国家公园核心区所包含的海洋环境时，只有在国家公园公署咨询其科学委员会后发表强制性意见后，才可发放活动所须许可。该程序不适用于响应国防、公共秩序、海洋安全和污染防治的需要而进行的活动。

第二分节　海外省的特别规定

第 L331－15 条

1. 当国家公园核心区占据省总面积的四分之一以上时，可特别就以下事项发放第 L331－4 条规定的特别许可：

(1) 供水和供地热能所必要的建设和安装，以及用于旅游用途的轻度安装或建设；

(2) 当技术或地形限制使其他位置从技术上或财务上不可行时，在第 L331－7 条规定的政令明确规定的条件下，具有公益的活动、工程、建设和设施安装。

2. 国家公园宪章应当与大区整治纲要相符。但是，当大区整治纲要在宪章被批准前被修订时，宪章应将修正草案的内容考虑在内。应当在宪章批准之日起 3 年内，使宪章与纲要相符。本款的适用方式由最高行政法院发表资政意见后颁布的政令规定。

在宪章批准、上一次修正或最新的不修正决定作出之日的 12 年内，或者在大区委员会提出使宪章与修正后的大区整治纲要相符的请求的情况下，国家公园公署管理委员会应分析先前宪章的适用结果并审议修正的时机。宪章的修正与制定适用同样的规则。

在森林整治文件制定或修正的过程中，当其适用于新《森林法典》第 L211－1 条和第 L211－2 条规定的、由超过 60% 的森林、木材和土地组成的公园核心区空间时，该文件应提交国家公园公署并征询其意见。

3. 除国家公园宪章作出相反规定以外，须遵守以下规定：

(1)第 L331－3 条规定的文件相符义务仅限于宪章规定的国家公园核心区保护目标；

(2)第 L331－4 条第 2 款规定的工程或整治须向国家公园公署征询意见的义务，由简单意见代替。

4. 国家公园公署可负责实施任何与其法定职务相关的行动，包括在国家公园以外的区域内、由地方政府采取的行动。

第三分节　圭亚那的亚马逊河公园

第 L331－15－1 条

除有例外规定，与国家公园相关的一般规定以及海外省的特别规定适用于圭亚那的亚马逊河公园。

第 L331－15－2 条

在国家公园的一个或多个核心区内，禁止除正常维护工程和对具有公益的设备的重大维修以外的工程，公园公署听取其科学委员会和地方生命委员会的意见或者听取经授权的科学委员会和地方生命委员会的主席的意见后发放的特别许可除外。

当技术或地形限制使得在其他区域内进行从技术上或财务上不可行时，在第 L331－7 条规定的政令明确规定的条件下，可特别向旅游用途的轻度安装或建设以及具有公益的活动、工程、建设或安装发放该特别许可。

第 L331－15－3 条

在不影响事先保护公园核心区的目标并特别考虑圭亚那的特点的情况下，第 L331－4－1 条规定的规章和宪章可为了下述组织和人士的利益作出更为有利的规定：

(1)传统上从森林获取生存手段的居民共同体，承认其从事狩猎、渔业和其他其生存所必要活动的集体使用权；

(2)一个或多个公园核心区内的永久居民；

(3)居住于公园内并以永久的方式在一个或多个公园核心区内从事农业、牧业或林业活动的自然人或法人，或者居住于公园内并偶尔在该空间内获取基本生存的自然人或法人。

第 L331 –15 –4 条

圭亚那议会主席或其代表、市镇市长、相关市镇联合体主席以及公园公署科学委员会主席为国家公园公署管理委员会成员。

习惯当局应有代表作为该委员会成员。

国家公园公署在准备作出决定时,可将其科学委员会的鉴定和其生命委员会内部组织的辩论作为依据。

第 L331 –15 –5 条

国家公园公署的宗旨是保护、管理、开发和保证圭亚那生物多样性在国内和国际的影响,在考虑传统上从森林获取生存手段的居民的传统生活方式的情况下,促进居民共同体的发展,并参与实现与改善国家公园宪章所规定的可持续发展项目框架内的社会、经济和文化秩序。

第 L331 –15 –7 条

可将市镇领土一部分归类为第 L331 –2 条规定的空间之一,另一部分归类为大区自然公园。

第四节 全面保护区

第 L331 –16 条

可在国家公园核心区内设立被称为“全面保护区”的区域,以便为了科学的目的确保对特定动植物要素的更大程度的保护。

组成该区域的政令可规定特别约束条件。

建立全面保护区应考虑人类的占有及其特点。

第五节 赔 偿 金

第 L331 –17 条

对于最终欠利益相关方且在最高行政法院发表资政意见后颁布的政令所规定的条件下,由国家公园公署或国家承担的赔偿金而言,与该赔偿金相关的争议的处理方式与为公益目的的征用相同。

第六节 国家公园跨部委员会

此节无正文。

第七节 刑事规定

第一分节 违法行为的认定与起诉

第 L331－18 条

1. 第 L172－1 条规定的环境督察员查证和认定：

(1)违反保护国家公园核心区和全面保护区的规定的行为；

(2)本法典、《森林法典》和《刑法典》所规定的，国家公园内和国家公园设立政令划定范围并可构成国家公园一部分的市镇领土上实施的与动植物保护、自然保护区、景点、森林、狩猎、淡水渔业、空气、肥料、水资源、广告、自然空间内的车辆交通以及进入和维护由海岸带与湖岸带研究院规制的空间有关的违法行为；

(3)《遗产法典》第 L544－1 条至第 L544－4 条以及第 L641－1 条至第 L641－4 条规定的、在国家公园核心区内实施的文物发掘、探测和不动产保护领域的违法行为。

2. 公务人员在物品运输地点跟踪被搬走的物品，并将其置于自身保管下。

3. 只有在司法治安警官在场的情况下，公务人员才可进入住房、车间、建筑物以及相邻和封闭的庭院等地点。治安警官不得拒绝陪同公务人员进入上述地点，且治安警官应在协助的活动笔录上签字。

第 L331－19 条

1. 对国家公园进行管理的、第 L172－1 条规定的环境督察员有权在国家公园的海洋区域内以及委托上述公园负责机构进行管理的自然保护区内对违反有关该区域保护规章的行为进行认定。

2. 环境监督员有权在该海洋区域内查证和认定：

(1)《交通法典》第 L5242－1 条和第 L5242－2 条规定的违反水资源和锚地治安的行为；

(2)本法典第 L218 – 11 条至第 L218 – 19 条及第 L218 – 73 条规定的违反排放治安的行为；

(3)《交通法典》第 L5336 – 15 条和第 L5336 – 16 条规定的违反海洋信号设备治安的行为；

(4)《遗产法典》第 L544 – 5 条至第 L544 – 7 条规定的违反海洋文化财产治安的行为；

(5)《农村与海洋渔业法典》第九卷规定和制止的违法行为。

3. 作为负责渔业治安的公务人员，环境监督员为了实施检查而具有《农村与海洋渔业法典》第 L942 – 5 条、第 L942 – 6 条和第 L943 – 1 条规定的特权。

第 L331 – 19 – 1 条

在不影响受到的刑事处罚的情况下，对国家公园范围内的公共财产的完整性和保护的破坏行为，或者因其性质而破坏财产的用途的行为，构成通过行政途径被认定、制止和起诉的大道路违章行为。

在不影响司法治安警官和警员以及其他获得特别授权的公务人员的职权的情况下，由第 L331 – 19 条规定的公务人员认定上述违法行为。

被判决承担刑事责任的人应当弥补损害，并承受对五级违法行为和累犯情形所规定的罚金。国家公园公署为停止被认定的违法行为对公共财产的侵害而可能采取的临时紧急措施的费用，由被判决承担刑事责任的人承担。

在《行政诉讼法典》规定的条件下并遵循其规定的程序，公署署长向行政法院提起诉讼。

第 L331 – 20 条

被授权认定森林、狩猎和渔业违法行为的公务人员有资质认定为保护国家公园而规定的特别违法行为。

第 L331 – 24 条

1. 如果第 L172 – 1 条规定的公务人员提出要求，在国家公园的核心区或全面保护区内或者来自上述区域的人应打开其包、小猎袋或装猎物的口袋(以便接受检查)。

2. (已废除)。

第 L331 – 25 条

针对第 L331 – 18 条和第 L331 – 19 条规定的违法行言，第 L173 – 12 条规定的行政机关为国家公园公署的领导。

第二分节　刑事处罚

第 L331－26 条

违反第 L331－4 条、第 L331－4－1 条、第 L331－5 条、第 L331－6 条、第 L331－14 条、第 L331－15 条和第 L331－16 条的规定，同时在国家公园核心区内或者在可以成为国家公园核心区的空间内进行被禁止的或未获得许可的工程、建设或设施安装，或无视获得许可所附加的限制性规定的，或同时在公园核心区从事被禁止的活动或无视规制被禁止活动的规章的，将被处以 2 年监禁和 75000 欧元罚金。

上述违法行为未遂，将被处以同等刑罚。

第 L331－27 条

土地或工程的所有权人或经营者反对反对采取国家公园公署按照第 L331－9 条规定或要求的恢复生态系统的措施或工程的行为，将被处以 2 年监禁和 75000 欧元罚金。

第 L331－28 条

在自然人或法人违反第 L331－4 条、第 L331－4－1 条、第 L331－5 条、第 L331－6 条、第 L331－14 条、第 L331－15 条和第 L331－16 条的规定的情况下，应适用《城市规划法典》第 L480－2 条、第 L480－3 条以及第 L480－5 条至第 L480－9 条的规定，但对以下规定予以保留：

（1）在《城市规划法典》第 L480－2 条第 1 款规定的情况下，公共事务部只有在对市长、拥有权限的公务员或国家公园公署进行调查才可采取行动；

（2）当法院适用《城市规划法典》第 L480－5 条的规定时，法院在其意见中就该区域与国家公园公署提出的限制性规定的一致性，或就恢复该区域先前的状态作出决定。

第八节　法国国家公园

此节无正文。

第二章　自然保护区

第一节　分类自然保护区

第一分节　设　　立

第 L332 -1 条

1. 当保护动物、植物、土壤、水、矿物化石矿层以及总体自然环境特别重要，或者应当避免任何可能损害上述要素的人为干预时，可将市镇的陆地或海洋领土的一部分划分为自然保护区。

2. 以此名义，考虑采取下列行动：

（1）保护在国家领土的全部或部分区域的濒临灭绝或有重大价值的动物或植物物种以及栖息地；

（2）恢复动物、植物的种群或其栖息地；

（3）保护构成濒临灭绝的、罕见的或者重要的植物物种保护区的植物园和林园；

（4）保护重要的群落生境和地质学、地貌学或洞穴学构造；

（5）保护或建立野生动物迁徙的主要路线上的驿站；

（6）研究人类认知发展不可或缺的科学或技术；

（7）保护对生命活动和基本人类活动的研究呈现特别利益的遗迹。

3. 根据 1982 年 12 月 10 日在蒙特哥湾签署的《联合国海洋权利公约》，特别是其第五部分、第六部分和第十二部分，分类可扩展到国家管辖权内的水以及对大陆架而言的海底及其底土。

4. 法国自然保护区署保证在本土和海外的自然保护区的建立、网络化和技术协调。法国自然保护区署在国家层面保证在公共权力中代表自然保护区。法国自然保护区署可集结第 L332－8 条规定的自然保护区管理人。

第 L332－2 条

1. 国家自然保护区分类的目的在于保护具有国家利益的自然环境要素，实施欧盟规章或者国际条约规定的义务。

2. 保护区设立方案应根据第一卷第二编第三章进行公众调查，通报所有利益相关的地方行政区并征询其意见，并在山区内提交群山委员会发表意见，在海洋区内提交海岸带或海外的海事委员会发表意见。

3. 分类的方案在经相关所有权人全体同意后，以政令决定保护区范围或预备颁布的规章进行发布。在未能取得相关所有权人全体同意的情况下，由最高行政法院发表资政意见后颁布的政令宣布分类。

第 L332－2－1 条

1. 大区议会可主动或者经相关所有权人申请，将表现出对动物、植物、地质学、古生物学遗产利益或总体自然环境保护利益的空间或财产划分为大区自然保护区。

2. 设立保护区的方案：

（1）在预先通过两份大区出版物中的公告通知公众后，通过电子途径在大区网站上公布上述方案，并附上介绍资料，允许公众在至少 3 个月内形成意见；

（2）将保护区设立方案通报大区内国家代表、大区自然遗产科学委员会、所有利益相关的地方行政区以及山区的群山委员会和海洋区的海岸带与海外海事委员会发表意见。

最迟在方案提交相关所有权人征得同意之日起，应通过电子途径在大区网站上公布公众协商及其后收到的意见总结，以及对由此对方案进行的重大改变的陈述或者继续原方案的原因，公告期至少为 3 个月。

3. 由第 2 款规定的程序产生的包含保护区范围和预备颁布的规章的设立方案，应提交相关所有权人并征得其同意。

当国家为所有权人时，应由具有土地分配职权的部长表示同意。作为所有权人的省或市镇的同意由其审议会议作出，公署的同意由其管理委员会或监督委员会作出。

当海洋公共财产的全部或部分设立了自然保护区时，由具有权限的省长表示同意。

4. 在取得全部相关所有权人同意后，由大区议会审议决定分类，审议的内容涉及保护区范围和适用的规章，必要时也涉及保护区管理方式和规章和分类期限遵守情况的监督方式。

5. 在未能取得全部相关所有权人同意的情况下，应根据第一卷第二编第三章的规定开展公众调查。

确定大区自然保护区范围和适用于大区自然保护区的规章的审议情况应向国家通报。最高行政法院发表资政意见后颁布的政令批准大区自然保护区分类，如果由于正当原因无法批准分类，应由大区议会重新对分类进行审议。

6. 大区自然保护区范围和适用于大区自然保护区的规章的修订，根据第2款至第5款规定的制定范围和规章的条件进行。

第 L332－2－2 条

1. 在科西嘉岛，由科西嘉领土行政区提议自然保护区分类。为保证实施欧盟规章或者国际公约规定的义务，国家代表也可要求科西嘉领土行政区进行自然保护区的分类。

2. 第 L332－2－1 条第2款至第6款规定的大区自然保护区的设立和修订程序适用于科西嘉领土行政区对自然保护区的设立和修订。

但是，关于扩展或修订国家在科西嘉岛的分类自然保护区规章，以及取消部分或全部分类，应在国家自然保护的规定下进行。

3. 当科西嘉领土行政区未能满足国家代表对于分类的要求时，应适用第 L332－2 条第2款和第3款规定的设立程序。

第 L332－2－3 条

本章的适用方式，特别是第 L332－2 条至第 L332－2－2 条的适用方式，由最高行政法院发表资政意见后颁布的政令规定。

第 L332－3 条

1. 对自然保护区进行分类的文件可适用特别制度；必要时，应禁止在保护区内进行任何可能影响动物和植物自然生长、地质学遗产以及改变该保护区性质的一般性活动。

可对狩猎、渔业、农业、林业、牧业、工业、商业、运动和旅游、公共或私人工程的实施、水资源利用以及人、车辆和动物的交通和停泊等活动进行特别管制或禁止。

只有在国家自然保护区内才可管制或禁止采矿活动、可转让或不可转让物质的提取以及飞越保护区。

2. 在现存的传统活动与第 L332－1 条规定的利益相符的限度内，分类文件应考虑延续现存传统活动的益处。

第 L332－4 条

由有权行政机关负责以土地广告相关法律法规规定的方式公布分类文件。这项公布不引起为国家利益的征税。

分类文件应报送市长。

分类文件应通知所有权人和物权人。

第 L332－5 条

如果分类所包含的限制性规定在性质上会改变地点的状态或先前用途并引起直接、实质性和确定的损害，所有权人、物权人或其继承人享有求偿权。

在此情况下，应在通知分类决定之日起 6 个月内提出赔偿请求。

在不能达成友好一致的情况下，由判决征用的法官确定赔偿金额。

第 L332－6 条

从有权行政机关通知利益相关的所有权人其有意设立自然保护区开始 15 个月内，（所有权人）不得对被设立区域的状态或者其外观进行任何改变，但获得有权行政机关发放特别许可，并对按照先前习惯进行的农村土地经营作出保留的情形除外。只要已经开始初期协商或公众调查，根据具体情况，大区议会主席的决定或者省级条例可将此期限延长一次。当行政委员会主席在科西嘉岛发出通知时，行政委员会的决定可在同样的条件下将该期限延长。

第 L332－7 条

分类的效果应附着于该领土之上，不因被分类领土的转让而改变。

让与、出租或特许分类为自然保护区的领土的人，应将分类的情况告知受让人、房屋承租人或特许权受让人。

让与自然保护区内的不动产，应当在 15 日内由出让人的公证人或者同意让与的人通知有权行政机关。

第 L332－8 条

当保护自然遗产属于公共机构的任务，或属于地方联合会、1901 年 7 月 1 日《有关结社契约的法》所规定的协会以及《地方民法典》第 21 条至第 79－Ⅲ条规制的阿尔萨斯和摩塞尔协会的任务时，自然保护区的管理可通过协议的方式委托给上述公共机构或公益联合体；当保护自然遗产作为联合会、协会和基金会的主要法定宗旨时，自然保护区的管理可通过协议委托给上述基金会、协会和基金会。

自然保护区的管理也可委托给被分类到自然保护区内的土地的所有权人、地方政府或者地方政府联合体。

当自然保护区包含海洋部分时，经自然保护区请求，根据《农村与海洋渔业法典》第L912－1条设立的海洋渔业和海洋饲养国家或大区委员会，或根据《农村与海洋渔业法典》第L912－6条设立的贝类养殖国家或大区委员会可接受委托管理或者参与管理自然保护区。

第二分节　改变自然保护区的状态或外观

第L332－9条

被分类为自然保护区的领土的状态或外观不可被消灭或改变。对大区自然保护区而言，获得大区议会的特别许可除外。对国家自然保护区而言，获得国家代表或负责自然保护事务的部长的特别许可除外。在科西嘉岛，当领土行政区作出分类决定时，由科西嘉议会作出上述例外许可。

许可的方式，特别是具有权限的组织事先协商的方式，由最高行政法院发表资政意见后颁布的政令规定。

但是，在需要进行为保护财产或人身安全所必要的紧急施工的情况下，可在通知有权机关后进行施工，但施工活动的进行不影响对该工程的后续规制。

第三分节　取消分类

第L332－10条

根据本法典第一卷第二编第三章的规定进行公众调查后，当涉及国家自然保护区时，由最高行政法院发表资政意见后颁布的政令宣布取消对被分类为自然保护区的全部或部分领土的分类；当涉及大区自然保护区时，由大区议会审议宣布取消对被分类为自然保护区的全部或部分领土的分类。

根据本法典第一卷第二编第三章的规定进行公众调查后，科西嘉议会可决定取消其被分类为自然保护区的全部或部分领土的分类，经国家代表请求分类为自然保护区的土地除外。

取消分类的决定,应采取第 L332－4 条规定的措施。

第二节　自愿自然保护区

第 L332－11 条

2002 年 2 月 27 日《关于临近地区的民主的第 2002－276 号法》生效之日得到认定的自愿自然保护区应被认定为大区自然保护区;在科西嘉岛,资源保护区应被认定为科西嘉领土行政区自然保护区。在任何情况下,自 2002 年 2 月 27 日《关于临近地区的民主的第 2002－276 号法》生效之日起 1 年内,相关所有权人可要求收回上述认定。

第三节　共同规定

第一分节　自然保护区的保护

第 L332－13 条

如果某项权利从性质上可能改变保护区的性质或改变区域的外观,则任何人不得在自然保护区内对该权利主张时效取得。

只有在国家代表同意或者在大区议会在作出分类决定时同意的情况下,才可通过协议在自然保护区内设定地役权。在科西嘉岛,当科西嘉议会作出分类决定时,同意设定地役权的决议由科西嘉议会作出。

第 L332－14 条

自然保护区内禁止广告。

第 L332－15 条

自然保护区领土内架设新电线或新电话网时,应当对电网或电话网进行埋藏;对于对电压低于 19000 伏特的电线,应当在住宅外观使用扭绞网络技术。

当强制性技术的必要性或者地形限制使不可能进行埋藏,或者当埋藏的影响被认定为大于空中架线的影响时,可以通过负责能源或通信事务的部长以及负责环境事务的部长颁布的共同政令以特例的形式对此种限制作出例外规定。

第二分节 保护范围

第 L332－16 条

对大区自然保护区周围的保护范围由大区议会设定；对国家自然保护区周围的保护范围由于国家代表设定。在科西嘉岛，当领土行政区作出分类决定时，自然保护区周围的保护范围由科西嘉议会设定。

保护区周围的保护范围应在根据本法典第一卷第二编第三章的规定进行公众调查后，或在市镇议会提议或同意后进行设定。

第 L332－17 条

在保护范围内限制性规定可适用特别制度，或禁止任何可能改变自然保护区性质或对自然保护区的状态或外观造成损害的行为。限制性规定涉及的行为包括第 L332－3 条列举的全部或部分行动。

第 L332－18 条

第 L332－7 条和第 L332－8 条的规定适用于保护范围的区域。

第三分节 其他规定

第 L332－19 条

根据 1930 年 5 月 2 日法律第 8(乙)条创设的自然保护区适用本章规定。

第 L332－19－1 条

科西嘉领土共同体作出分类决定时，第 L332－4 条、第 L332－6 条和第 L332－7 条规定的“有权行政机关”指行政委员会主席。

第四节 刑事规定

第一分节 违法行为的查证与起诉

第 L332－20 条

1. 自然保护区公务人员有权在其管理的自然保护区领土内及其保护范围内

查证和认定违反本章规定的行为。

上述公务人员由行政机关委任，并进行宣誓。

不具有公务员或公共公务人员资格的保护区公务人员在第 L172－7 条、第 L172－8 条、第 L172－12 条和第 L172－16 条规定的条件下开展行动，并认定无论发生在何地的违法行为，但他们不得进入住所和交通工具。

2. 除司法治安警官和警员、第 L172－1 条规定的环境督察员和自然保护区公务人员以外，以下人员有权在自然保护区领土内认定第 1 款规定的违法行为：

（1）海关人员；

（2）因森林事务方面的权限而被委任并为此宣誓的负责森林事务的国家行政部门公务人员；

（3）因森林事务方面的权限而被委任并为此宣誓的国家森林资源办公室公务人员；

（4）田野看护员；

（5）当保护措施涉及海洋公共财产或领水时，由《农村与海洋渔业法典》第 L942－1 条授权认定违反海洋渔业活动规定的行为的公务人员，以及负责海洋公共财产和领水治安的公务员。

第 L332－22 条

1. 在自然保护区的海洋区内，被分配管理该自然保护区的、第 L172－1 条规定的环境督察员以及自然保护区公务人员有权认定违反有关该区域保护规定的行为。

2. 上述人员也有权在该海洋区内查证：

（1）《交通法典》第 L5242－1 条和第 L5242－2 条规定的违反水资源和锚地治安的行为；

（2）本法典第 L218－11 条到第 L218－19 条及第 L218－73 条规定的违反排放治安的行为；

（3）《交通法典》第 L5336－15 条和第 L5336－16 条规定的违反海洋信号设备治安的行为；

（4）《遗产法典》第 L544－5 条到第 L544－7 条规定的违反海洋文化财产治安的行为；

（5）《农村与海洋渔业法典》第九卷及其实施细则规定和制止的违法行为。

3. 作为负责渔业治安的公务人员，环境监督员为了实施检查而具有《农村与海洋渔业法典》第 L942－5 条、第 L942－6 条和第 L943－1 条规定的特权。

第 L332－22－1 条

在不影响所受的刑事处罚的情况下，任何对自然保护区范围内包含的公共财产的完整性和保护的损害，或者依据其性质对损害该财产用途的损害，均构成被认定的大道路违章行为，并应通过行政途径予以制止和追究。

在不影响司法治安警官和警员以及其他特别授权的公务人员的权限的情况下，由第 L172－1 条和第 L332－20 条规定的公务人员认定上述违法行为。

被定罪的行为人应当对损害做出补救，并承担对第五类违法行为和重犯情形规定的罚金。自然保护区公务员为停止被认定的违法行为对公共财产的侵害而可能需要采取的临时紧急措施的费用，由行为人承担。

对国家自然保护区而言，省长有权在《行政诉讼法典》规定的条件下，按照其规定的程序向行政法院起诉；对大区自然保护区而言，大区议会主席具有该项权限；对科西嘉领土行政区的自然保护区而言，科西嘉行政议会主席具有该项权限。

第 L332－24 条

《刑事诉讼法典》第 529 条规定的违反自然保护区规定的行为，可能引起适用统包罚金程序。

第二分节　处　　罚

第 L332－25 条

以下行为将被处以 6 个月监禁和 9000 欧元罚金：

(1)不遵守第 L332－3 条规定的自然保护区规章的限制性规定或禁令，对动物和植物自然生长或地质学遗产造成了不可忽视的损害的行为；

(2)未取得第 L332－6 条规定的许可，改变尚待进行自然保护区分类的地点的状态或外观的行为；

(3)未取得第 L332－9 条规定的许可，消灭或改变被分类为自然保护区的领土的状态或外观的行为；

(4)不遵守第 L332－17 条规定的保护范围的限制性规定的行为。

第 L332－27 条

在违反第 L332－6 条、第 L332－9 条、第 L332－17 条和第 L332－18 条的规定或本法典第 L332－3 条规定的分类文件的限制性规定的情况下，《城市规划法典》第 L480－2 条、第 L480－3 条、第 L480－5 条至第 L480－9 条和本法典第 L341－19 条规定的处罚规定适用于自然保护区范围内，同时，由负责自然保护事务的部长代替负责城市规划事务的部长。

为适用《城市规划法典》第 L480－2 条第 1 款，只有在进行对市长、拥有权限的公务员或者依据本法典第 L141－1 条的经认可的环境保护协会的调查以后，公共事务部方可采取行动。

当适用《城市规划法典》第 L480－5 条时，法院就涉及国家自然保护、大区自然保护区或者科西嘉议会分类的自然保护区的区域与负责环境事务的部长、大区议会主席或者科西嘉行政议会主席明确提出的限制性规定的一致性，或就恢复该区域先前的状态作出决定。

第三章　大区自然公园

第 L333 –1 条

1. 可在自然和文化遗产以及景观呈现特别利益的领土内设立大区自然公园。

大区自然公园促进环境保护、领土整治、经济和社会发展以及公众教育和培训政策的实施。为此，大区自然公园可成为服务于农村领土可持续发展的地方创新试点区。建立大区自然公园属于公共共同体所实施的保护景观和自然文化遗产的行动中的优先项目。

2. 宪章建立大区自然公园规划。宪章包括以下内容：

（1）确定保护、开发和发展的方针以及实施方针的措施以及相应义务的报告，方针应特别包括第 L351 –1C 条规定的景观质量目标；

（2）以遗产名录为基础制定的，明确公园不同区域及其用途的规划；

（3）附件应特别包括公园整治和管理地方联合会的初始章程草案或修订后的章程草案。

3. 大区对大区自然公园进行分类或对已有分类进行更新，并经审议确定制定或修正宪章和研究范围。研究范围可包括陆地区域的相邻海洋空间以及属于《公法人财产总法典》第 L2111 –4 条规定的国家自然海洋公共财产的空间，但不包括属于海洋自然公园的空间。

在本条第 7 款规定的政令规定的期限内，审议成果应通报给国家，由国家对草案的时机，特别是对于领土遗产质量和研究范围的严密性发表意见，并说明理由。

在相应的情况下，大区通过审议确定修订后的研究范围并对修订的必要性进行说明，以便考虑国家发表的意见。

4. 大区制定宪章的草案，公园整治和管理地方联合会会同相关地方政府和财政独立的跨市镇合作性公共机构，联合国家并与利益相关的合作者、特别是商事裁判所进行审议并制定宪章草案的修订案。

根据第一卷第二编第三章的规定进行公众调查后，宪章草案由大区通报给相关的地方政府和财政独立的跨市镇合作性公共机构征得其同意。之后，在批准宪章的市镇应构成第 7 款规定的政令所确认的研究范围所包含的市镇的有效多数时，由大区批准宪章草案。大区批准分类或更新分类的范围，分类由研究范围内包含的、批准了宪章的市镇的领土组成；此外，在相应的情况下，大区提议研潜在分类的范围，潜在分类由研究范围内包含的、未批准宪章的市镇的领土组成，且应注意保证最终产生的整体范围一致性。

宪章草案的批准包括公园整治和管理地方联合会将提出的加入申请。

由大区自然公园分类或更新分类的政令通过宪章，政令的有效期限为 15 年，宪章的对象为大区批准的、包含在分类或更新的分类范围内的市镇领土。

在相应的情况下，该政令也批准大区提议的潜在分类范围。

领土的遗产质量、领土一致性、宪章草案的质量、地方政府和财政独立的跨市镇合作性公共机构落实好方案的决心以及公园整治和管理地方联合会用协调一致的方式引导草案的能力，均构成政令的基础。

在第 7 款规定的政令具体规定的条件下，经公园整治和管理地方联合会提议，在与相关市镇就通过宪章进行审议后，特别是考虑相关领土的遗产质量和地方政府和财政独立的跨市镇合作性公共机构落实好方案的决心后，可由大区内国家代表的条例对潜在分类范围内的市镇领土进行分类，其期限与大区自然公园现行分类的有效期相同。

5. 国家和批准宪章的地方政府以及财政独立的跨市镇合作性公共机构，在公园领土内履行职权的过程中，适用宪章的方针和措施。因此，上述机构应确保其用于履行职权的行动和方法保持一致，并定期对宪章进行评价并追踪领土的变化。适用国家—大区规划合同，国家和批准宪章的大区可与财政独立的跨市镇合作性公共机构签订合同。本法典第 L581 - 14 条规定的地方广告规章应当与宪章的方针和措施保持一致。在《城市规划法典》第 L131 - 1 条和第 L131 - 7 条规定的条件下，代替宪章的领土一致性纲要、部门纲要、地方城市规划方案及城市规划文件以及市镇地图应当与宪章相符。

但是，作为本第 5 款第 1 段的例外，当宪章在领土方面与《地方政府总法典》

第 L4251－1 条规定的大区整治、可持续发展和领土平等纲要不一致时，城市规划文件无须与宪章的方针和措施相符合。

6. 对于规划性、空间整治性和与气候、空气、能源、生态连续性、交通、交通基础设施、森林定位、采矿场、接触自然和户外运动、水资源和水环境管理、风险预防、狩猎管理、野生动物管理、旅游、海洋以及海岸带相关的自然资源管理性文件而言，在文件制定或修正的过程中，如果文件适用于某大区领土，则该等文件应提交该大区自然公园整治和管理地方联合会发表意见。

7. 本条的使用方式由最高行政法院发表资政意见后颁布的政令规定。该政令特别包括第 6 款相关文件的清单。

8. 如果 2016 年 8 月 8 日《关于恢复生物多样性、自然和景观的第 2016－1087 号法》公布之前，政令宣告大区自然公园的分类或分类更新，或者提出国家对草案时机的说明理由的意见，对上述大区自然公园而言，在第 7 款规定的政令规定的条件下，可以对在第 4 款第 2 段规定的程序中未批准宪章的市镇进行分类。大区内国家代表发表意见后，经公园整治和管理地方联合会提议，在与相关市镇就批准宪章进行审议后，特别是考虑到相关领土的遗产质量、与分类范围的一致性以及地方政府和财政独立的跨市镇合作性公共机构落实好方案的决心后，由政令宣告分类，但无须经过初始分类及其更新时所规定的公众调查或事先协商程序，其期限为大区自然公园现行分类的有效期相同。

第 L333－2 条

地处群山的大区自然公园的设立构成 1985 年 1 月 9 日《关于山区的第 85－30 号法》第 1 条所规定的服务于生态平衡和遗迹和景观保护的示范方法。该法第 7 条规定的大区公园在群山委员会中的代表，体现出在尊重山区特性的领土整治框架下大区公园与大区和地方政府的特有关系。

特别是在山地自然和文化遗产具有特色的空间、景观和环境的保护模式相关的问题上，大区公园在群山委员会中的代表使大区公园得以参与《城市规划法典》第 L122－26 条规定的特别限制性规定的制定。

大区自然公园整治和管理地方联合会在分类领土上，在公园宪章的框架内，考虑山地领土的特性，促使领土上的公共政策保持一致性。联合会促进加强领土的一体化，特别是城市和山地领土的一体化。

第 L333－3 条

1. 大区自然公园的整治和管理委托给《地方政府总法典》第五部分第七卷

第二编规定的地方联合会。

在公园领土内，公园整治和管理地方联合会在自然公园的领土内作为代表国家、地方政府和在生物多样性和景观领域内相关的财政独立的跨市镇合作性公共机构的享有特权的合作方。

公园整治和管理地方联合会在大区自然公园受到干预的领土上，在公园宪章规定的框架下，且在被分类市镇的领土上确保地方政府、相关的财政独立的跨市镇合作性公共机构和国家的义务保持一致，协调、特别是通过多年期财政计划对相关义务的实施进行协调，并评价其实施情况和跟踪领土的变化。在协调的框架内，联合会可提出领土一致性大纲达成协调的建议。

大区可委托公园整治和管理地方联合会启动全部或部分分类更新程序。

2.《地方政府总法典》第L5211－12条（其第1款除外）、第L5211－13条和第L5211－14条适用于代表地方政府或地方政府联合体的地方联合会委员会成员。

3. 主席和副主席高效履职的最高津贴由地方联合委员会表决通过，并通过发布政令确认。津贴的数额参照分类领土面积和公职的待遇总额，按照指数标度的最终毛指数进行计算。

津贴只适用于具有第2款规定的成员中指定的、具有地方民选代表资格的主席和副主席。

第L333－4条

法国大区自然公园联合会可代表全部大区自然公园。该联合会确保大区自然公园网络的建立和技术协调，发起大区自然公园行动，并在国家和国家层面代表大区自然公园。

大区公园联合会在大区自然公园分类或更新分类的程序的框架内，在政令规定的条件下接受咨询。

为实现大区自然公园整治和管理地方联合会职务，法国大区自然公园联合会为其提供顾问保障。

第四章　海洋保护区

第一节　海洋保护区

第 L334 –1 条

1.(已废除)。

2.(已废除)。

3.海洋保护区包括:

(1)第 L331 –1 条规定的包括部分海洋区域的国家公园;

(2)第 L332 –1 条规定的包括部分海洋区域的自然保护区;

(3)根据第 L411 –1 条的规定,包括部分海洋区域的群落生境的政令;

(4)第 L334 –3 条规定的海洋自然公园;

(5)第 L414 –1 条规定的包括部分海洋区域的 Natura 2000”的景观;

(6)海岸带与湖岸带研究院相关财产的海洋部分;

(7)《农村与海洋渔业法典》第 L924 –1 条规定的渔业保护区;

(8)本法典第 L333 –1 条规定的大区自然公园的海洋部分;

(9)第 L422 –27 条规定的包括部分海洋区域的狩猎与野生动物自然保护区。

第 L334 –2 –1 条

除司法治安警官和警员外,第 L172 –1 条规定的环境督察员有权在第 L334 –1 条第 3 款规定的海洋保护区内查证和认定:

(1)《交通法典》第 L5242 –1 条和第 L5242 –2 条规定的违反水资源和锚地治安的行为;

(2)本法典第 L218 –11 条到第 L218 –19 条及第 L218 –73 条规定的违反

排放治安的行为；

(3)《交通法典》第 L5336－15 条和第 L5336－16 条规定的违反海洋信号设备治安的行为；

(4)《遗产法典》第 L544－5 条到第 L544－7 条规定的违反海洋文化财产治安的行为；

(5)《农村与海洋渔业法典》第九卷及其实施细则规定和制止的违法行为。作为负责渔业治安的公务人员，环境监督员为了实施检查而具有《农村与海洋渔业法典》第 L942－5 条、第 L942－6 条和第 L943－1 条规定的特权。

(6)违反本卷第二编第二章的规定及其实施细则的行为；

(7)违反本卷第三编第二章的规定及其实施细则的行为；

(8)违反本卷第六编第二章的规定及其实施细则的行为；

(9)违反第四卷第一编的规定及其实施细则的行为。

第 L334－2－2 条

以下船舶上应安装配备避免与鲸类碰撞的位置分享装置：

(1)长度超过或等于 24 米且不参与安全或国防活动的国家船舶；

(2)长度超过或等于 24 米的载货船，第 L344－2－4 条规定的船舶除外；

(3)长度超过或等于 24 米的运客船，第 L344－2－4 条规定的船舶除外。

上述船舶在位于派拉格斯及阿戈阿的海洋保护区内的海洋哺乳动物禁猎区内航行时，应悬挂法国国旗。在行政法规规定的条件下，第(1)项、第(2)项或第(3)项规定的按时航行的船舶可免除上述义务。

第 L334－2－3 条

《交通法典》第 L5411－1 条和第 L5411－2 条规定的船东，经营本法典第 L334－2－2 条第(2)项或第(3)项规定的船舶但不在其上安装配备第 L334－2－2 条规定的装置的，将被处以 3 万欧元罚金。

第 L334－2－4 条

在用于从事包括观察海洋哺乳动物活动在内的商业出海航行的船舶上安装配备避免与鲸类碰撞的位置分享装置的，将被处以 3 万欧元罚金。

第 L334－2－5 条

除司法治安警官和警员以及本法典第 L172－1 条规定的环境督察员以外，《农村与海洋渔业法典》第 L942－1 条第 1 款第(1)项至第(5)项以及第 2 款规定的人士有权查证和认定本法典第L334－2－3条和第L334－2－4条规定的违法行为。

第二节　海洋自然公园

第L334－3条

在国家主权或管辖权内的水域以及属于海洋公共财产或大陆架的空间内，可以设立海洋自然公园，以促进对海洋遗产的认识、对海洋环境的保护和可持续发展。如果设立的海洋自然公园的一部分位于国家管辖权范围内的水域或大陆架内，应考虑1982年12月10日的《联合国海洋权利公约》，特别是其第五部分、第六部分和第十二部分的相关规定。

设立海洋自然公园的政令应在在根据本法典第一卷第二编第三章的规定开展公众调查后颁布。政令应划定公园的边界，确定管理委员会的人员组成和组织方式，并规定海洋自然公园的管理方针。管理委员会可按照海洋自然公园设立政令规定的方式授权其部分职权。

第L334－4条

1. 法国生物多样性署保障海洋保护区的管理。

2. 海洋自然公园成立其管理委员会。管理委员会由国家地方代表（作为少数）、利益相关的地方政府和地方政府联合体的代表，利益相关的大区自然公园的代表，相邻的海洋保护区管理机构的代表，有代表性的职业组织、用户组织和环境保护协会的代表以及合资格人士组成。

管理委员会就与公园利益相关的问题发表意见。管理委员会制定公园管理规划。如果地方政府希望管理委员会参与其项目，则管理委员会应制定向该项目提供技术支持的条件。管理委员会可获得法国生物多样性署管理委员会的授权。

第L334－5条

管理规划规定在海洋自然公园内实施的保护、认识、开发和可持续发展的措施。管理规划包含图表文件，指明公园不同区域及其用途。应至少每15年对管理规划进行一次修订。

法国生物多样性署可分配补助金，用于资助有助于实施管理规划的项目。

国家、地方政府和参与海洋自然公园管理的组织监督其各自的行动及行动方法与管理规划的方针和措施保持一致。

当一项活动可能以明显的方式改变海洋自然公园的海洋环境时，只有在法国生物多样性署或经其授权的管理委员会发表同意意见后，才可发放该活动所需要取得的许可。该程序不适用于响应国防、公共秩序、海洋安全和污染防治的需要而进行的活动。

第 L334 -7 条

在不影响所受的刑事处罚的情况下，任何损害海洋自然公园内的公共财产的完整性和保护的行为，或者性质上会损害该财产用途的行为，均构成被认定的大道路违章行为，并通过行政途径予以制止和追究。

在不影响司法治安警官和警员以及其他特别授权的公务人员的职权的情况下，由第 L172 -1 条和第 L334 -2 -1 条规定的公务人员认定上述违法行为。

被定罪的行为人应当对损害做出补救，并承担对第五类违法行为和重犯情形规定的罚金。管理委员会为停止被认定的违法行为对公共财产的侵害而可能需要采取的临时紧急措施的费用，由行为人承担。

法国生物多样性署的署长及经其授权的管理委员会代表，有权在《行政诉讼法典》规定的条件下并按照其规定的程序向行政法院提起诉讼。

第 L334 -8 条

本章的适用方式由最高行政法院发表资政意见后颁布的政令规定。

第五章　国家公园与大区自然公园的共同规定

第 L335－1 条

在相关农业经营者一致同意的情况下，国家公园和大区自然公园可以在其领土的全部或部分区域拒绝进行转基因生物培养，除非其宪章规定了此种可能性。

第六章　群落生境保护区与具有国际重要性的湿地

第 L336 -1 条

为适用联合国教育、科学和文化组织会议批准塞维利亚策略和采用群落生境保护区全球网络的法定框架的 1995 年 11 月 14 日《第 28C/2 -4 号决议》，地方政府、地方政府联合体、《地方政府总法典》第五部分第七卷意义上的地方联合会、协会和公园的行政性国家公署可设立群落生境保护区。

群落生境保护区促进实现本法典第 L110 -1 条第 2 款的意义上的可持续发展目标。

第 L336 -2 条

按照 1971 年 2 月 2 日在拉姆萨签订的《有关具有国际重要性、特别是作为水鸟栖息地的湿地区域公约》第 2 条，可以提议将从生态学、植物学、动物学、湖沼学或水利学的观点来看对其进行保护具有国际利益的湿地环境加入具有国际重要性的湿地区域的名单中，并以有利于保护和理性利用的方式对其进行管理。

第四编　遗　迹

全一章　被登记和分类的遗迹

第一节　清单与分类

第 L341－1 条

各省都以从艺术、历史、科学、传奇或景观的角度体现公益的视角，建立自然纪念地和遗迹的清单。

按照第一卷第二编第三章进行公众调查后，由负责遗迹保护的部长政令宣布在清单中进行登记。在科西嘉岛，则由科西嘉议会在征询国家代表的意见后作出在清单中进行登记的决议。

在政令公布的清单所在地区边界的区域内，利益相关人有义务不进行除农村土地日常经营和继续建设以外的施工活动。利益相关人在登记入清单前 4 个月将其意图通知行政机关的情形除外。

第 L341－1－1 条

第 L341－1 条规定的公用地役权不适用于以历史纪念地的名义被分类或登记的不动产，也不适用于以其周围的名义被保护或者位于《遗产法典》第六卷规定的显著遗产遗迹内的不动产。

第 L341－1－2 条

1. 2026 年 1 月 1 日前，以下措施适用于自然纪念地或在 2016 年 8 月 8 日《关于恢复生物多样性、自然和景观的第 2016－1087 号法》公布前登记的遗迹：

（1）当纪念地或遗迹所呈现特点证明有必要实施该措施时，按照本法典第 L341－2 条规定的分类措施或者以《遗产法典》的名义实施的保护措施；

(2)如果纪念地或遗迹处于不可逆受损状态,或由本法典或《遗产法典》规定的至少为同等级的另一保护措施包括了适用于纪念地或遗迹的保护措施时,根据本法典第L120－1条第2款到第4款规定的方式,负责遗迹保护的部长在与遗迹、景色与景观高级委员会以及遗迹、景色与景观省级委员会协商并向公众公示后,应颁布终止登记的政令;

(3)通过负责遗迹保护的部长的政令将纪念地或遗迹保留在第L341－1条第1款规定的清单上;在科西嘉岛,则通过科西嘉议会在征询国家代表意见的基础上作出将遗迹保留在清单上的决议。

2. 在本条第1款规定的变更情形未出现时,自然纪念地或遗迹在第L341－1条第1款规定的清单上的登记持续有效。

第L341－2条

无论其是否登记在省级委员会建立的清单上,可在本节规定的条件和区分之下对自然纪念地和遗迹进行分类。

分类申请直接提交至遗迹、景色与景观高级委员会。委员会将申请传达到省级委员会以供其审查以及如果可行,进一步提出分类建议。在紧急情况下,负责遗迹保护的部长应确定省级委员会发表意见的期限。如果省级委员会未能在在此期限内发表意见,则部长应咨询高级委员会,并继续申请的后续程序。

第L341－3条

分类计划提交应根据第一卷第二编第三章规定开展公众调查。

第L341－4条

在负责遗迹保护的部长与职权涉及自然纪念地或遗迹的部长以及负责财产的部长达成一致的情况下,由负责遗迹保护的部长发布条例,对国家的公共或私有财产内包含的自然纪念地或遗迹进行分类。

对可以产生永久功率为50千瓦电能的湖或水道进行分类时,应执行前款的规定。

在相反的情况下,由最高行政法院发表资政意见后颁布的政令进行分类。

第L341－5条

经作为所有权人的公法人同意,由负责遗迹保护的部长发布政令,对省、市镇或者属于公共机构的公共或私有财产内包含的自然纪念地或遗迹进行分类。

若作为所有权人的公法人未同意,应由最高行政法院征询遗迹、景色与景观高级委员会意见后，通过发布发表资政意见后颁布的政令进行分类。

第 L341－6 条

除第 L341－4 条和第 L341－5 条列举的所有权人外，其他所有权人所有的自然纪念地或遗迹，可由负责遗迹保护的部长在去的所有权人同意的前提下，发布政令进行分类。政令应确定分类的条件。

在未获得所有权人同意的情况下，由最高行政法院在征询遗迹、景色与景观高级委员会的意见后，通过发布发表资政意见后颁布的政令进行分类。如果分类引起地点的状态或用途的改变并进而造成直接、实质和确定的损害，所有权人有获得补偿的权利。

按照分类决定的特别限制性规定，所有权人应自其被催告改变地点的状态或用途时起 6 个月内提出补偿申请。在不能达成友好一致协议的情况下，由判决征用的法官确定赔偿金。

在相应的情况下，如果政府无意继续先前的分类，则可以在不晚于通知司法决定起 3 个月内的任何时间废止分类政令。

只有在征询了利益相关的部长的意见后，才可宣告对可以产生永久功率为至少 50 千瓦的电能的湖或水道的分类。利益相关的部长的意见应当在 3 个月内发表，期限届满时仍未发表意见则可不再考虑其意见。

经利益相关的部长的同意，可由负责遗迹保护的部长发布政令进行分类。如未获得利益相关的部长的同意，由最高行政法院发表资政意见后颁布的政令进行分类。

第 L341－7 条

除特别许可外，在同时对农村土地日常经营和正常继续建设予以保留的情况下，自负责遗迹保护的行政机关通知自然纪念地或遗迹的所有权人其希望继续分类的意图之日起，在 12 个月内不得对地点的状态或其外观进行任何改变。

如果所有权人的身份或住所无从认定，应由市长保证张贴告示，即视为通知有效；在相应的情况下，通知地点的占有人也视为有效。

第 L341－8 条

任何宣告分类的条例或政令在负责遗迹保护的行政机关的监督下应公示在不动产文件中。

该公示不会引起为国库利益的任何征收行为，并以有关土地广告的法律法规规定的形式和方式进行。

第 L341－9 条

无论被分类的自然纪念地或遗迹经手几次，分类的法律效果将伴随该等纪念地或遗迹。

所有权人让与被分类自然纪念地或遗迹时应当将分类情况告知购买人。

第 L341－10 条

除特别许可外，被分类的自然纪念地或遗迹的状态或其外观不可被消灭或改变。

当预备改变以历史纪念地的名义被分类或登记的不动产时，如果负责遗迹保护的行政机关表示同意，《遗产法典》第 L621－9 条和第 L621－27 条规定的许可相当于本条第 1 款规定的名义上的特别许可。

当预备改变背靠被分类的不动产的不动产或者位于以历史纪念地的名义被分类或登记的建筑物可见范围内的不动产时，如果法国建筑业遗产建筑师同意，本条第 1 款规定的特别许可相当于《遗产法典》第 L621－31 条和第 L621－32 条规定的名义上的许可。

当预备进行的改变包括按照本法典第 L123－2 条需要进行公众调查的施工、工程或整治时，本条第 1 款规定的特别许可在完成公众调查后发放。

第 L341－11 条

以本章的名义被分类的遗迹的区域内，在架设新电线或新电话网时，应埋藏电网或电话网，或者对于对电压低于 19000 伏的电线，应在住宅外面使用扭绞网络技术。

当强制性技术要求或地形限制使不可能进行埋藏时，或者当埋藏的影响被认定为大于空中架线的影响时，可以通过负责能源或通信事务的部长以及负责环境事务的部长颁布的共同政令以特例的名义对此种限制作出例外规定。

第 L341－13 条

最高行政法院在征询遗迹高级委员会的意见后发表资政意见后颁布的政令宣布取消被分类的纪念地或遗迹的全部或部分分类。取消分类应在与分类同样的条件下通知利益相关方，并在不动产文件中予以公布。

经最高行政法院发表同意，取消分类的政令应确定是否需要归还第 L341－6 条规定的补偿。

取消分类的计划应在完成本法典第一卷第二编第三章规定的公众调查后提交。

作为本条第3款的例外，当保护对象全部消失进而有必要取消分类时，在实施第L120-1条及其后条款的规定后，由负责遗迹保护的部长发布政令宣告取消分类。

第L341-14条

只有在负责遗迹保护的部长被要求发表其意见后，才可将被分类或被建议进行此种分类的自然纪念地或遗迹包括在以公益征用为目的的调查中。

任何人不得在被分类自然纪念地或遗迹上通过时效取得性质上可以改变纪念地或遗迹性质或所在地外观的权利。

只有在负责遗迹保护的部长允许的情况下，才可通过协议在被分类自然纪念地或遗迹上创设地役权。

第L341-15条

应对被分类遗迹和自然纪念地的清单进行更新。每年第一季度期间，官方公报公布在前一年被分类或被保护的自然纪念地和遗迹的目录。

第L341-15-1条

负责遗迹保护的部长可授予有较高知名度和较大人流量的被分类遗迹以“法国重大遗迹”的标签。标签需附着于一个以响应可持续发展原则为目的的实施遗迹保护、管理和开发的项目。

如果包含分类遗迹的其他市镇参与该项目，标签所涉及的区域范围可以包括该市镇。

经地方政府、公共机构、地方联合会或相关地方政府联合组成的管理组织提出申请，该标签可授予上述机构和组织。授予决定应明确标签的期限。

第二节 组 织

第L341-16条

各省内设立在自然、景观和遗迹领域拥有职权的省委员会。

该委员会由省内国家代表领导。当委员会在《城市规划法典》第L111-9条、第L121-10条、第L121-12条、第L121-27条、第L121-29条、第L121-39条、第L121-41条、第L122-7条、第L122-11条、第L122-14条和第L122-21条规定的情况下开展干预行动时，委员会由包括国家代表、地方政府和跨市镇合作性公共机构的被选举代表和自然或遗迹保护或生活环境的科学领域的合资格人士在内的人组成。

在科西嘉岛，属于遗迹、景色与景观高级委员会的职权由《地方政府总法典》第L4421－4条规定的科西嘉遗迹委员会行使。

第L341－17条

负责遗迹保护的部长下设遗迹、景色与景观高级委员会。

该委员会由负责遗迹保护的部长领导，由相关部长的代表、议会两院分别指定的众议员和参议员、地方政府的民选代表以及由负责遗迹保护的部长指定的景观、遗迹保护、生活环境和自然科学领域的合资格人士组成。

第L341－18条

本章的适用条件，特别是第L341－16条和第L341－17条规定的委员会的人员组成、任命和运行方式，由最高行政法院发表资政意见后颁布的政令具体规定。

第三节　刑 事 规 定

第L341－19条

1. 以下行为将被处以6个月监禁和3万欧元罚金：

(1)在第L341－1条末款规定的条件下，在被登记的自然纪念地或遗迹上施工但未通知行政机关的行为；

(2)在第L341－9条规定的条件下，让与被分类的自然纪念地或遗迹时未将分类的存在告知购买人的行为；

(3)在第L341－14条规定的条件下，在未去的行政机关许可的情况下在被分类的自然纪念地或遗迹上创设地役权的行为。

2. 在不了解第L341－7条和第L341－10条规定的许可的限制性规定的情况下，改变待分类或已分类的自然纪念地或遗迹的状态或外观的行为，将被处以1年监禁和15万欧元罚金。

3. 以下行为将被处以2年监禁和30万欧元罚金：

(1)在未取得第L341－7条规定的许可的情况下，改变待分类的自然纪念地或遗迹的状态或外观的行为；

(2)在未取得第L341－10条规定的许可的情况下,损毁被分类的自然纪念地或遗迹或改变其状态或外观的行为;

(3)不符合依据1930年5月2日《以重组对艺术、历史、科学、传说或景色性质的自然纪念地和遗迹的保护为宗旨并按照〈遗产法典〉第L642－9条的规定持续生效的法》第19条颁布的保护区设立政令所规定的限制性规定的行为。

第L341－20条

除司法治安警官、警员和第L172－1条规定的环境督察员以外,还有以下人员被授权查证本编规定的违法行为:

(1)因其在森林事务上的权限而被委任并为此宣誓的负责森林事务的国家行政部门公务人员;

(2)因其对森林事务的权限而被委任并为此宣誓的国家森林资源办公室公务人员;

(3)第L322－10－1条规定的、在该条规定的条件下采取行动的海岸带看管人;

(4)第L332－20条规定的、在该条规定的条件下采取行动的自然保护区公务人员。

第L341－22条

本章规定适用于1930年5月21日前按照1906年4月21日《组织对艺术性质的遗迹和自然纪念地进行保护的法》的规定被分类的自然纪念地和遗迹。

第五编　景　观

第 L350 －1A 条

景观指性质来自自然或人工要素、可被人群感知的且相互关系作用十分活跃的领土的一部分。

第 L350 －1B 条

景观地图册为一份认知文件,旨在识别、描绘和区分省级领土的景观,并考虑改变景观的活力、饲养员等社会经济参与方造就和维护景观所扮演的角色,以及社会经济参与方和相关人群赋予景观的特殊价值。由国家和地方政府共同在每一省制作一份地图册。应定期对地图册进行修订,以了解景观的变化。

第 L350 －1C 条

《城市规划法典》第 L141 －4 条和本法典第 L333 －1 条规定的景观质量目标明确了保护景观结构、伴随景观结构改变或产生景观结构转变的方针,以保证国家层面的景观质量和多样性。

第 L333 －1 条规定的景观质量目标也包括第 L583 －1 条规定的预防光危害。

第 L350 －1 条

1. 在相关地方政府协商后确认的、景观利益显著的区域内,当区域不受按照《城市规划法典》第 L172 －1 条颁布的领土整治指令规制时,国家可颁布保护和景观进行开发利用指令。

2. 上述指令应确定适用于该区域内的景观结构保护的基本方针和原则。指令由国家或地方政府自主制定。指令应由利益相关的地方政府的整体,依据第 L141 －1 条经认可的环境保护协会和相关职业组织进行审议。指令向公众公示后,由最高行政法院发表资政意见后颁布的政令批准。

3. 在《城市规划法典》第 L131 －1 条和第 L131 －7 条规定的条件下,领土一致性纲要、产业纲要和地方城市规划方案或者任何代替该等文件的城市规划文件应当与保护指令和景观开发利用相符合。

4. 在以下情况下，指令作出的相关规定可对抗土壤开垦、占有和利用的许可申请：

(1) 当没有可对抗第三人的地方城市规划方案或者任何代替该文件的城市规划文件时；

(2) 在《城市规划法典》第 L131 –7 条规定的条件下，当地方城市规划方案或者任何代替该文件的城市规划文件不符合指令规定时。

5. 本条的适用条件由最高行政法院发表资政意见后颁布的政令具体规定。

第 L350 –3 条

交通道路两侧的林荫道和由树木构成的路边线，在其生物多样性保护的角色外也构成文化遗产和审美来源，并因此应得到特别保护。林荫道和路边线的保护要求进行保养，即对林荫道和路边线进行维护、更换和特别开发利用。

禁止砍伐、损坏数目，禁止危害林荫道和路边线的一棵或多棵树木的保养或者彻底改变林荫道和路边线的一棵或多棵树木的外观，除非树木的卫生或机械状况对人身和财产安全造成危险，或对其他树木的卫生造成危险，或美学价值难以持续，上述例外情形的成立还要求可以通过其他措施对生物多样性加以保护。

为建设项目的需要，有权行政机关可允许作出例外规定。

砍伐、损害树木，危害林荫道和路边线的一颗或多棵树木的保养或者彻底改变林荫道和路边线的一棵或多棵树木的外观，包括具有许可或例外规定的情况，应当适用地方补偿措施，该补偿措施包括两部分：自然补偿植树和用以保证后续维护的财务补偿。

第六编 接触自然

第一章 远足路线

第 L361－1 条

各省在征询利益相关的市镇的意见后建立省级散步与远足路线规划。

规划路线可取道现有的公共道路、属于省的私人财产的道路以及为保证行人在《城市规划法典》第 L121－31 条规定的海洋公共区域沿岸财产上通行的地役权所征用的土地。规划路线可取道《公法人财产总法典》第 L2131－2 条规定的踏板地役权所征用的土地，也可在相关市镇审议后取道农村道路，并在与利益相关的所有权人签订协议后取道属于国家、其他公法人或私法人的道路或小径。该协议可规定由省负担的维护和信号设置费用。

如果让与可能对省级散步与远足路线规划中的某一路线造成中断的农村道路，则该让与应当包含对路线的维护，或者通过替代路线恢复路线的连续性，否则让与无效。任何土地整治公共活动也应当遵守有关维护和路线连续性（的要求）。

在遵守治安法律法规和沿岸权利的情况下，行人可自由地在省级散步与远足路线规划中的道路和小路上通行，或者对于属于私人道路的道路和小路而言，市镇和经认可的远足者联合会与道路所有权人签订协议后，行人即可自由通行。

在相应的情况下，市长可依据其管制权力，规定使用该路线的条件。

本条的适用条件由最高行政法院发表资政意见后颁布的政令规定。

第 L361－2 条

在与第 L361－1 条规定的条件相同的条件下，各省建立省级机动车远足路线规划，该路线一直由省负责建立和维护。

规划路线应当取道被分类为国家、省和市镇道路公共财产的道路、农村道路以及向机动车公共交通开放的私人道路，但《地方政府总法典》第 L2213 - 4 条、第 L2213 - 4 - 1 条和第 L2215 - 3 条的交通禁令所规制的道路除外。

第 L361 - 3 条

在第 L361 - 1 条和第 L361 - 2 条规定的条件下，罗讷省和里昂大都会共同建立散步与远足路线以及机动车远足路线的省—都市规划。

属于省级散步与远足路线规划的费用和责任在每一行政区领土范围内归属于该行政区。

第二章　机动车交通

第一节　对机动车交通的限制

第 L362 –1 条

为确保对自然空间的保护，禁止在被分类为国家、省和市镇道路公共财产的道路、农村道路以及向机动车公共交通开放的私人道路以外的地方开展机动车交通活动。

为了保护被国家公园宪章图表文件和大区自然公园宪章规划中认定为具有重要关切的空间，国家公园宪章和大区自然公园宪章规定与机动车交通相关的方针和措施。上述方针或措施不适用于按照本条第 1 款受限于交通禁令的道路和小路。

第 L362 –2 条

第 L361 –1 条规定的禁令不适用于用于完成公共服务任务的车辆。

在对《地方政府总法典》第 L2213 –4 条和第 L2215 –3 条的规定予以保留的情况下，禁令不适用于用于研究、经营或维护自然空间的、用于职业目的的车辆，且不可对抗所有权人或其继承人在属于所有权人的土地上为私人目的驾驶车辆或者让车辆在该等地点的权利。

第 L362 –3 条

当土地向机动型运动开放时，应当取得《城市规划法典》第 L421 –2 条规定的许可。

在最高行政法院发表资政意见后颁布的政令规定的条件下，由省长向机动型运动比赛和竞赛发放许可。

禁止为休闲目的使用设计用于雪上前进的机动器械，第 1 款规定的条件下开放的土地除外。

作为例外，在最高行政法院发表资政意见后颁布的政令规定的条件下，允许通过该机动器械向提供饭店服务的高地旅游机构运输顾客。

第 L362－4 条

禁止以任何违反本章规定的形式展示车辆的直接或间接的广告。

第二节　刑事领域的规定

第 L362－5 条

除司法治安警官和警员和第 L172－1 条规定的环境督察员以外，以下人员被授权查证违反本编规定及其实施细则以及《地方政府总法典》第 L2231－4 条和第 L2215－3 条的规定的行为：

(1)因其在森林事务上的职权而被委任并为此宣誓的负责森林的国家行政部门公务人员；

(2)因其在森林事务上的职权而被委任并为此宣誓的国家森林资源办公室公务人员；

(3)田野看护员；

(4)《刑事诉讼法典》第 21 条规定的在《刑事诉讼法典》规定的限度内按照其规定的方式履行职务的司法治安助理警员；

(5)第 L322－10－1 条规定的，在该条规定的条件下开展行动的海岸带看管人；

(6)第 L332－20 条规定的，在该条规定的条件下开展行动的自然保护区公务人员；

(7)负责保护空间或自然遗产，并为此被委任和进行宣誓的地方政府和地方政府联合体公务员或公共公务人员。

第 L362－7 条

按照最高行政法院发表资政意见后颁布的政令具体规定的方式，《道路法典》第 L121－4 条、第 L234－1 条、第 L325－2 条、第 L325－3 条、第 L325－6 条至第 L325－8 条和第 L417－1 条的规定适用于违反本章规定及其实施细则的交通车辆。

第三章　其他接触方式

第 L363 -1 条

在山区内,除在被列入行政机关确定的清单上的机场上以外,不得通过航空器搭载以休闲为目的的乘客。

第四章　户外运动的空间、遗迹和路线

第 L364 –1 条

《运动法典》第 L331 –10 条的规定转述如下：

“在遵守专属每一自然空间的法规的前提下，法国国家奥林匹克和运动委员会与自然空间管理机构签订协议，以确定以开展户外运动活动为目的进入该等遗迹的条件和方式。上述条件和方式一方面与自然空间与农村空间共同服务纲要相符，另一方面与运动共同服务纲要相符。”

第五章　事 故 责 任

第 L365 – 1 条

在开展人行交通或休闲活动时，在国家公园核心区、自然保护区或海岸带与湖岸带研究院管理区内或者在第 L361 – 1 条规定的道路和小路上发生事故，在认定土地所有权人、市镇、国家或自然空间管理机构的民事或行政责任时，应考虑为环保目的而进行限定整治的自然空间的内在交通风险，并考虑负责保证公共安全的机关在交通治安的框架内采取的信息措施。

第七编　绿色基础设施与蓝色基础设施

第 L371 - 1 条

1. 绿色基础设施和蓝色基础设施旨在参与保护和管理生态连续性所需的环境，在恢复其良好状态的情况下防止丧失生物多样性，并考虑农村环境中的人类活动，特别是农业活动，以及对晚间人造光线的管理。

为此目的，绿色基础设施和蓝色基础设施促进：

（1）减少自然栖息地和物种栖息地的碎片化和脆弱性，并考虑其在气候变化背景下的转移；

（2）认定、保护和连接通过生态走廊保护生物多样性的重要空间；

（3）实现第 L212 - 1 条第 4 款规定的目标，并保护本条第 3 款第（2）项和第（3）项规定的湿地区域；

（4）考虑野生物种的生物学；

（5）便利野生动植物物种生存所必要的遗传交换；

（6）改善景观的质量和多样性。

2. 绿色基础设施包括：

（1）全部或部分以本卷和第四卷第一编的名义受到保护的空间以及对保护生物多样性重要的自然空间；

（2）允许连接第（1）项规定的空间、由自然或半自然空间以及线状或点状植物群系构成的生态走廊；

（3）第 L211 - 14 条规定的表面。

3. 蓝色基础设施包括：

（1）按照第 L214 - 17 条建立的清单上的水道、水道的一部分或者运河；

（2）保护或恢复有助于实现第 L212 - 1 条第 4 款规定的目标的全部或部分湿地区域，特别是第 L211 - 3 条规定的湿地区域；

（3）第 3 款第（1）项或第（2）项未规定的、对保护生态多样性重要的水道、水道的一部分、运河和湿地区域。

4. 在第 L371 - 3 条规定的纲要的制定过程中，确定本条第 2 款第（1）项或第(2)项和第3款第(2)项或第(3)项分别规定的自然空间、生态走廊以及水道、水道的一部分、运河或湿地区域。

5. 通过第L371-2条和第L371-3条规定的整治工具建设绿色基础设施和蓝色基础设施。

第L371-2条

有关国家行政机关与国家生物多样性委员会一起制定、更新和跟踪被称作"保护生态连续性和恢复生态连续性良好状态的国家方针"的框架性文件。

国家方针由最高行政法院发表资政意见后颁布的政令通过。

该框架性文件以可用的科学知识、第L411-1A条规定的自然遗产清单以及专家意见为基础,并特别包含:

(a)介绍有助于保护生态连续性和恢复生态连续性良好状态的战略选择;

(b)与保护生态连续性和恢复生态连续性良好状态有关的国家和跨境利害关系的方法性指南文件。该指南包含与制定大区生态一致性纲要有关的部分,如无大区生态一致性纲要,则包括代替该纲要的确定生物多样性保护和修复方针和措施的大区文件的相关部分。

在不影响适用与环境评价相关的第一卷第二编第二章的规定的情况下,国家级规划性文件和项目,特别是国家及其公共机构的重大线性基础设施,与第1款规定的保护生态连续性和恢复生态连续性良好状态的国家方针相符,并确定可以防止、减少以及必要时,补偿实施上述规划性文件和项目,特别是重大线性基础项目可能引起的对生态连续性的损害的措施。

政令规定的期限结束时,国家有权行政机关对通过实施第1款规定的框架文件而从保护生态连续性和恢复生态连续性良好状态的角度得到的结果进行分析,进而决定继续适用文件或对其进行修订。国家有权机关也可分析人类活动结束后的区域发展状况,特别是农村环境状况。国家有权机关应依据框架文件的制定程序对其进行修订。

第L371-3条

1. 各大区设立大区生物多样性委员会。委员会参与制定和跟踪生物多样性大区战略。在不同参与方的选举团代表得到平衡的情况下,该委员会应特别包括:国家及其公共机构的代表,相关地方政府和地方政府联合体、特别是大区所有省的代表,大区内大区自然公园的代表,利益相关的社会职业组织,所有权人和使用人,保护生态多样性的协会、组织或基金会,自然空间、特别是大区内国家公园的管理人,科学家或研究、学习或支持公共政策组织的代表以及合资格人士。其组成和运行由政令规定。

大区生物多样性委员会对第 L131 -8 条规定的法国生物多样性署的地方代表团所采取的战略方针发表意见。大区生物多样性委员会组织与其他区域咨询和意见机构进行定期商议,上述机构的任务与生物多样性的相关问题的有关。

2.《地方政府总法典》第 L4251 -1 条规定的整治、可持续发展和领土平等大区总体规划应在考虑第 1 款规定的委员会和第 L371 -2 条规定的保护生态连续性和恢复生态连续性良好状态的国家方针的基础上,明确大区在生态连续性保护和恢复生态连续性良好状态的领域的关键问题。

3. 在法兰西岛,大区和国家与第 1 款规定的委员会一起制定、更新和追踪被称作"大区生态一致性纲要"的框架文件。

大区生态一致性纲应考虑第 L371 -2 条规定的保护生态连续性和恢复生态连续性良好状态的国家方针以及第 L212 -1 条提规定的水体整治与管理指导大纲的相关要素。

大区生态一致性纲应传达给相关市镇,并提交各省、大城市、城市共同体、聚落共同体、市镇共同体、大区自然公园和全部或部分位于纲要范围内的国家公园,以供其发表意见。如果上述主体在从提交之日起 3 个月内未提交书面意见,则视为赞同。

吸收了各方意见的大区生态一致性纲要草案应由大区内国家代表根据第一卷第二编第三章的规定开展公众调查。在公众调查结束时,为考虑公众意见而最终修改的纲应提交大区议会审议,并由大区内国家代表的政令通过。

获得通过的纲要应向公众公示。

在《城市规划法典》第 L132 -2 条规定的条件下,省内国家代表应将大区生态一致性纲要告知城市规划领域拥有权限的市镇或市镇联合体。

除非技术性小结外,该大区生态一致性纲要特别以可用的科学知识、第 L411 -1A 条规定的国家自然遗产名录和地方和领土名录以及专家意见为基础,并特别包含:

(a)对保护生态连续性和恢复生态连续性良好状态有关的大区利害关系的介绍和分析;

(b)认定第 L371 -1 条第 2 款第(1)项和第(2)项以及第 3 款第(2)项和第(3)项分别规定的自然空间、生态走廊、水道、水道的一部分、运河或湿地区域的部分；

（c）包括第 L371－1 条规定的绿色基础设施和蓝色基础设施的绘图文件；

（d）允许以特许方式保证保护生态连续性以及在必要的情况下恢复生态连续性良好状态的合同措施；

（e）纲要草案所规定的配合相关市镇实施生态连续性的措施。

在《城市规划法典》第 L131－2 条和第 L131－7 条确定的条件下制定或修订地方政府和地方政府联合体的空间整治或城市规划文件时，在空间整治或城市规划领域拥有权限的地方政府和地方政府联合体应考虑大区生态一致性纲要。

在不影响与环境评价相关的第一卷第二编第二章规定的适用的情况下，国家、地方政府和地方政府联合体的规划性文件和项目应考虑大区生态一致性纲要，并确定可以防止、减少以及必要时，补偿实施该等规划性文件、项目或线性基础设施可能引起的对生态连续性的损害的措施。

国家交通线性基础设施项目应考虑大区生态一致性纲要。

在不晚于政令规定的期限结束时，大区议会主席和大区内国家代表应共同对通过实施第 1 款规定的纲要而从保护生态连续性和恢复生态连续性良好状态的角度得到的结果进行分析。在分析结束时，大区议会审议决定继续适用纲要或对其进行修订。大区内国家代表以同样的方式通过决定表达意见。大区内国家代表修订纲要按照该纲要的制定程序进行。

可在《城市规划法典》第 L300－6－1 条规定的条件下对大区生态一致性纲要进行修订。

第 L371－4 条

1.（废止）。

2. 在海外省，《地方政府总法典》第 L4433－7 条至第 L4433－11 条所规定的大区整治纲应考虑本法典第 L371－2 条规定的保护生态连续性和恢复生态连续性良好状态的国家方针，并等同于大区生态一致性纲要。如果整治和可持续发展规划在国家方针之前得到批准，如有必要，可在 5 年内对其进行修订。

3. 在马约特岛，《地方政府总法典》第 LO6161－42 条规定的整治和可持续发展规划考虑本法典第 L371－2 条规定的保护生态连续性和恢复生态连续性良好状态的国家方针，并等同于大区生态一致性纲要。如果整治和可持续发展规划在国家方针之前得到批准，如有必要，可在 5 年内对其进行修订。

第 L371－5 条

在对所有促进保护生态连续性或恢复生态连续性良好状态的施工的公共控制规则的框架内，在所采取的大区生态一致性纲要或大区整治、可持续发展和领土平等纲要的绿色基础设施和蓝色基础设施上，各省可自行担任业主或者履行对业主的协助任务。对协助业主以外的任务而言，各省可为此动员对敏感自然空间征收省级税。

第 L371－6 条

本编的适用条件由最高行政法院发表资政意见后颁布的政令规定。

法律名称对照表

法文	中文
charte de l'environnement	《环境宪章》
code civil	《民法典》
code civil local	《地方民法典》
code de commerce	《商法典》
code de justice administrative	《行政司法法典》
code de justice militaire	《军事法典》
code de la consommation	《消费法典》
code de la construction et de l'habitation	《建筑与住房法典》
code de la défense	《国防法典》
code de la route	《道路法典》
code de la santé publique	《公共健康法典》
code de la sécurité intérieure	《国内安全法典》
code de l'énergie	《能源法典》
code de l'environnement	《环境法典》
code de l'expropriation pour cause d'utilité publique	《公用征收法典》
code de l'urbanisme	《城市规划法典》
code de procédure civile	《民事诉讼法典》
code de procédure pénale	《刑事诉讼法典》
code des douanes	《海关法典》
code des marchés publics	《公共市场法典》
code des pensions civiles et militaires de retraite	《民事与军事退休金法典》

续表

法文	中文
code des relations entre le public et l'administration	《公众与行政机关关系法典》
code des transports	《运输法典》
code du domaine de l'Etat	《国家财产法典》
code du patrimoine	《遗产法典》
code du sport	《运动法典》
code du travail	《劳动法典》
code électoral	《选举法典》
code forestier	《森林法典》
code général de la propriété des personnes publiques	《公法人财产总法典》
code général des collectivites territoriales	《地方政府总法典》
code général des impôts	《税务总法典》
code minier	《矿产法典》
code pénal	《刑法典》
code rural et de la pêche maritime	《农村与海洋渔业法典》
convention de Bruxelles	《布鲁塞尔公约》
convention de Londres du 19 novembre 1976 sur la limitation de la responsabilité en matière de créances maritimes, ou convention de Londres	1976 年 11 月 19 日《关于在海商债权方面限制责任的伦敦公约》,或称《伦敦公约》
convention de Strasbourg du 4 novembre 1988 sur la limitation de la responsabilité en navigation intérieure	1988 年 11 月 4 日《关于限制内水航行方面的责任的斯特拉斯堡公约》
convention des Nations Unies sur le droit de la mer	《联合国海洋权利公约》
convention du 25 février 1991 sur l'évaluation de l'impact sur l'environnement dans un contexte transfrontière signée à Espoo	1991 年 2 月 25 日在埃斯波签署的《跨国背景下的环境影响评价公约》
convention MARPOL	《防止船舶污染国际公约》

续表

法文	中文
convention relative aux zones humides d'importance internationale, particulièrement comme habitat des oiseaux d'eau	《有关具有国际重要性、特别是作为水鸟栖息地的湿地区域公约》
convention sur la diversité biologique	《生物多样性公约》
convention – cadre des Nations Unies sur les changements climatiques	《联合国气候变化框架公约》
directive 2000/60/CE du Parlement européen et du Conseil, du 23 octobre 2000, établissant un cadre pour une politique communautaire dans le domaine de l'eau	欧洲议会与欧盟理事会 2000 年 10 月 23 日《建立水领域的共同体政策框架的第 2000/60/CE 号指令》
directive 2001/42/CE du Parlement européen et du Conseil du 27 juin 2001 relative à l'évaluation des incidences de certains plans et programmes sur l'environnement	欧洲议会与欧盟理事会 2001 年 6 月 27 日《关于部分规划与计划的环境影响评价的第 2001/42/CE 号指令》
directive 2004/35/CE du Parlement européen et du Conseil, du 21 avril 2004, sur la responsabilité environnementale en ce qui concerne la prévention et la réparation des dommages environnementaux	欧洲议会与欧盟理事会 2004 年 4 月 21 日《关于预防和补救环境损害的环境责任的第 2004/35/CE 号指令》
directive 2007/2/CE du Parlement européen et du Conseil du 14 mars 2007 établissant une infrastructure d'information géographique dans la Communauté européenne (INSPIRE), ou directive 2007/2/CE du 14 mars 2007	欧洲议会与欧盟理事会 2007 年 3 月 14 日《关于在欧盟内建立地理信息基础设施(INSPIRE)的第 2007/2/CE 号指令》,或称 2007 年 3 月 14 日《第 2007/2/CE 号指令》
directive 2008/56/CE du Parlement européen et du Conseil du 17 juin 2008 établissant un cadre d'action communautaire dans le domaine de la politique pour le milieu marin	欧洲议会与欧盟理事会 2008 年 6 月 17 日《建立海洋环境政策领域的共同体行动框架的第 2008/56/CE 号指令》
directive n° 2009/147/CE du Parlement européen et du Conseil du 30 novembre 2009 concernant la conservation des oiseaux sauvages	欧洲议会与欧盟理事会 2009 年 11 月 30 日《关于保护野生鸟类的第 2009/147/CE 号指令》

续表

法文	中文
directive 2011/92/UE modifiée du Parlement européen et du Conseil du 13 décembre 2011 concernant l'évaluation des incidences de certains projets publics et privés sur l'environnement	2011 年 12 月 13 日经欧洲议会与欧盟理事会修订的《关于部分公共与私法人项目对环境影响的评价的欧盟第 2011/92/UE 号指令》
directive 79/409/CEE du Conseil, du 2 avril 1979, concernant la conservation des oiseaux sauvages	欧盟理事会 1979 年 4 月 2 日《关于保护野生鸟类的第 79/409/CEE 号指令》
directive 92/43/CEE du Conseil, du 21 mai 1992, concernant la conservation des habitats naturels ainsi que de la faune et de la flore sauvages, ou directive 92/43/CEE du 21 mai 1992	1992 年 5 月 21 日欧盟理事会《关于保护自然栖息地以及野生动植物的第 92/43/CEE 号指令》,或称 1992 年 5 月 21 日《第 92/43/CEE 号指令》
livre des procédures fiscales	《税收程序编》
loi de finances pour 2000 (n° 99 - 1172 du 30 décembre 1999)	《2000 年财政法》(1999 年 12 月 30 日第 99 - 1172 号)
loi du 10 août 1922 relative à l'organisation du contrôle des dépenses engagées	1922 年 8 月 10 日《关于组织对预算支出进行检查的法》
loi du 16 octobre 1919 relative à l'utilisation de l'énergie hydraulique	1919 年 10 月 16 日《关于水利资源的法》
loi du 1er janvier 1901 relative au contrat d'association	1901 年 1 月 1 日《关于结社契约的法》
loi du 2 mai 1930 ayant pour objet de réorganiser la protection des monuments naturels et des sites de caractère artistique, historique, scientifique, légendaire ou pittoresque et continuant à produire ses effets en application de l'article L642 - 9 du code du patrimoine	1930 年 5 月 2 日《以重组对艺术、历史、科学、传说或景色性质的自然纪念地和遗迹的保护为宗旨并按照〈遗产法典〉第 L642 - 9 条的规定持续生效的法》
loi du 21 avril 1906 organisant la protection des sites et monuments naturels de caractère artistique	1906 年 4 月 21 日《组织对艺术性质的遗迹和自然纪念地进行保护的法》

续表

法文	中文
loi du 29 décembre 1892 sur les dommages causés à la propriété privée par l'exécution des travaux publics	1892 年 12 月 29 日《关于因实施公共工程对私有财产造成损害的法》
loi n° 2000 – 108 du 10 février 2000 relative à la modernisation et au développement du service public de l'électricité	2000 年 2 月 10 日《关于电力公共服务现代化与发展的第 2000 – 108 号法》
loi n° 2002 – 276 du 27 février 2002 relative à la démocratie de proximité	2002 年 2 月 27 日《关于临近地区的民主的第 2002 – 276 号法》
loi n° 2004 – 811 du 13 août 2004 de modernisation de la sécurité civile	2004 年 8 月 13 日《关于民事安全现代化的第 2004 – 811 号法》
loi n° 2006 – 1772 du 30 décembre 2006 sur l'eau et les milieux aquatiques	2006 年 12 月 30 日《第 2006 – 1772 号关于水和水环境的法》
loi n° 2009 – 967 du 3 août 2009 de programmation relative à la mise en oeuvre du Grenelle de l'environnement	2009 年 8 月 3 日《关于综合环境协商和政策实施的第 2009 – 967 号法》
loi n° 2010 – 597 du 3 juin 2010 relative au Grand Paris	2010 年 6 月 3 日《关于大巴黎的第 2010 – 597 号法》
loi n° 2010 – 788 du 12 juillet 2010 portant engagement national pour l'environnement	2010 年 7 月 12 日《关于国家环境义务的第 2010 – 788 号法》
loi n° 2011 – 1977 du 28 décembre 2011 de finances pour 2012	2011 年 12 月 28 日《关于 2012 年财政的第 2011 – 1977 号法》
loi n° 2013 – 907 du 11 octobre 2013 relative à la transparence de la vie publique	2013 年 10 月 11 日《关于公共生活透明度的第 2013 – 907 号法》
loi n° 2014 – 58 du 27 janvier 2014 de modernisation de l'action publique territoriale et d'affirmation des métropoles	2014 年 1 月 27 日颁布的《关于地方公共行动现代化和确认大都市的第 2014 – 58 号法》
loi n° 2015 – 992 du 17 août 2015 relative à la transition énergétique pour la croissance verte	2015 年 8 月 17 日《关于促进绿色增长的能源转型第 2015 – 992 号法》
loi n° 2016 – 1087 du 8 août 2016 pour la reconquête de la biodiversité, de la nature et des paysages	2016 年 8 月 8 日《关于恢复生物多样性、自然和景观的第 2016 – 1087 号法》

续表

法文	中文
loi n° 2016 – 1547 du 18 novembre 2016 de modernisation de la justice du XXIe siècle	2016 年 11 月 18 日《关于二十一世纪司法现代化的第 2016 – 1547 号法》
loi n° 2017 – 227 du 24 février 2017 du ratifiant les ordonnances n° 2016 – 1019 du 27 juillet 2016 relative à l'autoconsommation d'électricité et n° 2016 – 1059 du 3 août 2016 relative à la production d'électricité à partir d'énergies renouvelables	2017 年 2 月 24 日《批准 2016 年 7 月 27 日关于自身耗电的第 2016 – 1019 号法令和 2016 年 8 月 3 日关于用可再生能源发电的第 2016 – 1059 号法令的第 2017 – 227 号法》
loi n° 51 – 711 du 7 juin 1951 sur l'obligation, la coordination et le secret en matière de statistiques	1951 年 6 月 7 日《关于统计方面的义务、协调与保密的第 51 – 711 号法》
loi n° 76 – 655 du 16 juillet 1976 relative à la zone économique au large des côtes de la République	1976 年 7 月 16 日《关于共和国沿海经济区的第 76 – 655 号法》
loi n° 77 – 808 du 19 juillet 1977 relative à la publication et à la diffusion de certains sondages d'opinion	1977 年 7 月 19 日《关于部分民意测验的公布与传播的第 77 – 808 号法》
loi n° 78 – 753 du 17 juillet 1978 portant diverses mesures d'amélioration des relations entre l'administration et le public et diverses dispositions d'ordre administratif, social et fiscal	1978 年 7 月 17 日《包括改善行政机关和公众关系的多项措施和行政、社会和财政秩序的多项规定的第 78 – 753 号法》
loi n° 82 – 1153 du 30 décembre 1982 d'orientation des transports intérieurs	1982 年 12 月 30 日《关于内陆运输指导方针的第 82 – 1153 号法》
loi n° 83 – 8 du 7 janvier 1983 relative à la répartition des compétences entre les communes, les départements, les régions et l'Etat	1983 年 1 月 7 日《关于市镇、省、大区和国家权限划分的第 83 – 8 号法》
loi n° 84 – 834 du 13 septembre 1984 relative à la limite d'âge dans la fonction publique et le secteur public	1984 年 9 月 13 日《关于公共职位和公共部门年龄限制的第 84 – 834 号法》

续表

法文	中文
loi n° 85 – 30 du 9 janvier 1985 relative au développement et à la protection de la montagne, ou loi n° 85 – 30 du 9 janvier 1985 relative à la montagne	1985 年 1 月 9 日《关于发展和保护山区的第 85 – 30 号法》，或称 1985 年 1 月 9 日《关于山区的第 85 – 30 号法》
loi n° 89 – 462 du 6 juillet 1989 tendant à améliorer les rapports locatifs et portant modification de la loi n° 86 – 1290 du 23 décembre 1986	1989 年 7 月 6 日《关于改善租赁关系并修改 1986 年 12 月 23 日第 86 – 1290 号法的第 89 – 462 号法》
loi n° 91 – 650 du 9 juillet 1991 portant réforme des procédures civiles d'exécution	1991 年 7 月 9 日《关于改革民事执行程序的第 91 – 650 号法》
loi n° 93 – 122 du 29 janvier 1993 relative à la prévention de la corruption et à la transparence de la vie économique et des procédures publiques	1993 年 1 月 29 日《关于防止腐败和经济生活与公共程序透明度的第 93 – 122 号法》
loi n° 96 – 1236 du 30 décembre 1996 sur l'air et l'utilisation rationnelle de l'énergie	1996 年 12 月 30 日《关于大气和合理使用能源的第 96 – 1236 号法》
loi n° 96 – 314 du 12 avril 1996 portant diverses dispositions d'ordre économique et financier	1996 年 4 月 12 日《关于经济与金融秩序各项规定的第 96 – 314 号法》
loi n°83 – 675 du 26 juillet 1983 relative à la démocratisation du secteur public	1983 年 7 月 26 日《关于公共部门民主化的第 83 – 675 号法》
loi organique n°2001 – 692 du 1er août 2001 relative aux lois de finances	2001 年 8 月 1 日《与财政法相关的第 2001 – 692 号组织法》
nouveau code forestier	《新森林法典》
protocole de Kyoto	《京都议定书》
règlement (CE) n° 73/2009 du Conseil du 19 janvier 2009 établissant des règles communes pour les régimes de soutien direct en faveur des agriculteurs dans le cadre de la politique agricole commune et établissant certains régimes de soutien en faveur des agriculteurs, modifiant les règlements (CE) n° 1290/2005, (CE) n° 247/2006 et (CE) n° 378/2007, et abrogeant le règlement (CE) n° 1782/2003	欧盟理事会 2009 年 1 月 19 日《建立在共同农业政策的框架内惠农的直接扶持制度的共同规则以及惠农的部分扶持制度、修订〈欧盟理事会第 1290/2005 号条例〉、〈第 247/2006 号条例〉以及〈第 378/2007 号条例〉并废除〈第 1782/2003 号条例〉的第 73/2009 号条例》

专业术语对照表

法文	中文
Académie des sciences	科学院
Académie des sciences morales et politiques	道德与政治科学学院
acteurs socio – économiques	社会经济参与方
action de groupe	集体诉讼
affectataire	受托人
agence de l’eau	水务局
Agence de l’environnement et de la maîtrise de l’énergie	环境与能源监控署
Agence française de développement	法国发展署
Agence française pour la biodiversité	法国生物多样性署
Agence nationale pour la gestion des déchets radioactifs	国家放射性废弃物管理局
agréer，agrément	认可
aire de repos	栖息地
aire marine protégée	海洋保护区
aménagement du territoire	领土整治
ameénagement hydraulique	水利整治
amende	(刑事)罚金;(行政)罚款
amende forfaitaire	统包罚金
architecte des Bâtiments de France	法国建筑业遗产建筑师
armateur	船东
arrêté	条例

续表

法文	中文
arrêté du Premier ministre	总理令
Assemblée nationale	国民议会
association de protection de l'environnement agréée	经认可的环境保护协会
assujetti	缴费人
astreinte	滞纳金
autorisation	许可
autorisation administrative	行政许可
autorité coutumière	习惯当局
autorisation de rejets d'effluents	污水排放许可
autorité administrative	行政机关
autorité administrative indépendante	独立行政机关
autorité compétente	有权机关
Autorité de sûreté nucléaire	核安全局
autorité publique	公共机关
avarie	海损
bassin	流域
bassin hydrographique	水文地理流域
bassin versant	汇水盆地
bénéficiaire	受益人
biodiversité	生物多样性
biotope	群落生境
carrière	采矿场
Centre des monuments nationaux	国家古迹中心
Centre national de la propriété forestière	国家森林所有权中心
chambre régionale des comptes	大区审计法院
charte du parc national	国家公园宪章

续表

法文	中文
circonstances de droit	法律情形
circonstances de fait	事实情形
collectivité territoriale	地方政府
collectivités territoriales et de leurs groupements	地方政府和地方政府联合体
commission des aides	援助委员会
comité de l'eau et de la biodiversité	水与生物多样性委员会
comité de massif	群山委员会
comité d'hygiène, de sécurité et des conditions de travail	卫生、安全和工作条件委员会
comité d'orientation	指导委员会
comité d'orientation stratégique et de suivi	战略指导与监测委员会
Comité national de la biodiversité	国家生物多样性委员会
Comité national de l'eau	国家水务委员会
Comité national olympique et sportif français	法国国家奥林匹克和运动委员会
commissaire enquêteur	委任调查员
commission d'accès aux documents administratifs	行政文件查询委员会
commission de recensement	计票委员会
commission de suivi de site	地区监测委员会
commission départementale des espaces, sites et itinéraires relatifs aux sports de nature	户外运动相关空间、景点和路线的省级委员会
commission locale de l'eau	地方水务委员会
commission locale d'information	地方信息委员会
Commission nationale du débat public	国家公众听证委员会
commission particulière	专门委员会
commission particulière du débat public	公众听证专门委员会

续表

法文	中文
commission supérieure des sites, perspectives et paysages	遗迹、景色与景观高级委员会
compte rendu	报告
concertation	协商
concertation obligatoire	义务协商
concertation préalable	事先协商
concession	特许
concessionnaire	特许权受让人
conciliation	调解
conseil d'administration	管理委员会
conseil de gestion des parcs naturels marins	海洋自然公园管理委员会
Conseil de l'Union européenne	欧盟理事会
Conseil de rivage	海岸委员会
conseil deépartemental	省议会
Conseil d'Etat	最高行政法院
Conseil économique, social et environnemental	经济、社会和环境委员会
Conseil national de la protection de la nature	国家自然保护委员会
Conseil national de la transition écologique	国家生态转型委员会
conseil régional	大区议会
conseiller	(行政法院)法官
conservatoire botanique national	国家植物学研究院
Conservatoire de l'espace littoral et des rivages lacustres	海岸带与湖岸带研究院
consignation	寄存金
consommateur	消费者
consultation	咨询;意见征求

续表

法文	中文
contamination des sols	土壤污染
contentieux de pleine juridiction	完全管辖之诉
contestation	异议
continuité écologique	生态连续性
contrat de plan Etat – régions	国家—大区规划合同
contravention de grande voirie	大道路违章行为
contribuable	纳税人
corridor écologique	生态走廊
cour d' appel	上诉法院
Cour de cassation	最高法院
Cour des comptes	审计法院
cours administratives d'appel	行政上诉法院
cours d' eau	河流
crédit nécessaire	必要经费
culture marine	海水养殖
débat public	公众听证
déchet	废弃物
déchet radioactif	放射性废弃物
déclaration de projet	项目申报
déclaration d' intention	意向申报
déclaration d' utilité publique	公用申报
décret	政令
décret en Conseil d' Etat	最高行政法院提出资政意见后颁布的政令
défense nationale	国防
dégradation	恶化;破坏
délégation territoriale	地方代表团

续表

法文	中文
délégué régional	大区代表
délibération	审议
demandeur	申请人
député	国民议会议员
développement durable	可持续发展
différend	争议
dirigeant de fait	实际领导人
dispositions législatives et réglementaires	法律和法规规定
domaine public	公共领域
domaine public maritime	海洋公共区域
dossier	案卷材料
dotation	捐赠
doute sérieux	合理怀疑
droit commun	共有权
droit de délaissement	抛弃权
droit de la taxe de publicité foncière	土地公示税
droit de mutation à titre gratuit	财产免费移转税
droit de timbre de dimension	大额印花税
droit d'enregistrement	注册税
droit d'initiative	提议权
droit réel	物权
eau douce	淡水
eau salée	咸水
eau saumâtre	半咸水
eau souterraine	地下水
eau superficielle	地表水
eaux de ballast	压载水

续表

法文	中文
eaux intérieures	内水
eaux marines	海洋水域
eaux territoriales	领水
eaux usées	废水
économie circulaire	循环经济
effluent	污水
en voie de disparition	濒临灭绝的
énergie fossile	化石能源
engagement	承诺;义务
enjeux socio – économiques	社会经济利害关系
enquête publique	公众调查
ensemble mobilier	动产集合
erreur matérielle	书写错误
établissement public	公共机构
établissement public de coopération inter-communale	跨市镇合作性公共机构
établissement public du parc national	国家公园公署
étude d' impact	环境影响评价文件
évaluation environnementale	环境评价
examen au cas par cas	个案审查
exception	例外
expert	专家鉴定人
expertise	鉴定
expertise complémentaire	补充鉴定
exploitant	经营者
Fédération des parcs naturels régionaux de France	法国大区自然公园联合会

续表

法文	中文
Fédération nationale des chasseurs	全国狩猎者联合会
fermier	承租权人
fonction écologique	生态功能
fonctionnaire	公务员
Fondation du patrimoine	遗产基金会
Fondation française pour la recherche sur la biodiversité	法国生物多样性研究基金会
fonds de concours	互助资金
Fonds français pour l'environnement mondial	法国世界环境基金
formation végétale	植物群系
garant	保证人
garant remplaçant	替代保证人
garantie financière	财务保证金
garde champêtre	田野看护员
garde du littoral	海岸带看管人
gaz à effet de serre	温室效应气体
gestionnaire	管理人
gestionnaire de réserves naturelles	自然保护区管理人
Grand site de France	法国重大遗迹
greffe	书记室
groupement de bassins	流域群
habitat	栖息地
habitat naturel	自然栖息地
Haut Comité pour la transparence et l'information sur la sécurité nucléaire	核安保透明与信息高级委员会
Haut Conseil des biotechnologies	生物技术高级委员会

续表

法文	中文
huissier de justice	司法执达人
illégalité	非法性
immeuble domanial	公有不动产
imposé	纳税人
indemnité	赔偿金
inspecteurs de l’environnement	环境督察员
installation classée	分类设施
installation classée pour la protection de l’environnement	环保分类设施
installation nucléaire de base	基础核设施
Institut de radioprotection et de sûreté nucléaire	放射性保护与核安全研究院
intérêt général	公益
intrants de synthèse	合成添加物
irrégularité	违法
juge des libertés et de la détention	释放和拘押法官
juge des référés	紧急审理程序的法官
juridiction administrative	行政法院
juridiction civile	民事法院
locataire	房屋承租人
stratégie nationale pour la biodiversité	生物多样性国家战略
maître d’ouvrage	业主
marées vertes	绿潮
masse d’eau	水体
meilleures techniques disponibles	最佳可用技术
mesure de compensation	补偿措施
mesure de réparation	补救措施

续表

法文	中文
mise en demeure	催告
mise en valeur	开发利用
modification substantielle	实质性改变
monument	纪念地
motivé	说明理由的
Observatoire national des ressources en biomasse	生物资源国家观测站
occupant	占有人
Office national de la chasse et de la faune sauvage	国家狩猎与野生动物办公室
Office national des forêts	国家森林资源办公室
Office parlementaire d'évaluation des choix scientifiques et technologiques	议会科学和技术选择评价办公室
opérateur de compensation	补偿操作人
ordonnance	法令;(司法)裁定
ordonnateur	拨款审核人
ordre de recette	收缴令
organe délibérant	议事机关
parc national	国家公园
parc naturel marin	海上自然公园
parcelle	土地
Parlement européen	欧洲议会
patrimoine	遗产
patrimoine culturel	文化遗产
patron	船主
paysage	景观
permis d'aménager	整治许可证

续表

法文	中文
permis de construire	施工许可证
personnalité morale	法人人格
personnalités qualifiées	合资格人士
personne intéressée / intéressé	行政相对人
personne privée	私法人
personne publique	公法人
plan	规划
plan d'action pour le milieu marin	海洋环境行动规划
plan d'aménagement et de gestion durable de la ressource en eau et des milieux aquatiques	水资源与水环境治理与可持续管理规划
plan de gestion des risques inondations	洪水风险管理规划
plan de prévention des risques technologiques	技术风险预防规划
police administratif	行政管制
police judiciaire	司法管制
polluant	污染物
pollution atmosphérique	大气污染物
porteur de projet	项目所有人
préfecture du département	省政府
préfet	省长
Préfet coordonnateur de bassin	流域协调省长
Premier ministre	总理
preneur	承租人
prescription	限制性规定
principe de proximité	就近原则
principe pollueur – payeur	污染者付费原则

续表

法文	中文
procès – verbal	纪要
programme	计划
projet d'aménagement	整治项目
propriétaire	所有权人
provision	保证金
rapport sur les incidences environnementales	环境影响报告
réceépissé	回执
reconstitution de populations	种群恢复
recours de pleine juridiction	完全管辖之诉的救济
redevable	欠款人
redevance	特许权使用费
redevance pour modernisation des réseaux de collecte	现代化污水收集网络建设费
redevance pour obstacle sur les cours d'eau	河流阻塞费
redevance pour pollution de l'eau	污水费
redevance pour pollutions diffuses	扩散型污染费
redevance pour prélèvement sur la ressources en eau	水资源抽取费
redevance pour protection du milieu aquatique	水环境保护费
redevance pour stockage d'eau en période d'étiage	枯水期储水费
Régie autonome des transports parisiens	巴黎独立运输公司
régime d'autorisation préalable	事先许可制度
régime déclaratif	申报制度
registre	登记簿
remise en état	恢复原状
réserve naturelle	自然保护区

续表

法文	中文
Réserves naturelles de France	法国自然保护区署
ressource du sol	土壤资源
ressource naturelle	自然资源
ressource naturelle renouvelable	可再生自然资源
risque d'accidents majeurs	重大事故风险
savoir – faire	专有技术
schéma	纲要
schéma d' ameénagement et de gestion des eaux	水体整治与管理纲要
schéma de cohérence territoriale	领土一致性纲要
schéma de mise en valeur de la mer	海洋开发利用纲要
schéma de services collectifs des espaces naturels et ruraux	自然空间与农村空间共同服务纲要
schéma d'ensemble du réseau de transport public du Grand Paris	大巴黎公共交通网络纲要
schéma directeur d' aménagement et de gestion des eaux	水体整治与整治指导大纲
sécurité nucléaire	核安保
Sénat	参议院
sénateur	参议员
service écosystémique	生态系统服务
servitude	地役权
servitude d'utilité publique	公用地役权
site	遗迹;地区
site naturel	自然遗迹
site naturel de compensation	补偿自然区
sous – bassin	亚流域
subvention	补助金

续表

法文	中文
sûreté nucléaire	核安全
Syndicat des transports d'Ile – de – France	法兰西岛运输联盟
système national d'information géographique	国家地理信息系统
taxe de publicité foncière	土地公示税
taxe générale	一般税
tierce expertise	第三方鉴定
tiers	第三人
tiers détenteur	第三方持有人
titulaire de l'action	起诉人
trame bleu	蓝色基础设施
trame vert	绿色基础设施
tribunal administratif	行政法院
tribunal de grande instance	大审法院
une contravention de grande voirie	大道路违章行为
unité hydrographique	水文地理单元
usager	用户
utilité publique	公共用益
vice de forme	形式瑕疵
vice de procédure	程序瑕疵
Voies navigable de France	法国航道署
zone de conservation halieutiques	渔业保护区
zone de protection écologique	生态保护区
zone économique exclusive	专属经济区
zone humide	湿地
zone naturelle d'expansion de crues	洪泛区

续表

法文	中文
zone stratégique pour la gestion de l’eau	水资源管理战略区
zones de conservation halieutiques	钓鱼保护区
zones de rétention temporaire des eaux de crues ou de ruissellement	临时滞洪区或泄洪区

地名对照表

法文地名	中文地名
Alsace	阿尔萨斯
collectivité territoriale de Corse	科西嘉领土行政区
collectivité territoriale de Saint – Pierre et – Miquelon	圣皮埃尔和密克隆领地行政区
département de la Moselle	莫塞尔省
département du Bas – Rhin	下莱茵省
département du Haut – Rhin	上莱茵省
département du Rhône	罗讷省
collectivité de Saint – Martin	圣马丁行政区
Espoo	埃斯波
Grand Paris	大巴黎
Guyane	圭亚那
îles Wallis et Futun	瓦利斯和富图纳群岛
marais poitevin	普瓦图沼泽地
Mayotte	马约特岛
métropole de Lyon	里昂大都会
Montego Bay	蒙特哥湾
Nairobi	内罗毕
Nouvelle – Calédonie	新喀里多尼亚
Polynésie française	法属波利尼西亚
Ramsar	拉姆萨
Rhin	莱茵河
Saint – Barthélemy	圣巴泰勒米